科学家学术成长资料采集工程
中国科学院院士传记丛书

以数学之美为吾美
周毓麟传
吴明静 著

1923年	1941年	1947年	1949年	1954年	1957年	1960年	1961年	1991年
出生于上海	考入大同大学	进入国立中央研究院数学研究所	拒绝去台湾去美国，到清华大学任职	留学莫斯科大学，改学偏微分方程	在北大领导国内偏微分方程研究	调入二机部九所理论部	组织领导我国第一颗原子弹理论设计的数值模拟工作	获聘为中科院学部委员

老科学家学术成长资料采集工程
中国科学院院士传记 丛书

采数学之美为吾美

周毓麟 传

吴明静 著

中国科学技术出版社
上海交通大学出版社

图书在版编目（CIP）数据

采数学之美为吾美：周毓麟传/吴明静著．
—北京：中国科学技术出版社，2018.5
（老科学家学术成长资料采集工程丛书．中国科学院院士传记丛书）
ISBN 978-7-5046-8030-3

Ⅰ.①采⋯ Ⅱ.①吴⋯ Ⅲ.①周毓麟–传记 Ⅳ.
① K826.11

中国版本图书馆 CIP 数据核字（2018）第 090029 号

责任编辑	李双北	
责任校对	杨京华	
责任印制	李晓霖	
版式设计	中文天地	

出　　版	中国科学技术出版社　上海交通大学出版社	
发　　行	中国科学技术出版社发行部	
地　　址	北京市海淀区中关村南大街 16 号	
邮　　编	100081	
发行电话	010-62173865	
传　　真	010-62173081	
网　　址	http://www.cspbooks.com.cn	

开　　本	787mm×1092mm　1/16	
字　　数	273 千字	
印　　张	17.75	
彩　　插	2	
版　　次	2019 年 1 月第 1 版	
印　　次	2019 年 1 月第 1 次印刷	
印　　刷	北京华联印刷有限公司	
书　　号	ISBN 978-7-5046-8030-3 / K・241	
定　　价	75.00 元	

（凡购买本社图书，如有缺页、倒页、脱页者，本社发行部负责调换）

老科学家学术成长资料采集工程
领导小组专家委员会

主　任：杜祥琬
委　员：(以姓氏拼音为序)
　　　　巴德年　陈佳洱　胡启恒　李振声
　　　　齐　让　王礼恒　王春法

老科学家学术成长资料采集工程
丛书组织机构

特邀顾问(以姓氏拼音为序)
　　　　樊洪业　方　新　谢克昌

编委会
主　编：王春法　张　藜
编　委：(以姓氏拼音为序)
　　　　艾素珍　崔宇红　定宜庄　董庆九　郭　哲
　　　　韩建民　何素兴　胡化凯　胡宗刚　刘晓勘
　　　　罗　晖　吕瑞花　秦德继　王　挺　王扬宗
　　　　熊卫民　姚　力　张大庆　张　剑　周德进

编委会办公室
主　任：孟令耘　张利洁
副主任：许　慧　刘佩英
成　员：(以姓氏拼音为序)
　　　　董亚峥　冯　勤　高文静　韩　颖　李　梅
　　　　刘如溪　罗兴波　沈林苣　田　田　王传超
　　　　余　君　张海新　张佳静

老科学家学术成长资料采集工程简介

老科学家学术成长资料采集工程（以下简称"采集工程"）是根据国务院领导同志的指示精神，由国家科教领导小组于 2010 年正式启动，中国科协牵头，联合中组部、教育部、科技部、工信部、财政部、文化部、国资委、解放军总政治部、中国科学院、中国工程院、国家自然科学基金委员会等 11 部委共同实施的一项抢救性工程，旨在通过实物采集、口述访谈、录音录像等方法，把反映老科学家学术成长历程的关键事件、重要节点、师承关系等各方面的资料保存下来，为深入研究科技人才成长规律，宣传优秀科技人物提供第一手资料和原始素材。

采集工程是一项开创性工作。为确保采集工作规范科学，启动之初即成立了由中国科协主要领导任组长、12 个部委分管领导任成员的领导小组，负责采集工程的宏观指导和重要政策措施制定，同时成立领导小组专家委员会负责采集原则确定、采集名单审定和学术咨询，委托科学史学者承担学术指导与组织工作，建立专门的馆藏基地确保采集资料的永久性收藏和提供使用，并研究制定了《采集工作流程》《采集工作规范》等一系列基础文件，作为采集人员的工作指南。截至 2016 年 6 月，已启动 400 多位老科学家的学术成长资料采集工作，获得手稿、书信等实物原件资料 73968 件，数字化资料 178326 件，视频资料 4037 小时，音频资料 4963 小时，具有重要的史料价值。

采集工程的成果目前主要有三种体现形式，一是建设"中国科学家博物馆网络版"，提供学术研究和弘扬科学精神、宣传科学家之用；二是编辑制作科学家专题资料片系列，以视频形式播出；三是研究撰写客观反映老科学家学术成长经历的研究报告，以学术传记的形式，与中国科学院、中国工程院联合出版。随着采集工程的不断拓展和深入，将有更多形式的采集成果问世，为社会公众了解老科学家的感人事迹，探索科技人才成长规律，研究中国科技事业的发展历程提供客观翔实的史料支撑。

总序一

中国科学技术协会主席　韩启德

老科学家是共和国建设的重要参与者，也是新中国科技发展历史的亲历者和见证者，他们的学术成长历程生动反映了近现代中国科技事业与科技教育的进展，本身就是新中国科技发展历史的重要组成部分。针对近年来老科学家相继辞世、学术成长资料大量散失的突出问题，中国科协于2009年向国务院提出抢救老科学家学术成长资料的建议，受到国务院领导同志的高度重视和充分肯定，并明确责成中国科协牵头，联合相关部门共同组织实施。根据国务院批复的《老科学家学术成长资料采集工程实施方案》，中国科协联合中组部、教育部、科技部、工业和信息化部、财政部、文化部、国资委、解放军总政治部、中国科学院、中国工程院、国家自然科学基金委员会等11部委共同组成领导小组，从2010年开始组织实施老科学家学术成长资料采集工程。

老科学家学术成长资料采集是一项系统工程，通过文献与口述资料的搜集和整理、录音录像、实物采集等形式，把反映老科学家求学历程、师承关系、科研活动、学术成就等学术成长中关键节点和重要事件的口述资料、实物资料和音像资料完整系统地保存下来，对于充实新中国科技发展的历史文献，理清我国科技界学术传承脉络，探索我国科技发展规律和科技人才成长规律，弘扬我国科技工作者求真务实、无私奉献的精神，在全社会营造爱科学、学科学、用科学的良好氛围，是一件很有意义的事情。采集工程把重点放在年龄在 80 岁以上、学术成长经历丰富的两院院士，以及虽然不是两院院士、但在我国科技事业发展中作出突出贡献的老科技工作者，充分体现了党和国家对老科学家的关心和爱护。

自 2010 年启动实施以来，采集工程以对历史负责、对国家负责、对科技事业负责的精神，开展了一系列工作，获得大量反映老科学家学术成长历程的文字资料、实物资料和音视频资料，其中有一些资料具有很高的史料价值和学术价值，弥足珍贵。

以传记丛书的形式把采集工程的成果展现给社会公众，是采集工程的目标之一，也是社会各界的共同期待。在我看来，这些传记丛书大都是在充分挖掘档案和书信等各种文献资料、与口述访谈相互印证校核、严密考证的基础之上形成的，内中还有许多很有价值的照片、手稿影印件等珍贵图片，基本做到了图文并茂，语言生动，既体现了历史的鲜活，又立体化地刻画了人物，较好地实现了真实性、专业性、可读性的有机统一。通过这套传记丛书，学者能够获得更加丰富扎实的文献依据，公众能够更加系统深入地了解老一辈科学家的成就、贡献、经历和品格，青少年可以更真实地了解科学家、了解科技活动，进而充分激发对科学家职业的浓厚兴趣。

借此机会，向所有接受采集的老科学家及其亲属朋友，向参与采集工程的工作人员和单位，表示衷心感谢。真诚希望这套丛书能够得到学术界的认可和读者的喜爱，希望采集工程能够得到更广泛的关注和支持。我期待并相信，随着时间的流逝，采集工程的成果将以更加丰富多样的形式呈现给社会公众，采集工程的意义也将越来越彰显于天下。

是为序。

总序二

中国科学院院长　白春礼

由国家科教领导小组直接启动，中国科学技术协会和中国科学院等12个部门和单位共同组织实施的老科学家学术成长资料采集工程，是国务院交办的一项重要任务，也是中国科技界的一件大事。值此采集工程传记丛书出版之际，我向采集工程的顺利实施表示热烈祝贺，向参与采集工程的老科学家和工作人员表示衷心感谢！

按照国务院批准实施的《老科学家学术成长资料采集工程实施方案》，开展这一工作的主要目的就是要通过录音录像、实物采集等多种方式，把反映老科学家学术成长历史的重要资料保存下来，丰富新中国科技发展的历史资料，推动形成新中国的学术传统，激发科技工作者的创新热情和创造活力，在全社会营造爱科学、学科学、用科学的良好氛围。通过实施采集工程，系统搜集、整理反映这些老科学家学术成长历程的关键事件、重要节点、学术传承关系等的各类文献、实物和音视频资料，并结合不同时期的社会发展和国际相关学科领域的发展背景加以梳理和研究，不仅有利于深入了解新中国科学发展的进程特别是老科学家所在学科的发展脉络，而且有利于发现老科学家成长成才中的关键人物、关键事件、关键因素，探索和把握高层次人才培养规律和创新人才成长规律，更有利于理清我国科技界学术传承脉络，深入了解我国科学传统的形成过程，在全社会范围内宣传弘扬老科学家的科学思想、卓越贡献和高尚品质，推动社会主义科学文化和创新文化建设。从这个意义上说，采集工程不仅是一项文化工程，更是一项严肃认真的学术建设工作。

中国科学院是科技事业的国家队，也是凝聚和团结广大院士的大家庭。早在1955年，中国科学院选举产生了第一批学部委员，1993年国务院决定中国科学院学部委员改称中国科学院院士。半个多世纪以来，从学部委员到院士，经历了一个艰难的制度化进程，在我国科学事业发展史上书写了浓墨重彩的一笔。在目前已接受采集的老科学家中，有很大一部分即是上个世纪80、90年代当选的中国科学院学部委员、院士，其中既有学科领域的奠基人和开拓者，也有作出过重大科学成就的著名科学家，更有毕生在专门学科领域默默耕耘的一流学者。作为声誉卓著的学术带头人，他们以发展科技、服务国家、造福人民为己任，求真务实、开拓创新，为我国经济建设、社会发展、科技进步和国家安全作出了重要贡献；作为杰出的科学教育家，他们着力培养、大力提携青年人才，在弘扬科学精神、倡树科学理念方面书写了可歌可泣的光辉篇章。他们的学术成就和成长经历既是新中国科技发展的一个缩影，也是国家和社会的宝贵财富。通过采集工程为老科学家树碑立传，不仅对老科学家们的成就和贡献是一份肯定和安慰，也使我们多年的夙愿得偿！

鲁迅说过，"跨过那站着的前人"。过去的辉煌历史是老一辈科学家铸就的，新的历史篇章需要我们来谱写。衷心希望广大科技工作者能够通过"采集工程"的这套老科学家传记丛书和院士丛书等类似著作，深入具体地了解和学习老一辈科学家学术成长历程中的感人事迹和优秀品质；继承和弘扬老一辈科学家求真务实、勇于创新的科学精神，不畏艰险、勇攀高峰的探索精神，团结协作、淡泊名利的团队精神，报效祖国、服务社会的奉献精神，在推动科技发展和创新型国家建设的广阔道路上取得更辉煌的成绩。

总序三

中国工程院院长 周 济

由中国科协联合相关部门共同组织实施的老科学家学术成长资料采集工程，是一项经国务院批准开展的弘扬老一辈科技专家崇高精神、加强科学道德建设的重要工作，也是我国科技界的共同责任。中国工程院作为采集工程领导小组的成员单位，能够直接参与此项工作，深感责任重大、意义非凡。

在新的历史时期，科学技术作为第一生产力，已经日益成为经济社会发展的主要驱动力。科技工作者作为先进生产力的开拓者和先进文化的传播者，在推动科学技术进步和科技事业发展方面发挥着关键的决定的作用。

新中国成立以来，特别是改革开放30多年来，我们国家的工程科技取得了伟大的历史性成就，为祖国的现代化事业作出了巨大的历史性贡献。两弹一星、三峡工程、高速铁路、载人航天、杂交水稻、载人深潜、超级计算机……一项项重大工程为社会主义事业的蓬勃发展和祖国富强书写了浓墨重彩的篇章。

这些伟大的重大工程成就，凝聚和倾注了以钱学森、朱光亚、周光召、侯祥麟、袁隆平等为代表的一代又一代科技专家们的心血和智慧。他们克服重重困难，攻克无数技术难关，潜心开展科技研究，致力推动创新发展，为实现我国工程科技水平大幅提升和国家综合实力显著增强作出了杰出贡献。他们热爱祖国，忠于人民，自觉把个人事业融入到国家建设大局之中，为实现国家富强而不断奋斗；他们求真务实，勇于创新，用科技为中华民族的伟大复兴铸就了辉煌；他们治学严谨，鞠躬尽瘁，具有崇高的科学精神和科学道德，是我们后代学习的楷模。科学家们的一生是一本珍贵的教科书，他们坚定的理想信念和淡泊名利的崇高品格是中华民族自强不息精神的宝贵财富，永远值得后人铭记和敬仰。

通过实施采集工程，把反映老科学家学术成长经历的重要文字资料、实物资料和音像资料保存下来，把他们卓越的技术成就和可贵的精神品质记录下来，并编辑出版他们的学术传记，对于进一步宣传他们为我国科技发展和民族进步作出的不朽功勋，引导青年科技工作者学习继承他们的可贵精神和优秀品质，不断攀登世界科技高峰，推动在全社会弘扬科学精神，营造爱科学、讲科学、学科学、用科学的良好氛围，无疑有着十分重要的意义。

中国工程院是我国工程科技界的最高荣誉性、咨询性学术机构，集中了一大批成就卓著、德高望重的老科技专家。以各种形式把他们的学术成长经历留存下来，为后人提供启迪，为社会提供借鉴，为共和国的科技发展留下一份珍贵资料。这是我们的愿望和责任，也是科技界和全社会的共同期待。

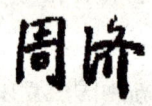

周济

周毓麟

周毓麟与作者吴明静讨论书稿

周毓麟夫妇与采集小组部分成员合影

序一

为本书作序，是我的荣幸。周毓麟先生是成就卓著的数学家和计算数学家，为我国核武器事业作出了重大贡献。周毓麟先生是我尊敬的师长，几十年来，我们一直称呼他"老周"。

周毓麟先生在求学时代就显示出很高的数学才华，大学毕业后师从陈省身教授，在同伦论与流形拓扑不变量研究方面取得成就。1960年，周毓麟先生毫不犹豫地服从祖国需要，奉调参加我国核武器理论研究工作。在随后的几十年岁月里，默默无闻地为我国的国防事业辛勤奉献。改革开放以后，周毓麟先生以大规模科学计算为背景，创立了离散泛函分析方法，建立了应用离散泛函分析方法研究非线性发展方程差分方法的理论，得到了系统而深刻的研究结果，使差分方法的理论研究形成了一个新的体系，在偏微分方程数值解领域独树一帜。

我国的核武器事业走出了一条有中国特色的发展道路。其特点之一是，我国以比美、苏少得多的核试验次数，使核武器的设计达到了世界先进水平。能做到这一点，原因有很多，其中重要的因素之一是理论和数值模拟发挥了十分重要的作用。一批杰出的物理学家和数学家为此作出了贡献。周毓麟先生参加我国核武器的理论研究工作后，担任九院（现中国工程物理研究院）理论部的副主任。大规模科学计算是核武器理论研究必不可少的重要手段，周毓麟先生主持了我国核武器的数值模拟及流体力学方面的研究工作，他带领大家研究设计所需的计算程序，边学边干，要求大家"认认真真地学，学必学懂；扎扎实实地干，干必干好"。他写的讲义涉及拟线性双曲方程及数值方法的分析、辐射流体力学差分格式的设计与论证、爆轰计算方法以及输运问题计算方法等。在完成任务的同时，还培养出一批青年骨干。在大规模科学计算的基础上，他对电子计算机的研制提出了一系列新的要求并作出理论上的分析，对我国电子计算机的发展产生了深远的影响。此外，他还担任了全国计算数学学会理事长，为学会的建设和发展作出了贡献。

1965年年初，我开始参加理论部的工作，有幸在一批学术功底坚实的科学家领导下工作。周毓麟先生是负责数学方面的理论部副主任，我们有机会学习他写的讲义，听他作的报告。他给人的印象是学术功底深厚、概念清晰、作风严谨。这里只举一个小例子：在进行中子学计算精确化研究时，我对中子输运方程在特定情况下的精确解作了一份调研报告，送周毓麟先生审阅。他不仅对内容提出了建议，而且对文章的书写规范提了意见，包括什么地方该另起一段，段的开头要退两格等，给我留下难忘印象，使我对"严谨"两字有了新的感受。我后来也见到周毓麟先生的手稿，行文整洁，删改的地方均用笔圈起来，里面再画上斜杠，清清楚楚，一目了然。这正是于细微处见精神，使我受益匪浅。

《采数学之美为吾美：周毓麟传》记录了在我国跨世纪的大背景下，周毓麟先生为学术、为国家不倦奋斗的人生，他把对科学发展的追求和对祖国的热爱完满地结合起来，使我们感受到一个丰满厚重的科学家的形象、一个品德高尚的大写的人生。周毓麟先生是我们学习的榜样。

在《采数学之美为吾美：周毓麟传》问世之际，我仅以此序表达对先生的敬意，衷心祝愿他健康长寿、家庭幸福！

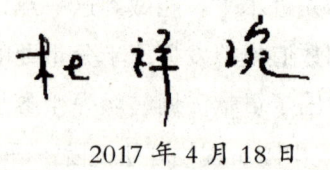

杜祥琬
2017年4月18日

序二　我的父亲周毓麟

我有一位非常好的父亲。父母生我时，年龄比较大了，所以我生下来是很受宠爱的。我的成长，可以说是在父母精心呵护下非常快乐的一段经历。

父母对我，是捧在手心，有求必应。但是家里有一个很独特的规定：不允许打听父亲的工作。我也就从来不去打听，也从不和小伙伴谈论。每天晚上，家里总是很安静的，母亲批改作业，父亲看书、写文章，所以，有很长时间，我一直以为父亲和母亲一样，也是在学校里教书，直到上初中后，有一位同学问我：你父亲是不是搞原子弹的？我还惊讶地说：不会吧！

父亲在家庭生活中的表现，也从来没有电影里搞国防尖端武器的科学家的那种威严，没有那种与普通人不一致的疏离感。我小时候，母亲工作很忙，经常出差，父亲独自带我的时候比较多。父亲总是很慈爱、很耐心地陪伴我，为我洗衣做饭，给我讲故事，给我粘贴连环画、做拼音卡片，他是一个能干的灵巧的父亲。

他们那一代人经历了很混乱的年代，但是很少从父亲那里听到什么抱怨。他是个平和的人，性格中有点天真率直，喜欢什么，就会很执拗地钻研，他对数学有种偏执的热爱，几十年如一日思考数学、阅读数学、研究数学、谈论数学，他对时政向来不敏感，对名利更是十分淡漠，能够在数学领域自由驰骋，对他而言，就是最大的幸福。可以说，他首先是一位慈爱和善的父亲，是一位温和体贴的丈夫，也是一位严谨细致的数学工作者，至于功勋、奖状、荣誉称号，对他而言，还不如解决一个数学难题来得快乐。

但这并不是说，父亲天生志向高远，其实他的选择完全出自纯真的天性。父亲和母亲都是上海人，周家的老房子在原来的法租界跑马场附近，临近大世界，是非常热闹繁华的地方。周家家境尚可，父亲的童年过得温馨自在，看老照片，年轻的父亲精神饱满、衣着得体、风度翩翩、神采奕奕。相对宽裕的家庭条件也为他的人生选择提供了强大的后盾：父亲考大学时，不顾同学的规劝，不考虑今后就业问题，坚持要学数学；大学毕业后，他放弃了去山东大学当助教的机会，因为觉得上海比山东安全得多；后来，陈省身先生很欣赏他，要带他去台湾和美国，父亲又一次谢绝。很多人认为这是父亲爱国与高风亮节，但是父亲从来不认可这种"拔高"的说法。

我问过父亲为什么不去台湾，他说，当时的想法特别简单：家在上海，父母妻子在上海，离家万里，到时回不了家乡、见不到爹娘，可怎么办？

大概这是他从小读私塾、背古籍，培养出来的一种单纯的家园情怀吧。

留下来了，其实对共产党也并没有太多的了解。但是在上海解放后的第一天早晨所见，让他极为震撼：他亲眼见到无数的解放军战士和衣躺在街道上休息，没有进民宅，更没有滋扰商铺。

父亲和母亲带着对新政权的好感，离开上海，到北京的清华大学就职，后来院系调整又到了北京大学。在学校里，除了做研究，他也主动接受政治学习和思想教育，还担任了一些社会职务，组织政治学习、开思想动员会、为抗美援朝捐款等，这对他来说是个不小的改变。要知道，当年因为没有提交一篇蒋介石《中国之命运》的读书心得，他没能领取国民政府颁发的大学毕业证！

1957年，父亲到苏联留学，放弃拓扑学研究，改学偏微分方程。也就是在苏联时，他经过慎重考虑，觉得自己的确在思想上和业务上有所提高，就郑重提出了入党的申请。1960年，当国家调他去从事核武器研究时，他没有丝毫踌躇，愉快接受了调动，他觉得这是自己的职责。

因为父亲很早就有个想法，数学就是要用的，为国家建设服务是数学工作者的职责。所以，他在拓扑学研究做得极为顺利的时候，就有心做一点应用方面的研究，对他来说，放弃已经小有所成的专业投身新的研究领域，是研究能力上新的提升。

在一位科学工作者的黄金研究岁月，他毫不犹豫多次转变自己的专业，致力于在不同的领域为国家做贡献，我为有这样的父亲感到骄傲。

当原子弹理论突破时期，苏联撤走专家，他并没有失去信心或表示愤怒。他曾经不止一次坦言：我们有这么多人，还有这么多从苏联回来的大学生、研究生，没有苏联人帮忙，我们也能造出原子弹。他不仅说到了，更是身体力行地做到了，在核武器研究中，他作为一位数学工作者，取得了众多不可磨灭的杰出成就。

六十岁以后，有一段时期，他的身体健康状况不佳，卧床住院期间还坚持做研究。当看到他与同事讨论工作时脸上飞扬的神采，在心疼之余，我也不得不感叹：这样始终心有牵挂、始终执着追求的一生也真是很有意义！

今年父亲已经九十三岁了，与数学结缘七十余年。回顾他的研究生涯，我想，从家园情怀延伸出来的博大的家国情怀，使得他的科学人生充满智慧，充满自信。

我一直很佩服父亲母亲：他们真诚地用心地生活，也对生活真诚地付出，他们一生践行"感恩"，因此他们的一生中没有违背心性的遗憾，当然也就没有虚伪投机的失意。

父亲身上那种谦和、真诚、执着、严谨的特点，既是我接受到的第一份教育，也应当成为我们家庭中代代相传的精神财富。

我爱我的父亲母亲。我对他们那一代人和他们的经历充满敬意。

周凤明

2016年12月6日

目 录

老科学家学术成长资料采集工程简介

总序一 ··· 韩启德

总序二 ··· 白春礼

总序三 ··· 周 济

序一 ··· 杜祥琬

序二　我的父亲周毓麟 ··· 周凤明

导　言 ··· 1

｜第一章｜平凡少年的懵懂童年 ································· 9

　　没有家传的"数学之家" ···································· 9
　　从私塾到青华中小学 ··· 14
　　懵懂学童的业余爱好 ··· 16
　　买书成痴 ··· 19

第二章	弄堂里走出来的小数学家 ································ 22

    险些辍学 ·· 22

    生机勃勃的大同附中 ·· 24

    发明几何新定理 ·· 29

第三章	大同大学的"刘关张" ····································· 32

    一心学数学 ··· 32

    颇有特色的大同大学理学院 ······························ 33

    同进同出的"刘关张" ······································ 36

第四章	颇有前途的职位——图书管理员 ····················· 41

    毕业即失业 ··· 41

    在南京临时大学 ·· 43

    偶遇恩师陈省身 ·· 46

    图书管理员 ··· 51

    拓扑学新秀 ··· 55

    月明花朝　永以为好 ······································· 58

第五章	从清华到北大 ·· 61

    不愿意去台湾也不愿意当中学教员 ·················· 61

    工字厅的年轻夫妻 ·· 64

    "地球上不能处处有和风！" ······························ 70

    院系调整到北大 ·· 73

    "数学要有用" ··· 76

第六章 | 在俄专学习 ... 80

为国家立志研究计算数学 ... 80
老周的尴尬 ... 85

第七章 | 负笈莫斯科大学 ... 88

一言定专业 ... 88
比导师还大一岁 ... 90
有效率的学习 有效率的生活 ... 92
没有克服不了的困难 ... 96
杰出成果——渗流方程研究 ... 99
优秀论文 ... 103
五色记忆 ... 105

第八章 | 重归燕园 ... 113

被北大"截走" ... 113
领路人和奠基者 ... 114
充满智慧和创新的课程 ... 116
悉心培养 璀璨弟子 ... 119
一本重要讲义 ... 123
在政治运动间歇的紧张工作 ... 125

第九章 | 献身核武器研究 ... 131

重大转折的一天 ... 131
割舍和牺牲 ... 133
难忘"九次计算" ... 137

人为粘性消去法 ……………………………………………… 141
组织核武器设计早期数学研究工作 ………………………… 145
和众多科学家一起工作 ……………………………………… 149

第十章 | 倾力大型科学计算 …………………………………… 156

同钱学森先生探讨数值模拟问题 …………………………… 156
分区迭代收敛问题 …………………………………………… 159
研究计算机字长与速度、内存匹配关系 …………………… 161
网络平均短程与网络乘积问题 ……………………………… 163

第十一章 | 蹉跎岁月 心有一烛 ………………………………… 165

风雨如晦 ……………………………………………………… 165
故交含冤 ……………………………………………………… 167
潜心科研　自甘平淡 ………………………………………… 169
仓促搬迁三线 ………………………………………………… 174
"出差"北京二十年 …………………………………………… 177
搬迁曲折　心生疲惫 ………………………………………… 181

第十二章 | 开辟基础研究新领域 ……………………………… 187

九所的"四人帮" ……………………………………………… 187
六十岁再创辉煌 ……………………………………………… 189
研究成果喷涌而出 …………………………………………… 192
推动研究生教育和学科建设 ………………………………… 194
"我们的好会长" ……………………………………………… 195
与恩师再结缘 ………………………………………………… 199

| 第十三章 | 甘苦自知 人淡如菊 ················ 203

  数学打造生活 ························ 203

  亦师亦友 ································ 206

  "原来是搞原子弹的!" ··············· 209

  大家风范　如沐春风 ··············· 210

结　语 ·· 214

附录一　周毓麟年表 ····················· 222

附录二　周毓麟主要论著目录 ········ 250

参考文献 ···································· 253

后记 ·· 254

图片目录

图导-1　周毓麟院士 ·· 1
图1-1　1957年周家合影 ··· 11
图1-2　1994年"数学之家"第一代数学人合影 ··· 12
图1-3　2002年与第二代数学人合影 ··· 12
图1-4　1935年姐弟三人在自家阳台上合影 ··· 16
图1-5　武术表演 ··· 17
图1-6　双人武术表演 ·· 17
图1-7　1928年与弟弟周彭年在祥康里 ·· 19
图1-8　祥康里2015年近景 ·· 19
图2-1　律师公会大楼原址 ·· 27
图2-2　大同中学 ··· 27
图2-3　五四中学 ··· 27
图2-4　梅慕勋老师 ·· 29
图3-1　1935年证件照 ··· 34
图3-2　1939年证件照 ··· 34
图4-1　中研院上海分院旧址，现为中国科学院生命化学与
　　　　细胞生物学研究所 ··· 47
图4-2　周毓麟与徐明月结婚照 ··· 59
图4-3　1976年的中科院土壤所，原址即为数学所 ······································· 60
图4-4　土壤所园区已经多次翻建，原址仅存一纪念碑 ·································· 60
图5-1　1949年10月周毓麟和徐明月在清华大学大礼堂前留影 ····················· 65
图5-2　2005年2月周毓麟夫妇在工字厅原宿舍门口留影 ····························· 66
图5-3　1947年在中研院数学所合影 ··· 69
图5-4　1991年5月在家中与老友相聚 ·· 70
图5-5　《人民日报》剪影 ·· 77

图 6-1	周毓麟在俄文专科学校的学籍卡	81
图 7-1	奥列伊尼克教授	91
图 7-2	论文答辩会	104
图 7-3	负笈莫斯科，清瘦的周毓麟	104
图 7-4	1957 年在莫斯科大学主楼前留影	106
图 7-5	与李德元、孙和生合影	106
图 7-6	1987 年与奥列伊尼克老师在北海公园游览	108
图 7-7	1987 年游览北海公园	108
图 7-8	1987 年师生合影	109
图 7-9	1987 年 5 月在家中宴请奥列伊尼克老师	109
图 8-1	姜礼尚先生展示他珍藏的讲义原稿	124
图 8-2	讲义原稿	125
图 9-1	大型油画《当代英雄》	140
图 9-2	和邓稼先在一起	149
图 9-3	与于敏讨论工作	150
图 9-4	与于敏交谈	151
图 9-5	2013 年黄祖洽参加周毓麟九十华诞学术座谈会	151
图 9-6	1999 年周毓麟夫妇与黄祖洽夫妇同游植物园	152
图 9-7	2003 年 10 月 1 日周毓麟夫妇在江泽培家与江泽培、汪菊芳夫妇合影	152
图 9-8	秦元勋所寄贺年卡	153
图 9-9	1993 年与彭桓武在一起	155
图 9-10	1996 年与朱光亚在一起	155
图 9-11	国庆 50 周年与陈能宽在天安门观礼台	155
图 9-12	国庆 50 周年在天安门观礼台	155
图 10-1	工作笔记显示，周毓麟早在 1969 年就开始研究计算机速度与内存的关系	161
图 11-1	周毓麟在 20 世纪 70 年代的研究笔记	171
图 11-2	像这样的读书卡片有上千张	171
图 11-3	1980 年周毓麟与何桂莲交谈	182
图 12-1	1982 年与符鸿源合影	188
图 12-2	1982 年在桂林参加第二届偏微分方程会议	188

图 12-3	与沈隆钧讨论工作	189
图 12-4	1993 年 2 月周毓麟夫妇与学生姜礼尚合影	189
图 12-5	2012 年与苗长兴、许孝精合影	189
图 12-6	2012 年与袁光伟合影	189
图 12-7	1980 年全国计算数学年会合影	196
图 12-8	1987 年 12 月周毓麟在昆明参加"全国数值代数学术交流会"时的合影	196
图 12-9	1993 年 2 月周毓麟七十寿辰	197
图 12-10	2003 年陈省身光临周毓麟八十华诞学术座谈会	201
图 12-11	1991 年与恩师陈省身在一起	201
图 12-12	2003 年 2 月和陈省身、吴文俊交谈	202
图 12-13	2003 年 2 月周毓麟八十华诞纪念会合影	202
图 13-1	女儿幼时全家福	204
图 13-2	1973 年在颐和园	204
图 13-3	1959 年 5 月 1 日于颐和园	209
图 13-4	1982 年在北大未名湖畔	209
图 13-5	1997 年金婚纪念	209
图 13-6	2012 年结婚 65 周年纪念	209
图 13-7	1996 年获第三届华罗庚数学奖时与丁石孙合影	211
图 13-8	1994 年 8 月 22 日与胡思得、杨振宁、符鸿源合影	211
图 13-9	2003 年 4 月 18 日与袁国兴在长沙岳麓书院	212
图结 -1	1986 年在办公室工作	215
图结 -2	1990 年在家中	217
图结 -3	八十岁时在家中查资料	220
图结 -4	九十岁仍伏案工作	221

导 言

传主简介

周毓麟（1923— ），浙江镇海人。1945年毕业于上海大同大学数学系。早年从事拓扑学研究，1954年赴苏联莫斯科大学留学，主攻非线性偏微分方程。1957年获物理数学副博士学位后，回北京大学数学力学系工作。1960年奉调参加我国的核武器理论研究。曾任北京应用物理与计算数学研究所副所长、中国工程物理研究院科技委委员以及中国计算数学学会理事长和名誉理事长等职。1991年当选中国科学院院士。

图导-1　周毓麟院士（摄于1999年）

周毓麟是我国核武器设计中数学研究工作早期的主要组织者和开拓者之一，为我国核武器事业的发展作出了重大贡献；在非线性偏微分方程领域，他是我国早期的主要开拓者之一，在长期的研究生涯中获得了系统的杰出成果；基于科学计算实践，他建立了离散泛函分析的方法和理论。为此，作为主要完成者之一，他获得了国家自然科学奖一等奖及国家科技进步奖特等奖各一项。他还获得了华罗庚数学奖、何梁何利基金科技进步奖及苏步青应用数学奖特别奖等奖项。

采集过程与采集思路

周毓麟学术成长资料采集工程于2014年立项，前期工作在2012年启动。当时，为了筹办周毓麟院士九十华诞学术座谈会，研究所决定制作一本文集和一部电视专题片，主创人员走访北京、上海、厦门等地，访谈和资料采集工作有意识地依照采集工程的要求来部署和运作。2013年3月，文集面世，电视片播出，反响很好，也为采集工程课题的开展打下了良好的基础。2014年，课题正式立项后，沈隆钧、余新川、吴明静等几名主创人员成为小组主要成员，各自承担了重要任务。

回顾整个采集过程，因为目标清晰，分工明确，课题得以顺利启动，从容展开。大家配合默契，合作十分愉快，两年的辛勤工作获得了超出预期的成果。

本课题能顺利开展，首先归功于周毓麟院士的支持与配合。年届九旬的老人，精神健旺，尽管视力和听力损失严重，但周毓麟院士的每一次访谈都激情洋溢。周毓麟院士是挚爱数学的人，在回忆往事的过程中，每个话题他都能很迅速地转向对数学问题的探讨。我们做了十次直接访谈，周毓麟院士口述了大量栩栩如生的细节，为我们再现了漫长的历史画卷，展示了一位兢兢业业七十年的数学家的研究激情。每一次访谈结束时，老人都意犹未尽，但为了他的健康考虑，我们不能过多干扰他静心休养，以至协调他的激情与生活节奏成为本课题的突出难题之一。

周毓麟院士的亲属也为课题的开展提供了极大支持。周院士的女儿周凤明女士直接参与到课题工作中，在走访院士故居、采访重要亲属、资料编辑以及审稿工作中发挥了不可替代的作用。

2015年上半年，课题获得了重大进展。通过走访故居和到中国第二历史档案馆查询，我们找到了周毓麟院士大学就读时的成绩单，以及他在国立中央研究院数学研究所工作的档案。这些成果带回北京，周毓麟院士和夫人徐明月女士感受到我们的执着与真诚,加之周凤明女士的积极倡议,周毓麟院士向采集工程慷慨捐献了一大批珍贵的手稿,内含近千件工作笔记、读书卡片、论文抽印本等。这批资料是课题开展研究的重要支撑,也是迄今为止,周毓麟院士最多的一次性对外捐赠。

周毓麟院士为人低调,在课题开展之前,我们就发现现存的可以直接使用的历史资料极少,尤其是影像资料极为缺乏。尽管获得了不少荣誉,但他总是习惯将为数不多的出镜机会让给其他同事。在制作九十华诞电视片时,我们就不得不使用大量的空镜头和照片来做编辑和补充。

文字资料方面,周毓麟院士尚未出版单体本传记。在2003年和2013年,他八十华诞和九十华诞之际,研究所均出版了纪念文集,收录有同事、同学、亲友的回忆及一两篇小传与自述,但缺乏对其学术生涯的整体反映。加之从事保密工作的缘故,他的年表中空缺1960—1980年长达二十年的记载。

课题组首先考虑补齐这二十年的记载。这二十年也是周毓麟院士参与核武器研制的重要学术阶段。

我们先后开展了十次直接访谈和十三次间接访谈,获得访谈资料四十余万字,获得手稿、照片等资料一千余件,在此基础上,我们结合国内微分方程发展史和核武器发展史来加强研究,尤其是查阅了院史、所史,顺利补齐了1960—1980年的年表。尽管由于时代因素,突出集体功绩而刻意淡化个人贡献,又因为保密工作之故,很多事件的日期只是含糊记载到年,但是通过抽丝剥茧地深入挖掘,我们初步理清了周毓麟在这一时期的工作记录,也厘清了他所从事的核武器理论研究工作早期数学工作的发展历程。

我们还将获取的访谈资料与现有科技档案资料不断结合,充分论证,深入研究和了解我国武器数值模拟工作的起步与发展。数值模拟工作也是核武器理论研究中最吸引人的部分之一。

除了完成对年表的重要补充,本课题研究深度的另一突出表现,是我们为理清历史细节而做的大量调研与考证。这方面的考证,既有重要的人物事件,也有许多琐碎的小事。考虑到周毓麟院士丰富曲折的学术经历,他与同时期众多科学家有过许多生动感人的互动，我们认为，将这些小事一一考证清晰，也是对科技发展史宏大架构的具体填充，因此，我们很注意把握和落实每一个细节。

例如，在周毓麟青年时期，曾经有一位关键人物，他曾资助周毓麟及其同学徐亦庄参加一项勤工俭学工作，辅助知名教授译书和讲学，后来他又介绍周毓麟进入国立中央研究院数学研究所跟随陈省身学习拓扑学，正是在陈省身先生的数学所，周毓麟开启了他的数学生涯。这位"关键人物"可谓周毓麟早期命运之舵的推手，但由于年代久远和记忆力衰退，周毓麟先生多番苦思，竟然想不起他的名字了。我们根据上述几条有限的线索，四处搜寻未果。这期间，周院士突然又告诉我们，这位先生是抗战胜利后中央研究院新物理所的创建者。这似乎是条有案可查的线索，但是查询物理所的创建者，抗战期间无人逗留上海，和之前周院士的经历又有矛盾。于是，有大半年的时间，关于这位"关键人物"，颇有"上穷碧落下黄泉，两处茫茫皆不见"之感。直到某一天，偶然查询到老上海法租界的史料，突现"乙酉学社"信息，这才恍然大悟——原来是物理学家、教育家杨肇燫先生，他曾协助丁西林先生于1928年在上海创办物理研究所，上海沦陷后他继续组织留沪的物理所员工开展工作，并组织一批沪上知名教授翻译国外学术名著，策划出版"乙酉学社丛书"，推动中国的科学教育事业；抗战胜利后，他又受中央研究院委托，主持接收日本人在上海的自然科学研究所等资产，在齐祁路（今岳阳路）上的这个研究所，即为国立中央研究院物理所和数学所原址所在。

当我们把杨肇燫先生的名字告诉周院士，他极为高兴。

回过头来看，虽耗费精力，但这桩桩逸史轶事倒也前后映照，草蛇灰线，尽管尝了点苦头，可我们也得到了考证工作的大安慰、大意趣。

凡此种种，实为令我们感动和兴奋的收获。

采 集 成 果

在课题开展过程中，我们尽力搜集了目前已有的资料，这里只列举对重建传主生平经历有较大帮助的成果，供读者参考评判。

一是手稿。这方面资料比较丰富，大约一千六百件，含读书卡片、工作笔记、论文抽印本等，是研究周毓麟学术思想的重要文献。

二是口述类资料。通过口述访谈，获取了周毓麟在人生各个阶段的学习和工作情况。这部分资料的内容极其丰富，许多信息为第一次披露。

三是档案资料和照片。档案资料多为自周毓麟人事档案中摘取的反映其工作经历和学术经历的文字材料和奖章证书（数字化）。照片资料较多，涵盖周毓麟院士青少年到耄耋之年各个历史时期，我们尤为注意搜集反映其学术活动的照片。负责资料编辑的逄锦桥同志和周凤明密切合作，付出极大努力，将近千份照片中的人物关系和活动背景一一整理清楚。这部分的史料价值比较大。

写作思路

本书的重点，当为忠实还原周毓麟的学术成长历程。

动笔之前，我们有一个粗浅的认识——要写好一位数学家的传记，不是靠简单地罗列和堆砌材料就能实现的。

随着研究工作的深入开展，这一认识也逐步深化，对本书的撰写也愈发谨慎起来。

怎样才能把一位数学家的故事，写得既真实又生动？

像周毓麟这样，出生小康之家，按部就班地读书、工作、结婚，不同于陈省身先生的天才早慧，也没有华罗庚先生那样的传奇经历，他性格平和安定，也不像报告文学中的陈景润那样的特立独行。他的人生道路那么简单——尽管也隐姓埋名参加了核武器研制，但他的大多数岁月还是安坐于北京的书斋，并没有经历大漠戈壁，也没有辗转高原山沟。

七十年的研究生涯，他的战场，就在三尺案头；他的武器，无非一支笔、一把计算尺以及那厚厚的计算机打印纸；他的成就，就是一张张读书卡片、一本本笔记、一篇篇论文、一部部书籍。

他这一生中最富于传奇色彩的三次转变专业，也不独为他一人所特有。

老一辈从事核武器理论研究的科学家有着类似的人生轨迹——至少有两次转行：第一次是在1960年前后，放弃原有的研究工作隐姓埋名搞武器研究。第二次是 20 世纪八九十年代，为探索武器物理更深层次的机理，他们纷纷开辟了新的研究领域。

一些在中华人民共和国成立前就开展了研究工作或有海外留学经历的科学家，往往还会有一次更早的转行：1949 年后积极投身社会主义建设，转入更贴近国家需求的研究。

这样的三次转折，是和国家建设和国防科技工业发展历程十分吻合的。从中华人民共和国成立初期，到 1960 年中央从全国选调 108 名科技专家充实到核武器研制队伍中去，到 20 世纪八九十年代，禁核试前后，核武器要转变发展方式，必须在更高层次上直面武器物理研究的挑战，这是时代洪流中个体人物命运的共通之处。

抽象的数学工作本来就很难用文字表现，一个工作与生活单纯得找不到戏剧冲突的数学家，怎么展示他的命运、他的求索、他的风范、他的志趣？怎么挖掘这样一个数学人生的理想与期盼、挣扎与呐喊？

故事。永远是故事。

从周毓麟院士那儿挖掘故事，从他的亲友和同事处挖掘故事，从所史和其他科学家传记中寻求相关情节。真实的、鲜活的、刻画细致入微的故事，围绕着周毓麟院士的研究经历，将他的人生旅程丰满起来、繁丽起来的无数个故事，成为本课题自始至终坚持不懈的追求。

通过挖掘和整理周毓麟先生人生经历中的丰富故事，我们力求解决在撰写核武器科学家人物传记方面的四个矛盾：

一是，保密与宣传的矛盾。我们既要宣传好核武器前辈的丰功伟绩，又要兼顾保密的要求，笔墨落在人物的成长、对时代的影响与对学科发展的促进，尤其要浓墨重彩地写足他们用自己的奉献与牺牲所铸造的光辉的"两弹一星"精神。

二是，历史与现实的矛盾。一个时代有一个时代的禁忌，既要兼顾过去的价值取向、审美情趣，体谅部分采访对象对某些历史敏感问题的回避，又要从忠实史实的角度出发，努力将那一代人的心路历程反映出来。

三是，可靠性与可读性的矛盾。尽管理论研究工作缺少戏剧性冲突，保密审查后往往会删掉大段的研究工作的精华，但是我们依然要确保资料来源的可靠，不浮夸，不虚构，坚信真实的人性是最美的，坚信唯有不经粉饰的真实，才能不惧时间的流逝，永远直抵人心。

四是，专业性和科普性的矛盾。核武器研制工作专业性强，如何做好深入浅出的科普，对采集工程提出新要求。对本课题而言，如何体现数学的简洁有力的美，是最大和最终的考验。

在兼顾保密与资料完整性的基础上，我们慎重地撰写本传记。在这本书中，我们以后辈的虔诚，试图完整地呈现周毓麟院士波澜壮阔、富于传奇的一生，并通过他的经历，展现一幅星光熠熠的科学家群像，探求老一辈科学工作者无私奉献、执着追求的精神动力之所在，诠释个人价值体现与民族复兴大业的紧密联系。

本书以周毓麟人生经历为主线，尽可能完整、清晰、准确地描述他的家庭背景、求学历程、师承关系，反映他同时期数学学科领域的国际发展背景和国内发展过程，同时注意将周毓麟的学术生涯和贡献，与相关学科领域的发展结合起来。尤其注重他的学术风格、科学成就、产生深刻影响的工作环境、学术交往中关键人物、重大事件和重要节点，勾勒其学术思想、观点和理念生长、形成、发展的过程，并提炼总结其学术成长的特点及重要影响因素。

全书含正文十三章及结语。

第一章，讲述周毓麟的青少年时期，家庭教育对其性格塑造的影响。

第二章、第三章，讲述周毓麟的求学经历，展现一位出自平民家庭的数学爱好者的成长历程。

第四章，叙述周毓麟大学毕业后短暂失业、在南京临时大学补习班任教的经过，重点讲述他进入中央研究院数学研究所跟随陈省身大师学习拓扑学的经历，讲述年轻数学工作者在大师带领下迅速成长的故事。

第五章，记述周毓麟在1949年后离沪北上，到清华大学和北京大学任教的经历。在清晰描述传主生活与工作的同时，追溯他"数学源于实际，数学研究应基于实际，并提升为数学方法和理论，回归指导实际"的治学理念的生发过程。在本章中，还应传主要求，对中研院数学所留在清华大学工作的几位年轻数学家的经历做了简要的记载。

第六章、第七章，记叙周毓麟受国家派遣，到俄文专科学校学习俄语，然后赴莫斯科大学攻读偏微分方程专业副博士学位的过程。重点讲述他克服学习和生活上的种种困难，严格管理时间，刻苦攻读，研究生第二年就获得了杰出研究成果的经过。

第八章，讲述周毓麟回国后回到北京大学任职，开设非线性偏微分方程专门化学习班，开拓创新，培养人才，做出了国际一流的研究工作的经过。

第九章，叙述周毓麟接受国家调动，组织和领导核武器理论研究早期数学工作的经历与成就。该章节将笔触延伸扩展至时代背景的深入了解，追溯同时期两弹元勋们的风采，努力绘制一幅时代画卷。

第十章，讲述周毓麟在大型科学计算方面的杰出成就。

第十一章，讲述周毓麟在"文化大革命"期间坚持数学研究的经历，通过大量的细节资料，展示中国科技工作者科学求实、百折不挠的风骨。

第十二章，讲述改革开放后，周毓麟开辟基础研究新领域的经过。

第十三章，通过亲友、子侄、同事、学生的叙述，描述周毓麟家庭生活与个性爱好。展现一位对数学孜孜以求的数学家的形象。

结语，重点梳理和总结了周毓麟院士三次转变专业、三次获得提升的治学历程，剖析了他独特的治学思想是其获得众多学术成就的重要原因。

此外，本书还附加了年表、主要论著目录、参考书目等附录，为读者提供参考。

第一章
平凡少年的懵懂童年

没有家传的"数学之家"

在北京市海淀区一个幽静的住宅小区，当年过九旬的周毓麟院士坐在家中回忆童年，视物困难的他清晰地叙述起故居上海市大沽路祥康里的诸般景物，历历在目，生动而鲜明……

那是一条恬静而富于生活气息的长长里弄，在周毓麟的记忆里，弄堂内有奔跑玩闹的孩童，二楼窗户伸出来长长的晒衣竿，石库门的灰色房顶将天空切割成碧蓝色的长条，鸽群迅疾飞过，清亮的鸽哨在风中流淌。故居诸般风物和他的童年生活已经定格成为了甜蜜优美的场景。

然而，隔着九十年的岁月，时过境迁，如今的故居附近拥挤嘈杂。因为路口即是三甲医院长征医院，毋庸置疑地成为车流不息、人流不断的交通热点，满街都是小饭馆、小超市与小旅馆，车辆鸣笛声、店铺广告喇叭声，从早到晚，交响一片。敝旧的祥康里在20世纪90年代拆迁了一半，包括周家在内的几幢幸存的老房子，历经一轮轮翻盖搭建，局促的拥挤在这半条曲折的弄堂里，缩身于长征医院近百米高的主楼背后，愈发显得逼仄了。

1923年的2月12日，正值腊月二十七，周毓麟就出生在这条弄堂里。

周家是一个普通的职员家庭，是邻居眼中勤恳踏实的好人家。父亲周渭桥（又名周世铭）在一家旧式银楼当伙计，母亲王梅荣比父亲大两岁，操持家务。周毓麟出生时已有兄一人，姐四人、他出生后的第三年，又添了弟弟周彭年。兄弟姐妹之间年龄相差很大，周毓麟和四姐周宝珠、弟弟周彭年的年龄相近，但和三姐周凤轩差了将近10岁，更是比大哥小了20岁，因为在他们之间，有好几个孩子都夭折了。

周家祖籍为宁波镇海庄市镇一个叫"市后周"的小村子，周毓麟祖父早年经历艰难，幼年时因父母双亡、家人无靠，不得已到上海来谋生。家族中一直流传着祖父的故事：祖父刚到上海时是光着脚的，第一次拿到工钱，买了双草鞋，洗净了脚都舍不得穿。祖父也一直将"吃得苦中苦，方为人上人"的老话拿来教育孩子。祖父是个很能干的人，他兢兢业业一辈子，在上海扎下了根，挣下了产业，开了店招了伙计，并养育了一大家子女。周渭桥就是他的第二个儿子。

周渭桥15岁就进入银楼当学徒。家里为他精心挑选了一门亲事：出身于前清官宦之家的闺秀王梅荣。王家祖上频频与有科举功名的家族联姻，但是在近代革命浪潮冲击之下，王家迅速衰落，到王梅荣父亲这一辈，虽然还维持着书香门第的生活，但已经失去了功名，加之父亲去世太早，王梅荣没能上学，但她凭借自己的努力，也能读书识字。王梅荣明晓事理，为人落落大方，深受亲友敬佩。

周家祖父很看重王梅荣的贤惠和家教，认为王家家风可钦，对这个儿媳妇非常满意。因为出身贫寒，祖父治家十分严厉。有一次，一个小叔叔吃花酒，祖父大怒，把小叔叔吊起来打。家里没人敢劝，情急之下只好找王梅荣来说情，于是王梅荣和大家一起跪在地上请祖父息怒，这才把小叔叔放下来。

在周毓麟的记忆中，父亲和母亲都是严谨刻苦的人。姐姐们曾告诉他，在他出生前家里的生活是很清苦的。有一阵子，父亲每个月的工资是三块银元，每天的菜金就是三个铜板，饭桌上往往只有一个菜——黄豆

图1-1 1957年周家合影（后排左起：三姐周凤轩，弟妹林克伦，弟弟周彭年，外甥陈泉君，周毓麟，大姐夫陈秉慧；前排左起：外甥女孙洁诚，二姐周宝玉，母亲王梅荣，父亲周渭桥，大姐周秀珍）

芽，因为价廉物美，二个铜板就能买一大堆。偶尔吃荤，吃的也不是鸡鸭鱼肉，而是毛蚶（一种很便宜的蛤蜊）。到周毓麟和弟弟出生前后，家庭境况有所好转，父亲有了些积蓄。大概在1935年，就在离祥康里不远的大沽路166号，父亲买了两栋石库门房子，一部分自住，大部分用作出租。这时期是周家短暂的小康时期，在周毓麟印象中，家里还请过两位女佣做杂务。

但是父亲身体一直不太好，1937年底，日本军队占领上海时，他也失业了，待在家里吃老本，所以，家里始终还是不太富裕的。

上海市井的平民生活，特别欣赏细腻周到、体面大方、既能审时度势又能忠厚待人的家风，称为"会做人家"，周家爸爸妈妈就有这样的贤能。周毓麟回忆说：[①]

妈妈在家忙家务时，可以穿得随便一点，但是出门总是打扮得周周正正。家里也是，房子再小再差也总是打扫得干干净净、收拾得井

---

① 周毓麟访谈，2014年10月9日，北京。资料存于采集工程数据库。

第一章 平凡少年的懵懂童年

井有条。我小时候，最初住的房子是石库门的后房，和住楼上的一户人家关系比较好。那家有个女儿叫阿苏，我们喊她妈妈叫阿苏妈，但阿苏爸我没见过，因为阿苏爸去世较早。据说阿苏爸病重时候跟他妻子说：看人别去看有钱没钱的，你交朋友就要交周家，你看后房周家妈妈，一个人照顾一大家子，勤勤恳恳，整整齐齐，从不多言多语，这样的人靠得住。后来我们两家果然要好，什么事都互相帮忙。我们家搬到大沽路166号的时候，阿苏妈也想在附近砌房子，但她是一个寡妇，我爸爸就去帮忙张罗。

有一天我在家，听到有人敲门，开门一看是不认识的人，手上拎了很多东西，说找我爸爸。引进来，我就没管了，继续回自己房间看书。过了一小会儿，听到爸爸很生气地喊人滚，从窗子往院子里一看，爸爸把客人给推出去，礼品也扔出去了。我爸爸平时很严肃的，话很少，从不轻易大吵大叫。后来一打听才知道，这个客人是给阿苏妈家盖房子的工头，因为爸爸对工程费用抠得太细太紧了，工头想：抠得这么细，又不是给自家做事，难道是要我表示表示？于是就拎着东西上门了。爸爸气得要命，把工头赶出去了。我爸爸就是这么一个人，对人真心诚意的。

图1-2 1994年"数学之家"第一代数学人合影（左起：弟妹林克伦，妻子徐明月，弟弟周彭年，周毓麟）

图1-3 2002年与第二代数学人合影（左起：周林，周毓麟，徐明月，周青）

在这个平凡的家庭里，居然走出了两代数学人：周毓麟夫妇、周彭年夫妇都从事数学方面的工作。周彭年夫妇的两个儿子周青、周林，一个从北京大学数学系毕业，一个从复旦大学数学系毕业，均学有所成，分别是当今国内数学界和金融学界有影响的学者。周毓麟的女儿也受父亲影响，从事和计算机有关的工作。

周毓麟很满意自己有一个"数学之家"，但他也很奇怪：这个"数学之家"似乎并没有什么生发的土壤：[①]

> 我的祖辈和数学是一点点边都沾不上的。爸爸平素话语很少，他会打算盘，打得还不错。我记得小时候，他有空闲时也把我抱在膝盖上教我数数、做四则运算，也问一些鸡兔同笼的问题，这就是我童年时受到的数学启蒙。似乎和其他人也没什么不一样。以前我也想过，为什么在我们这样的家庭里会走出这么多学数学的人？但是我始终想不明白，因为我家没有什么数学的土壤，连书香门第都谈不上。

在一个家庭中，父母的品格风范对子女有非常大的影响。要说周家的家传，恐怕就是善良、勤谨、踏实了。父母对周毓麟兄弟姐妹的教育，更多的是教他们如何为人处事，是一种潜移默化的教导。

周毓麟对母亲感情极深，他说母亲是个懂"大义"的人，对他也是极尽严格要求。1946 年，周毓麟在南京临时大学补习班当教员，一次，他向一个来宁的亲戚抱怨薪水太低，这位曾经在日本鬼子屠刀下逃过难的亲戚直言不讳地批评他不知人间疾苦。回沪过年之际，旧话重提，周毓麟颇有委屈，母亲却毫不留情地表示：亲戚说得对。母亲当时还说了好些话，意思是人应该顺境也能过，逆境也能过，顺境不要得意忘形，逆境也不要抱怨失望。

还有件事也充分体现了母亲的美德。那是 1937 年夏天，淞沪战争打响，日本人扬言三个月拿下中国。这个时期的上海人民同仇敌忾、浴血抗战，也感染了周家的兄弟姐妹。尤其是当年 10 月，谢晋元团长率八百壮士死守苏州河北的四行仓库，上海人慷慨捐资助战。周毓麟和小姐姐也偷

[①] 周毓麟访谈，2014 年 10 月 9 日，北京。资料存于采集工程数据库。

偷爬上能望见四行仓库的高楼楼顶，日本人投掷炸弹的飞机就从他们头顶轰隆隆飞过。回家后，周毓麟就和小姐姐、弟弟商量：要捐钱！

周毓麟回忆道：①

> 我们也想捐钱助战。可是小孩子手上没钱啊，平时父母对花钱管得很紧的，那怎么办？有压岁钱，十几年的压岁钱，一个子儿都不让用的，存在妈妈那儿，大概每个人都有五六百元的样子。我们就去跟妈妈说：把压岁钱捐了。其实对家里来说，当时这将近二千元钱，分量是很重的，不仅是我们的钱，也是家里的钱啊。但是妈妈马上同意捐出去。捐了以后，我们也觉得妈妈真是很了不起的一个人。

周毓麟父亲对儿女很慈爱。他是个古板守旧的人，比如说，按旧时传统，孩子生下来就算一岁，周毓麟的生日是腊月二十七，几天后就过年了，过了年立马算他又长了一岁，所以，虽然还是没满月的小婴儿，但在父亲眼中，他已经两岁了！

到五岁半时，按照父亲的算法，周毓麟七岁了，就应该读书了。1928年夏，他和小姐姐宝珠，一起被送到私塾启蒙。

从私塾到青华中小学

私塾就在弄堂口，是临街的房子，比街道要低矮半层，条件比较简陋。其实在周家附近就有一所正规学校——私立青华中小学，有小学部和初中部。上学虽然要交点学费，但这点学费对周家来说并不成为负担，无奈父亲就是老脑筋，他认为启蒙就应该去私塾。

私塾不收学费，但是要给老师送束脩，还要举行一些仪式。第一天送

---

① 周毓麟访谈，2014年10月9日，北京。资料存于采集工程数据库。

姐弟俩去上学，周家请人挑了一副担子，挑的是拜祭用的红盘——红的木头盘，装上供品，有青团、桂圆、红糖之类，堆得尖尖的。到了私塾，在老师的引导下，首先向孔夫子画像磕头，然后拜老师。拜了老师后，就把红糖拿出来熬汤，请同学们喝红糖汤。周毓麟回忆说：①

> 那时我才五岁半，放现在应该上幼儿园，但是去念书了。私塾里的学生大的大、小的小，不同年龄的都有。有几个大学生，就是年纪比较大的学生，他们学《论语》，我们年纪小一点的学《新国文》。老师讲课就是每个人教一课，画了圈，第二天背，背不出来就打手心。老师有一个又长又宽又厚的木头板子，专打手心。
>
> 我印象最深的，是一个大学生挨打，我在一旁紧张地看。那个大学生挨着打还对着我挤眉弄眼地做鬼脸，我就觉得这个人怎么这么可怕，挨打了还要做鬼脸！轮到我背书的时候，我就好好背，很顺利。家里对我们的学习也不大过问，头一两天我还有一两个字不会，一问清楚后也就记住了。
>
> 后来念书念得多了，也调皮不懂事，脑袋里面开小差记不住，背不出来，也打手心，好像打了也没哭，估计老师也是轻轻打，不疼的。

私塾也就念了一年。第二年，因为付不出房租，私塾关门了。在这一年里，姐弟俩学习《新国文》系列教材，一册书大约有二三十篇课文，每天念一篇课文。周毓麟总共学完了六册书，而小姐姐显然学习要好一些，共学完了七册书。

私塾关门了，学还得上。周毓麟就和小姐姐，还有一个年纪比他还大的侄女儿一起去考青华中小学的小学部，都顺利考上了二年级。小姐姐学习很不错，期末考试还考了第一名。而周毓麟的成绩很不妙，妈妈一看，这样不行啊，留一级吧。于是，周毓麟再读一年二年级，小姐姐和侄女儿也陪着一起重读二年级。

---

① 周毓麟访谈，2014年10月9日，北京。资料存于采集工程数据库。

图1-4 1935年姐弟三人在自家阳台上合影
（左起：周毓麟，周宝珠，周彭年）

青华中小学的校长是位律师，毕业于清华大学，他立志普及国民教育，创办新式学校，就把母校"清华"之名去掉三点水，为自己创办的学校取名为"青华"。

据周毓麟回忆，校长很喜欢周家的孩子，他们成绩都很优秀。周毓麟的三姐凤轩，一直抱憾于幼年没机会上学，到了周毓麟读四年级时，她也努力考上了青华小学，直接念六年级。还有一位堂姐，也直接考进五年级。周家三姐妹，成绩总是第一。后来弟弟彭年上青华小学，也是经常考满分。只有周毓麟成绩很一般，他坦言小学是稀里糊涂过来的。

懵懂学童的业余爱好

小学毕业了，周毓麟直接上青华学校的初中。初中开设代数课，学习一元一次方程，周毓麟觉得很有意思：①

记得初一学线性方程，我就想起小时候爸爸问我的那个鸡兔同笼问题，当时我是回答出来了。爸爸又问升级版的鸡兔同笼：一百个头、一百条腿，却是有九头鸟和鸡、兔同笼了——这就回答不出来了！小时候答不出来，现在不就可以用老师教的方法解了吗？听课的时候我在想这个问题，放学了也还在想，走在路上不说话，进了家门就大喊一声：九头鸟我会算了！把我小姐姐吓了一跳，骂我是神经

---

① 周毓麟访谈，2014年10月9日，北京。资料存于采集工程数据库。

病。学数学就记得这一件事。

周毓麟的代数成绩不错,但也没有像后来那样特别喜欢数学。其他功课的成绩也是平平,他的兴趣都在业余爱好上。

青华学校的校长头脑很灵活、爱好广泛,给学生们开设了丰富多彩的课外班。校长想学武术了,就请来教头开武术课外班,周毓麟学武术很起劲,练得不错。他有两张在"大世界"①的舞台上表演武术的照片,就是参加学校汇演时的活动留影,青华学校校园很小,所以租借大世界的剧场来开全校大会。

图 1-5 武术表演　　图 1-6 双人武术表演

第二年,换了一个武术老师,说前一位练的是南派,这位专修北派,南拳北腿,都得练会,学生们继续学得不亦乐乎。

周毓麟对武术的爱好持续时间很长,他练武多年,为练"内功",他和弟弟周彭年还相约吃素。兄弟俩意志坚定,果然吃了好几个月的素,家人再三劝告,兄弟俩就是不听,父母只好不去管他们。

初三那年,校长对武术又不感兴趣了,开始对国画感兴趣,就停了武术课外班,开设国画课外班,请了一位教国画的老师。老师拿来许多画好裱好的宣纸画片,有花卉、山石之类,每个学生发一张,照着画。下一堂

---

① 大世界是旧上海一处著名的大型娱乐场所。

课交换样本，再画。

周毓麟又对国画产生浓厚兴趣，他打拳打得不错，画画也画得不错。当时有个同学，个子比他高，像个小大人似的，画得也挺好，两人经常在一起切磋画技。有一次，这个同学来和周毓麟商量说：咱们请老师教仕女画吧。周毓麟却不肯。为什么呢？他有自知之明。周妈妈会剪纸，周毓麟看见过妈妈的一本画样书，那里面仕女图的衣服曲线是很流畅的，他觉得自己怎么画都流畅不起来，就不想学仕女画。

除了开设课外班，校长办学也是很有办法，不拘一格选人才。初一时，周毓麟班上的英文老师是复旦大学的毕业生，一次，校长路过教室，驻足听了一会儿，对老师的英语水平很不满意，就解雇了老师，自己来教。过了一阵子，又从外边物色来一位新老师，是上海有名的圣方济教会学校的毕业生，会写一手漂亮的花体字。这位英语老师也喜欢武术，学生们练拳时，他也跑来和武术老师切磋。有一次周毓麟的英语挂"红灯笼"（不及格）了，他就写了个评语：应该用学武术的精神来学功课。周毓麟深为惭愧，以之为诫，以后就再没挂过"红灯笼"。

为了让学生们学好古文，校长还专门请来一位前清的翰林。第一年教《论语》，第二年念《孟子》，第三年念《左传》。周毓麟一看到《论语》就很重视，因为想起当年私塾里那些"大学生"念的就是《论语》。可是这时他还没开窍，早晨他第一个起床，坐在客厅里大声念《论语》，私塾里是一边念一边摇头晃脑，他也摇晃着脑袋来念，一边念一边着急记不住，心想：我这是小和尚念经，有口无心啊。

初一这一年，《论语》学得还不错，老师讲的基本上都背熟了。可惜到二、三年级就丢到一边了，《孟子》只背了一点，《左传》就基本上没背。翰林先生的引导，倒是给周毓麟留下了一个印象，应该阅读这些古籍，这些古籍都是珍贵的好书，所以，他后来有意识地买了不少古文书籍。

平常除了上学，周毓麟和弟弟彭年的业余生活还挺丰富的，小哥俩在一起练拳，结伴去逛书市、看电影。常去的电影院是"大光明"[①]，专挑

[①] 1949年前上海较有名气的电影院。

图 1-7　1928 年与弟弟周彭年在祥康里　　图 1-8　祥康里 2015 年近景

礼拜天上午，五分钱一张票，买一张送一张，五分钱兄弟俩就可以看一场电影。

当时周家是一个聚居的大家族，自家兄弟子侄都住在一起。不同于成年后的稳重内敛，童年时期的周毓麟十分活泼顽皮。周彭年先生曾对自己的两个儿子回忆说，周毓麟是当年弄堂里顽童的头儿，他带领大家踢球、打拳、玩闹，很有号召力。[①]

买书成痴

周毓麟与周彭年兄弟俩痴迷于买书读书，在家族中是有口皆碑的。

周毓麟回忆：尽管家庭条件不宽裕，但是只要兄弟俩买书，妈妈是一定支持的。家里有个大柜子，专门放兄弟俩的书。只要觉得有趣味，他们各种各样的书都买，一买就是两套。当然他们买书还是很节省的，喜欢买"一折八扣"的盗版书，比如说一套四本装的演义话本，买一套正版的要十几元钱，但是盗版书往往一两元钱就拿下来了，因为便宜，兄弟俩觉得

---

① 周青访谈，2015 年 3 月 19 日，上海。资料存于采集工程数据库。

很合适。

小学时买书，买的多半就是话本和小说。兄弟俩都觉得《三国演义》和《水浒传》很好看，但是《西游记》和《红楼梦》却怎么也看不进去。

上初中后，受翰林先生教古文的影响，兄弟俩开始买古籍。《四书》《五经》《十三经》都买了，也是一人一套。《二十四史》只买了一套，因为一套的册数就很多了，陆陆续续地买，居然都买全了，前四本还是线装本。

通过买书一事，兄弟俩深深感激父母的开明，深觉自己很幸运，因为家里平常过日子还是相当俭省的。

中学时候，他们还买过一套开明书店出的《数学小丛书》。一次周毓麟自己逛书店，翻看到这套丛书中的一元一次方程、一元二次方程的读本，非常喜欢，回家立刻跟弟弟商量要去买，但不敢跟父母开口，因为一套总共有二三十本呢，买下来可是一项不小的开支。那天说来也巧，兄弟俩在里屋商量，听到外间屋子爸爸妈妈也在商量事情。说是有亲戚要办喜事，全家人都要去吃喜酒，可是毓麟、彭年的衣服都小了。那时家里专门做了好衣服去出席吃喜酒这样的场合，但是小孩子长得快，这次穿过了，下次拿出来一看，小了，要重新做。周毓麟一听，机会来了，他拉着弟弟出去跟妈妈说：我们不去吃喜酒，把做新衣服的钱拿来给我们买书。爸爸妈妈果然对买书一事十分支持，出了钱买回了这套《数学小丛书》。于是，兄弟俩的书库增添了一套新的宝贝，并珍藏多年。

初中时期，周毓麟还喜欢中国的古代数学，买了很多本古算书。学画画时，还买过《芥子园画谱》。也买棋谱，但是没有找到好的学棋机会，他就拿着棋谱自学。后来，他跟随陈省身先生在中研院数学所学拓扑学，陈省身先生围棋下得很好，有几个弟子也爱下，经常在一起切磋棋艺，周毓麟就在旁边观战。他自己偶尔也打棋谱，棋谱就是中学时候存下来的。

有一次，在逛书市时，兄弟俩还买回一枚藏书印。这枚印是青田石材质，握手处雕成一只蟾蜍，青黑的背上点点突起，触手圆润可喜。印文是"山不在高，有仙则名"。藏书印原是一对，还有一只"水不在深，有龙则灵"，但是"水不在深"那枚残破没法卖了，老板便把"山不在高"便宜出售。兄弟俩买回家，非常喜欢，将家中藏书都拓上此印。

1949年，周毓麟离家北上，藏书及藏书印都留给了弟弟周彭年。周彭年后来几次搬家，一直将这批书籍和藏书印保存得完好齐备。三十多年后，周毓麟的女儿周凤明在叔叔家度假意外发现此印，非常喜欢，遂带回北京，周毓麟重获童年爱物，放在书桌上，时时抚摩。尤其是周彭年先生去世后，他更是睹物思人，常常手握藏书印，跟女儿讲述童年往事。

周彭年的两个儿子周青、周林对此印也是印象深刻、念念不忘，曾"抗议"凤明妹妹乘他们上大学离家之际拿走此印。得知两个侄儿的惦记后，每逢侄儿们到京拜望，周毓麟都会请他们看看藏书印，讲讲自己和彭年弟弟的买书趣事。一枚藏书印，承载了两代人的缱绻思念。

第二章
弄堂里走出来的小数学家

险些辍学

周毓麟初中毕业时，正逢兵荒马乱的 1938 年。

1937 年 8 月开始的淞沪会战以悲壮的结局结束，1937 年 11 月 13 日，上海沦陷。

那一年的深秋，周家在大沽路的房子成了避难所。周毓麟记得，一天，家里突然来了好多抱着包袱、提着箱子的亲戚，大概有二十多个人，原来是住在南市的亲戚，因为日本人打进来了，大家只好逃到法租界。妈妈赶紧招呼大家住下，虽然周家的房子比较大，但是人太多也不够住，最后连客厅都用上了，房间里沿着墙铺满了被褥。

妈妈一边从容安排，一边嘱咐周毓麟马上到弄堂口的粮店买上六石大米。一次买六石大米，对于上海闹市区的小康之家来说，是件奇怪的事情，周家和邻居们从来就没一次买过这么多大米。这六石七百多斤的粮食，却是周妈妈心里合计好了的，足供近三十口人一个月的口粮。

无论是持家有方的周妈妈，还是逃难的亲戚们，都以为最多躲上一两个月，时局就可以安定下来，但没想到他们将不得不面对长达八年的沦陷岁月。

周毓麟平时不太关心时局，1938年夏天，与残酷的战争相比，懵懂学童印象更深的是遇上了人生的第一次波折：他差点辍学了！

原来父亲觉得，儿子初中毕业了，没必要再读书，可以去做学徒，就像父辈们的人生道路一样，学成满师后，慢慢地自己就可以做生意了。

周毓麟一听，如同天雷轰顶。一则他舍不得离开学生生活，二则当学徒在他心目中是件可怕的事情。

当学徒是要签合同的，三年学徒，任凭师傅差遣打骂，生死不论，不但要干铺子里的活，师傅家里的家务活也都要干，这在周毓麟看来简直就是卖身！而且，周毓麟小时候就发现自己父亲有一项本事，无论再烫的粥，父亲一边"噗噗噗"地吹一边就能很快地吃下去。这本事就是当学徒时练出来的：学徒辛苦得很，什么活都要干，吃饭时，师傅和师兄可以坐着，师弟必须先为每个人盛好饭，然后自己才能坐下用餐，期间还要注意有谁要添饭，不等别人喊，自己就要留神去接过饭碗盛饭。一顿饭吃下来，小徒弟最忙。师傅和师兄吃完了，自己也不能慢条斯理的，活路等着人做呢。所以，动作不快的话，就要饿肚子。

自己身边还有个活生生的例子：大姐夫陈秉慧是家里力气最大的人，伸出胳膊，满是腱子肉。这气力是怎么练出来的？大姐夫就是银楼学徒出身，专管在炉前拿着一根长长的钳子，将装着银水的碗钳住端起来，端到模具处浇铸。做这活路要求手劲大，既要端得稳，还要倒得准，否则，不但银水会洒落，严重的话还会把自己烫伤。

当学徒这么可怕，周毓麟万万不肯，苦苦哀求父亲，说自己还想读书。父亲一般是说一不二的，但那时在家待业日久，想给儿子找个师傅，一时半会也寻摸不出个合适的人。见周毓麟在家成日愁容满面，大姐秀珍也来劝说父亲，说现在这年头，哪里还有人家送孩子去当学徒的！家里人一并反对，父亲一时无法，只好道：行了行了，你们都觉得当学徒不好，我就不管了，那就还是读书去吧。

父亲松了口，周毓麟这才放下心来。可是，到哪里继续读书呢？

周毓麟设想很单纯。当时有个雷士德土木工程学校，是外国人办的中专，据说学生毕业后很好找工作。周毓麟就想上这个学校，三年后毕业了就可以当技术员，岂不是比学徒更有前途？可是，由于事先没有充分计划，信息又匮乏，战乱年月，上海到处都在大搬家，情急之下，他居然找不到这个学校在哪儿！匆忙间听别人说，位于辣斐德路（今复兴中路）上的大同大学附属中学正在招生，这是所私立学校，不用考试就可以入学。于是，他就找到大同附中报名了。

1938年初秋，经过简单面试，周毓麟正式进入大同附中高中就读。

生机勃勃的大同附中

大同大学附属中学原址在南车站路，因为战火波及，校园被毁，被迫搬迁至法租界。

提到大同附中，得先介绍大同大学。

大同大学是当时国内较有声望的私立大学，民国元年（1912年）由立达学社创办，以"研究学术、明体达用"为宗旨，以"在明明德、在亲民、在止于至善"为校铭。原名大同书院，1922年经教育部立案，改名为大同大学。1928年创办中学部，实行学科制。1932年2月6日，上海市教育局准予大同大学中学部立案，改称大同大学附属中学。除教室、宿舍分开外，行政和经费仍由大学统一管理。

大学兼附中校长胡敦复是知名数学家，来自无锡一个有着深厚人文底蕴的江南世家[①]。早在1911年，胡敦复在清华学堂（清华大学前身）执教

[①] 著名的无锡胡氏三兄弟，哥哥胡敦复1907年留学美国康奈尔大学，获得数学博士学位，1909年回国兴办教育。弟弟胡明复是第一个在哈佛大学获得数学博士学位的中国人，1917年获得博士学位后于当年底回沪，协助其兄开办大同学院。另一个弟弟胡刚复于1918年获哈佛大学博士学位，旋即回国，执教于南京高等师范，同时主持大同学院物理系，此后一直到1950年，除在浙江大学、交通大学等校任职外，一直兼任大同学院（大同大学）物理系教授，并先后担任理学院院长、工学院院长。

时，痛感洋人治校种种弊端，和几位好友一起商议在上海创办中国人自己的教育。大同附中百年纪念画册《百年学堂》如下记载：①

> 1911年辛亥革命爆发，北京清华学堂（清华大学前身）首任教务长胡敦复和平海澜、吴在渊等11位教授，因不满美国主事者操纵校政，立志教育救国，组织立达学社，相继辞职南下，以社办学。教学、教务分别由立达社员义务担任，如其在外另有收益者，则按所得酬金比例捐献，自助办学。正是由于立达社员倾囊集资，义务执教，不计私利，国人独立自办的学校方得以于1912年3月办成，初名大同学院（中学程度），校址在南市区。1922年成立大同大学，此后中学部改为大同大学附属中学……社会名流马相伯、蔡元培、竺可桢曾任学校董事。

经过二十几年的苦心经营，大同大学办学规模逐渐扩大，与天津的南开大学齐名，享有"北有南开，南有大同"的美誉。1928年教育部考察报告亦称：

> 综合言之，此次视察六校（复旦、沪江、大同、大夏、光华、暨南）……据视察结果，办学精神，极为贯注者，为大同、沪江二校。理学院办理较有成绩者，亦为沪江、大同二校……

1935年《三十年之上海教育》对大同大学（包括附中）有这样的评价：

> 该校办理，处处经济，绝不浪费。教员刻苦耐劳，精神贯注，学生朴素好学，教师辅导学生自动研究，尤为可贵。

到淞沪抗战之前，大学部已有学员850人，附属中学学员979人。但

---

① 上海五四中学编撰：大同附中百年纪念画册《百年学堂》，2012年。非正式出版物。

是八一三战事爆发后，校舍先遭炮火炸毁，日军侵入南市后残余校舍又被强占。师生们失去了教室宿舍，图书仪器等学校资产损失极其严重。①

1938年9月，胡氏兄弟出面商借位于法租界辣斐德路上的律师公会大楼（原址在今复兴中路与黄陂路路口）作为临时校址。中学部全部搬迁到律师公会大楼上课。律师公会大楼是幢五层高的新楼，附中入驻时楼体刚刚建成，内部隔断墙体尚未完工。

周毓麟入学时，大学部已和附中分开，大学部起初借用公共租界的光夏中学校舍，后购买了新闸路1370号的一块地皮建设新校区，1939年9月建成。新校区另开设附中二院（今上海市五四中学）。律师公会大楼原附中称为附中一院（后回到南车站路原址复校，今为上海市大同中学）②。附中一院的学生上实验课需要去新闸路的大学部。周家距离辣斐德路和新闸路都较远，因此为周毓麟添置了自行车代步。

大同附中的教学很有特点。一是除了国文之外，其余课程都采用英文教材。二是对理科成绩较为看重。

入学时的面试非常简单，据周毓麟回忆，考官提了两个问题：叫什么名字？初中毕业于哪所学校？简单程度堪称"给钱就能上"。但是入学后，学生们发现自己面对的是比公立学校要繁重得多的课程。周毓麟回忆道：

---

① 大同大学校史记载：1937年8月28日，日机轰炸高昌庙江边码头一带，又炸毁南火车站，大同部分校舍被炸。10月，华界沦陷，大同大学和附中从南市迁至租界，所有图书仪器机件等，除精细重要者，由当时校长曹君梁厦率领职员工友尽量运出外，其未能运出者，为数尚多。据1938年4月的《文汇报》记载，"大同大学调查"材料，估计校舍战时财产损失达30万元。见：盛亚萍、马学强主编：《百年大同》。上海：上海辞书出版社，2012年。

② 据大同创办人之一郁少华所撰的《大同大学校史》载："二十六（1937年）十月，借旧法租界位育小学上课。次年（即1938年）三月，又借旧法租界比德小学上课。至是年八月，始迁入旧法租界律师公会大厦，是处房屋较宽，足敷应用，学校方面，以为可以暂告安定矣。不意开课两星期之后，因法租界当局不准开办大学，不得已，将大学部分，另行觅地上课（期间还曾改借公共租界光夏中学校舍，后光夏中学被征用做中国军人集中营，遂又迁走）。屡次迁移，颇感寄人篱下之苦，乃得校友竹君淼生之协助，在新闸路得基地五亩许，自建四层楼校舍。于民国二十八年（1939年）落成，即于八月间迁入。前向律师公会所租之校舍，改称大同附中一院，而于新闸路大学校舍之内，附设大同附中二院。"见：盛亚萍、马学强主编：《百年大同》。上海：上海辞书出版社，2012年，第75—76页。

图 2-1 律师公会大楼原址（2015 年）　　图 2-2 大同中学（2015 年）　　图 2-3 五四中学（2015 年）

  数理化课程很多，多到这个程度：初中学过三角，学校还安排念一年三角，初中学过平面几何的，还学一年平面几何。代数、大代数学两年，解析几何学两年，普通物理、化学也是学两年，那个时候都是外文书嘛，记得普通物理念了两本书，一本是什么记不得了，另一本是美国大专的教材。所以理科就有那么多，每个学期念八门课。而且除了国文以外，教材全是英文的。英文课也开的，学修辞、作文、造句，历史课念的是世界历史，课本当然也是英文的。①

  高一时，尚不分文理科，但是高二分班就参照高一期末考试成绩，将理科成绩好的学生选拔出来。

  虽然入学时的程度不一，但是并不影响年轻学子们对知识的渴求，经过一个学年的调整，学生们的学习兴趣得到充分激发。周毓麟很快就适应了高中的学习气氛，对理科尤其是数学产生了极大的兴趣，英语基础也打得很牢。高二时，他分到了理科班。

  周毓麟深深感觉到，高中和初中时的学习太不一样了：

  整个理科班的学习气氛很浓厚。同学们思维都很活跃。有人喜欢数学，有人喜欢物理，有人喜欢化学，喜欢就很钻。比如喜欢化学的同学就会在聊天时说：我昨天去城隍庙了，买到什么什么化学试剂了，做了什么实验了，那个实验是怎么怎么好玩的。喜欢物理的同学

---

① 周毓麟访谈，2014 年 10 月 9 日，北京。资料存于采集工程数据库。

第二章　弄堂里走出来的小数学家

会给大家讲最近念了一本什么样的物理书，有什么新鲜内容。还有一位喜欢物理的同学自己动手做发电机，用木头和铁皮做，轴就是一个大的针，然后绕了线，一通电就转。

还有同学喜欢搞无线电，搞出个电台。私人电台是非法的，他就偷偷地搞，老是变频率，没被抓到过。有一次他跟大家说：星期天早晨9点什么波段，我请大家听《贝多芬第九交响乐》，第二天真的听到了，大家都得意得很。①

当时在上海，大同附中不算顶呱呱的好学校，最好的中学是公立上海中学和私立南洋模范中学。但是这个"给钱就能上"的大同附中，最后走出了近四十位院士！②

教育的目的是因材施教、为国家输送人才。那么问题来了：是用入学考试分数为学生标上严苛的等级标签？还是有教无类、着重激发学生的内在潜力？

大同附中乃至大同大学的创办、发展历程，胡氏兄弟、立达学社诸先贤，先行者们纯粹的教育理念，对当下改革频仍而未触及根本的教育现状或许有所启迪。

平凡学童周毓麟在大同附中开始如蛹化蝶。家中成绩并不出色的孩子最终在大同中学院士墙上留影。

对内在精神的成功塑造能够提供人生追求的持久动力，所以，每个懵懂顽童都有不可限量的未来，只要他们及时发现、启动自身潜力。

---

① 周毓麟访谈，2014年10月9日，北京。资料存于采集工程数据库。
② 大同院士名录记载荣列两院院士名录的大同学子39位：周志宏、严济慈、顾翼东、钱临照、顾功叙、吴学蔺、黄文熙、苏元复、徐芝伦、高鼎三、于光远、孙俊人、叶培大、顾夏声、陈学俊、殷之文、胡济民、徐光宪、陈太一、陈敬熊、王仁宣、钱正英、沈天慧、屠善澄、周毓麟、叶铭汉、查全性、刘建航、陆钟武、朱英浩、徐志磊、王越、蒋有绪、赵梓森、阮雪榆、倪嘉缵、姚熹、杨奇逊、朱能鸿。见：盛雅萍、马学强主编：《百年大同研究》，上海辞书出版社。2012年。

发明几何新定理

高中的学习激发了周毓麟对于数学的强烈兴趣。一批优秀的教师将他引入了数学的大门。周毓麟回忆说：

> 有一位数学老师叫梅慕勋[1]，我永远忘不了他的名字！当年是四十多岁的一位先生，胖胖的，教得特别好。我喜欢数学和他太有关系了。他讲的知识点，比初中时丰富得多，我听得新奇得不得了。梅老师说某一个问题的证明方式有几十种呢，我就听进去了，老琢磨这几十种证明方法。
>
> 还有一位代数老师叫高扬芝，她是交通大学的老师，教我们高二和高三，后来我上大同大学，她又教我微积分。有一次她生病了，让她丈夫来代课，她丈夫也是交大的老师。高老师脾气很好的，学生在下面讲话她也不发火，慢慢地教，她丈夫脾气大，下面一有声音就说：我教大学从来没有这种情况！[2]

图 2-4　梅慕勋老师

大同附中的许多老师都是从交通大学等著名高校聘请来的，师资力量可谓雄厚。周毓麟喜爱的梅慕勋老师就同时带大同大学和附中的课程。周

---

[1] 据上海五四中学校庆画册《百年学堂》载：学校早期创办人员，个个是行家里手……教师各具特长，各有"绝活"。如有"数学大王"之称的梅慕勋，教几何时不用教具可徒手画出十分规范的圆。

[2] 周毓麟访谈，2014 年 10 月 9 日，北京。资料存于采集工程数据库。

毓麟还记得，自己和一个喜欢数学的好朋友朱葆德，经常在下课后缠着梅老师问问题。但是梅老师忙得很，下了附中的课，拿上用木头三合板自制的大三角板、圆规等教具就要赶去大学上课，黄包车就在门口等着，他往往连长袍上的粉笔灰都来不及拍掉。周毓麟和朱葆德只有在两节课之间的课间去找老师。

朱葆德是周毓麟高中时期最要好的朋友。朱家据说很有权势，也很有钱，同学们传说朱葆德的父亲是财政部某个司的司长，但是朱葆德平时不爱说家里的事，周毓麟从来也不问。他们的友谊源于对数学的共同爱好。

当周毓麟沉迷于梅老师提到的一道几何题几十种解法时，朱葆德跑来告诉他：几何学还有更好玩的呢，可以自己发明新定理！他把自己的小发明展示给周毓麟看。这下子，周毓麟也着迷了：

> 我对平面几何的兴趣一下子被激发出来了。我们一起痴迷于所谓共圆点和共点圆问题研究。平面上有四条直线，其中每三条（一般说来）有三个交点，通过此三点就有一圆，于是共有四个圆，这四个圆交于一点，这就是所谓的米凯尔点（Miquel Point），即共圆点。五条直线呢？显然，每四条就有一个共圆点，五条直线共有五个共圆点，这五个共圆点位于同1个圆，即共点圆。类似的还有六条直线和七条直线，也分别有共圆点和共点圆。我们一直做到了九条直线，最后到无穷条线，兴趣大得很。我们一起做啊做，到后来高中要毕业了，要准备考试了才停下来。[①]

一旦研究取得了新成绩，他们就会得意地拿给老师看。梅先生是个和善的人，但他面对孩子们发明的新定理，似乎也很少满口夸赞，只是不经意地提到：除了平面几何，还有立体几何、解析几何、解析投影几何、纯正投影几何呢。还介绍了相关的一些书，让周毓麟他们找来读。周毓麟和朱葆德犹如得到了藏宝图，按图索骥找来学习，学得带劲得不得了，学会

---

① 周毓麟访谈，2014年10月9日，北京。资料存于采集工程数据库。

了就又去找新定理。

周毓麟将这些发明成果记在自己做的小本子上。本子是自己装订的，找来啤酒公司的广告，广告背面是空白的，周毓麟就在背面空白处写字。广告纸质量很好，很厚也很韧，铅笔写上去字迹很浓。写个十几页，大约有五六个毫米厚了，就订成本薄书。高中时期积累了三本这样的薄书。

这三本小书没正式发表过，但曾经给数学研究所的陈省身先生和吴文俊看过。可惜后来这三本小书都遗失了。

因为喜欢数学、喜欢发明几何新定理，班上同学爱开周毓麟的玩笑。朱葆德曾读过一本《数学家的故事》，里面讲述法国数学家巴斯科尔年轻时没受过正规教育就知道三角形内角和是180度，朱葆德说周毓麟是"中国的巴斯科尔"①，班上的同学也跟着叫。

童年时期的周毓麟爱好广泛，游戏、绘画、拳术，样样玩得投入而精通。可是自从高中时期迷上数学，他就像变了一个人，从此，除了数学，他没有别的嗜好，除了读数学书籍和思考数学问题，他的业余时间几乎没有别的消遣。自此，他成为了数学王国最忠实的骑士，他的生命完全围绕数学研究而展开。

---

① Pascal，一般汉译作帕斯卡，周毓麟和他的同学们采用的是英文发音"巴斯科尔"。

第三章
大同大学的"刘关张"

一心学数学

1941年入夏后，周毓麟高中即将毕业。这时候，父亲再没有对他的前程进行干涉，周毓麟自己对未来想得也不多。痴迷数学的他，觉得自己还算有点数学天分，一心要读大学继续学数学。但是，好朋友朱葆德却不以为然，他认为，为考虑今后就业，应当学工科。

有一天，朱葆德专程来周家找他，说：想了又想，觉得你不能学数学。数学这碗饭，不好吃的，以后出来了最多当个中学教师，要坐冷板凳的。应当学工科，以后好找工作。数学嘛，业余搞搞就行啦。

周毓麟问：你准备学什么专业？

朱葆德告诉他，自己想考航空工业系。

航空工业是当时很新鲜的一个专业，当时中国还没有像样的航空工业，就是中国空军也只是很弱的一支力量。周毓麟心想：朱葆德学这个专业倒是可以的，今后出路也好找，因为他是高官子弟嘛。自己和家人呢，都是本本分分的普通老百姓，不求权势金钱，温饱就成。学数学也不见得就不好，有碗饭吃不饿肚子就行啦，中学老师不也很好嘛！

一个苦苦劝告，一个不为所动。最后劝说者怏怏而返。

高三毕业后，朱葆德低调并迅速地离开上海。9月份，周毓麟收到了他自重庆寄来的信件。原来朱葆德参加了西南联合大学的入学考试，在信里他誊写了一道几何题，出题人是南开大学的数学家姜立夫。题目大意是：有三个圆，切于每两圆外公切线中点的圆与三圆中另一圆又有两外公切线，共新生成六个外公切线，证明这六线切于一圆。看到这道题，周毓麟觉得很新鲜稀奇，因为这个问题他从来没想过，他思考了一会儿就证明出来了，觉得很有意思。

信件用纸是竹边纸，十分粗陋，不吸水，这种上海市面上并不多见的老式纸张提醒周毓麟：好朋友已经投奔大后方，中国军民的抗日形势也日益艰难了。这封信是两位好朋友仅有的也是唯一的一次通信，不久，上海租界全面沦陷，和大后方的通信也中断了。

1941年7月，周毓麟考取了大同大学。他起初想报考上海交通大学，但是在复试时，因为语文成绩被刷下来了。周毓麟的文科成绩一直平平，对文科的学习也一直缺乏兴趣。这次因为文科的跛脚被名牌大学拒之门外，未免有些悻悻然。

三年后，弟弟彭年报考上海交通大学倒是心想事成。

事实就是如此，从小学到大学，周毓麟都不是家族中学习成绩最出色的那一个。

颇有特色的大同大学理学院

大同大学有工学院、理学院、文学院和商学院等学院，工学院和商学院学生比较多。理学院的数学系、物理系和化学系三个系中，化学系学生人数最多，因为好找工作，大同大学的化学系在沪上还颇有点名气。

1941年夏，大同大学数学系只招收了一名新生，就是周毓麟。因为人少，所以数学系和物理系合并上课，周毓麟既要修数学系的课程，也要上物理系的课程，包括物理实验课。

图 3-1　1935 年证件照　　　　图 3-2　1939 年证件照

大同大学规定，一年级理学院数学、物理、化学三个系与工学院的土木、电机、机械等系一起上基础课。课程开得很多。据《百年大同》记载：

> 据大同大学二十六年度（1937年）上学期概况调查，理学院开设科目有：数学分析、微积分学、微分方程、高等微积分学、近世代数学、微分几何学、变分法、力学、物理学概论、电磁学、光学、近世物理学、无线电、化学概论、分析化学、有机化学、物理化学、胶体化学、军用化学、国文、近世英文选、现代英文选、法文、法文选读、法文学、德文、德文选读、德文学、近世欧洲史、伦理学、经济学、军训。

大学的学习为周毓麟打开了一个新的境界。中学时期多少还有些懵懵懂懂的周毓麟，开始成熟沉稳起来。他的数学天分进一步被激发，数学学科得分均很高，而且他养成了将疑难问题化为数学问题来研究的独特习惯。

他在土木工程系有一个朋友杨延庆，从小学到初中两人都是同班同学，高中两人分开了，但是大学又在一起，彼此之间很亲热。土木工程系有一门画法几何课，杨延庆学得有点吃力。他知道周毓麟数学很好，就拿着三视图跑来请教。周毓麟一看，没啥难度嘛，用立体几何的概念讲了一遍，杨延庆豁然开朗。问题解决了，两个人都很高兴。

周毓麟在理科方面的灵光的确令人称赞，他自述数学、物理、化学的书本从来是看一遍就会。不但数学学得好，物理、化学、物理实验、化学实验等学科也都学得不错。有一次化学考试前，同学们一起复习相互提问，谁也难不倒周毓麟，轮着他提问了，他提了个很偏的问题，把同学问得目瞪口呆，于是大家断言，这个从没见过的题目要么是课本之外的，要么是周毓麟自己编的。周毓麟摇头晃脑很得意地说：就是课本上的。同学们嚷嚷着让他在书上找出来，周毓麟就翻到一张插图，指点图下的说明文字，果然是个容易漏掉的知识点。同学们又气又笑，起哄要打他一顿。经过此事，大家也对他生出钦佩之情，觉得他"蛮灵的"。

周毓麟不擅长背诵记忆，这也是文科跛脚的最主要原因。数学自然是不用背的，会了就是会了，但是物理、化学的一些知识点还是需要记忆。周毓麟学物理也不愿意背诵，习惯列方程求解。可是，一次考电路知识，他列方程解题花了很长时间，感觉"有点吃亏了"，后悔不如费点心思记一记。

学无机化学，用试剂做实验，要记住合成物的成分。一提到背诵周毓麟就没兴趣，他宁可拿药水东试试、西试试。可是考试是笔试，没办法在实验室现场捣鼓，他就在纸上画了一个表格，把试剂、合成剂的情况一一誊写下来，考试前一天开夜车强行记忆，第二天骑车上学路上还在背，上了考场居然考得还不错，只有一道题不会，也被他蒙对了。分数出来，周毓麟自然很得意。

在大同大学，周毓麟还有件"得意"的事情，就是语文成绩终于上了八十分。还有篇作文被老师点评"立意新颖、有条不紊"云云，对文科吃力的周毓麟来说，大学的语文成绩略微让他舒心快意了些。

全面的知识体系，为周毓麟参与新中国核武器数值模拟工作中的数学研究奠定了一个牢固的基础。他后来由纯理论研究转向应用研究，特别是国家重大工程需求牵引的应用基础研究，得益于在青年时期打下的坚实基础。对此，周毓麟很感慨，也对大同大学心怀感激。他曾经开玩笑说：我当年读的也是双学位呢。

同进同出的"刘关张"

升入二年级，理学院就和工学院的学生分开上课了。但是周毓麟也不寂寞，因为他有了两个新朋友。

1941年开始，中国战场形势日益艰难。当上海郊区沦陷后，租界成为"孤岛"。许多爱国学子不愿意在日本人的淫威下苟活，毅然离开原来的学校另寻出路。周毓麟的高中同学徐亦庄，原本在上海交通大学物理系就读，二年级就转到大同大学。老同学相见，格外亲切。

数学系也来了位转校生。此名学生叫郑振华，原是在日本的华侨，大学一年级还在日本就读，因为种种原因，其父携全家返回祖国。

数学系、物理系的三名同学，因为上同样的课程，三个人同进同出，友谊深厚，人送绰号"刘关张"。他们志趣相投，最难得的都是爱学习之人，经常在课下缠着老师要求多讲点内容。

当时，大同大学物理系和数学系四个年级总共只有九个人，分三个班，刘关张在一个班。但不是所有学生都像他们那样倾心学习，战乱时代，人心惶惶，老师、学生都有各自的困难。有些学生不听讲，上大学纯是为了打发时间；有的同学为补贴家用忙于炒股；还有一位同学帮自己当小学教员的母亲批改作业，把一大摞作业本带到教室来，周毓麟见他忙得不可开交，还去帮忙。

教师授课也并不严格按照教材进行，往往这个老师讲一本书，过两天换老师了，又讲另一本书。"刘关张"三人家庭条件都较好，一心一意要学习，虽然年级较其他两个班级低，但特别愿意往前学。由于经常换老师和教材，对他们学习造成很大困扰，特别是物理系三天两头换老师，作为数学系学生的周毓麟和郑振华愈发对物理系学科设计摸不着头脑了，于是他们商量，让徐亦庄负责标清课程进展，发现老师讲得比较慢了，就催老师给多讲点、讲快点，尽快赶上前面两个班。老师自然也很受鼓舞。所以，"刘关张"学得挺起劲，老师们讲得也很带劲。

周毓麟印象深刻的一位老师是教原子物理课的叶蕴理教授[①]，这位老师很喜欢"刘关张"，看见学生学习兴趣浓厚，她兴之所至，主动充实授课内容，常常是讲了这本书里的一章，又找别的书补充相关知识点。也是由徐亦庄详细记下哪一本书讲了哪几章，好让大家在期末复习时心里有数。

后来，周毓麟参加到核武器研制工作才发现叶老师给他们传授了很多新东西，当周毓麟和同事们讨论到核武器物理过程中的某些内容，一些学物理的大学生表示没学过呢。

叶老师对三位学生关爱有加。三年级暑假时，叶老师推荐周毓麟和徐亦庄参加一项社会工作，无意中推动了周、徐二人的命运之舵。

那时，国内大学选用的多为国外教材，很多学校直接使用原版书籍，国内一批有识之士开始谋划要翻译编辑适合国内大学和学生的教材。1943年到1944年间，物理学家杨肇燫[②]邀请陆学善、赵元、叶蕴理、王福山、裘维裕、周寿昌等十位沪上专家翻译西方科学名著，并对外讲学授课，其讲课笔记整理出来，出版《乙酉学社丛书第一集》[③]。叶蕴理教授邀请徐亦庄帮助她整理《原子物理学》的讲课教材，周毓麟则被介绍去帮助数学家

[①] 叶蕴理（1904-1984），上海交通大学物理教授。于1935年发表关于钾和铷放射性的研究（流量方法）的论文，并在巴黎出版。这篇论文的导师是1926年诺贝尔物理奖获得者Jean Perrin。

[②] 杨肇燫（1898-1974），物理学家、教育家，1928年前后，他协助丁西林先生在上海创办国立中央研究院物理研究所，上海沦陷后，他组织领导原物理所在沪人员，维持物理所留下的工厂，继续制造仪器，并为后方有关单位修理仪器。虽然面临衣食无着的困境，他依然组织了一系列科学研究和科学教育工作。1949年后，他先后在山东大学物理系和中科院编译局工作。

[③]《乙酉学社丛书第一集》包括数学二种，《微积分》《微分方程》；物理学六种，《力学》《热学及声学》《电学及磁学》《光学》《原子物理学》《电学》；理论物理二种，《力学概论》《可变形力学》；化学二种，《化学原理》《化学参考书》。1949年由中华书局出版。

朱公瑾[1]。

周毓麟回忆道：

> 朱公瑾先生翻译的是柯朗的微积分，一边翻译一边讲课，讲的就是这本柯朗的微积分。我听他的课，有一次我问他：您为什么翻译这本书呢？您为什么不翻译柯朗、希尔伯特（Courant，Hilbert）那本偏微分方程？那本是黄皮书[2]嘛，算是偏微分方程顶尖的书。他的回答出乎意料，他说我要翻译书，是要能够吃透这本书的。[3]

从朱先生的话里，周毓麟察觉到数学家的严谨与谦虚，朱先生认为自己的水平尚不能翻译这本书的，要翻译书一定要有很高的水平，要对书里的知识完全彻底的掌握。

周毓麟有个很鲜明的个性特点，他喜欢琢磨和数学有关的一切事情，放在心里长久地琢磨。朱先生轻轻一言，他并未轻轻放过。年轻的数学爱好者是很珍爱黄皮书的，他认真地反复地研读了这本柯朗、希尔伯特的经典，日后阅历渐长，尤其是跟随奥列伊尼克（О. А. Олейник）[4]研究椭圆型、抛物型方程，在他的视野进一步拓宽之后，他慢慢品出了朱公瑾的委婉之意：

> 他实际上并不推崇那本Courant Hilbert的书。为什么？Courant

---

[1] 朱公瑾（1902-1961），字言钧，又名霭如，数学家，数学教育家。1919年9月考入清华留美预备学校，1922年赴德国哥廷根大学数学系留学，师从著名数学家柯朗，柯朗教授正是希尔伯特的大弟子。1927年毕业获哲学博士学位回国，1928年受聘交大数学系教授并首任系主任，30、40年代断续执教交通大学，同时先后在光华大学、大同大学、同济大学、中央大学、上海医学院、浙江大学师范学院任教，并兼任光华大学副校长。1946年后在交通大学、同济大学兼任教授。朱公瑾在1943年到1945年翻译柯朗的微积分，曾先后聘请多位助理，据《吴文俊传》记载：1945年，赵孟养放弃交大临时大学助教一职帮助朱公瑾整理译稿。见：朱公瑾、柯琳娟，《吴文俊传：让数学回归中国》。江苏：江苏人民出版社、凤凰出版传媒集团，2008。

[2] 黄皮书是当时龙门书局翻译出版的一套国外经典名著系列，封皮为黄色。

[3] 周毓麟访谈，2014年10月9日，北京。资料存于采集工程数据库。

[4] 奥列伊尼克（О. А. Олейник）：俄罗斯著名女数学家，周毓麟在莫斯科大学的导师。

Hilbert 的书在偏微分方程领域声望很高，但在书里没有讲到具体问题，你想想是不是这样——抛物型方程，超抛物型方程，椭圆型方程，书里只做了分类，几乎没有一点比较。双曲方程的初始问题、边界问题是怎么样的？都没说。不讲实际问题的话，搞偏微分方程干啥？[①]

"刘关张"三人的友谊保持了半个多世纪。特别是徐亦庄与周毓麟，从上海到南京又到北京，多年相知相交。

郑振华家庭条件优越，其父交游甚广，他大学毕业后很顺利地找到工作，到台湾的日月潭水电站当工程师。在郑振华离开上海之前，将自己的一批数学书送到周毓麟家中委托暂管，他知道周毓麟爱书成癖、性格沉稳、做事细致，所以放心相托。哪里知道经此一别，天涯海角，竟永无缘分再见。

时光荏苒，大约 2005 年前后，那时周毓麟已过八十，在家静心休养。一天突然接到一陌生电话，来电者是一位有一面之交的学者，询问周院士是否记得一位名叫郑振华的故交？周毓麟手握电话，短暂愕然后大声说：认识，当然认识。对方接着说：受郑振华儿子的委托联系周毓麟先生，希望周毓麟先生在方便的时候与之通话。周毓麟连声表示同意。刚放下电话，电话旋即又响起，这位郑先生不揣冒昧，希望上门拜访。双方约好时间，周毓麟满怀青春记忆等待故人之子的到访，他一遍又一遍的向夫人徐明月和女儿周凤明叙述"刘关张"的趣事，怅然徐亦庄已然仙逝。

郑振华之子如约前来，他随身携带一台笔记本电脑。他带来了父亲的照片和嘱托。

原来，郑振华在日月潭水电站工作一段时间后，又转入从事核电工作，20 世纪 60 年代，台湾秘密发展核武器，在蒋经国的直接过问下，郑振华加入原子弹探索工程。谁能料想，两位好友在音信断绝的情况下居然殊途同归，都参加了绝密的核武器研究！后来，台湾的核武发展计划被美

---

① 周毓麟访谈，2014 年 10 月 9 日，北京。资料存于采集工程数据库。

国知悉，全部理论和工程技术研究旋即叫停。

20世纪80年代后期，郑振华通过解密的公开资料获知老友周毓麟的消息，他在海峡这头默默地为老朋友感到骄傲和欣慰。可惜，四十多年的光阴隔绝，已经产生了许多无法跨越的隐形屏障。弥留之际，他嘱咐其子要找到好朋友周毓麟，"要告诉他我这一生是怎么过来的"。

这是一份融合了怅然与骄傲的复杂情绪。看着老友的一张张照片，周毓麟泪流满面。

那批郑振华寄存在周家的书，在周毓麟离开上海之际托付给弟弟，周彭年也是爱书之人，但是在"文化大革命"中，终究没能保留下来。周彭年曾专门来信表示歉意。

时事多舛，物犹如此，人何以堪。个人的命运怎么脱离得了国家的命运、民族的命运？

第四章
颇有前途的职位——图书管理员

毕业即失业

进入 1945 年，虽然中国战局依然胶着，但是在太平洋战场，局面日渐明朗，春夏之交，日本本土遭遇直接打击，这时已经没有人质疑日本军国主义的最终失败了。上海的人们敏锐地察觉到时局的变化。入夏后，大同大学和上海市教育局先后发出通知：1945 年毕业的学生不颁发毕业证，只领取大学毕业证明。

6 月，周毓麟大学毕业了。

在那个年代，毕业即失业。以前周毓麟执意要念数学系，说"有碗饭吃就行""当中学老师也不错"，真正等到毕业了才发现工作哪是那么容易找的？连中学教员的职位也是稀缺。他四处奔忙了小半年，依然两手空空，两眼茫然，只好在家待业，此时真有"上天无路，入地无门"之感。好在这时候爸爸也不说"当初应该去学做生意"的话了。

同学中也是几家欢乐几家愁。

郑振华要去台湾日月潭水电站当助理工程师，周毓麟和徐亦庄一点也不为好朋友担心，因为他们是将数学系和物理系的课程全都学了，广博的知识面足以为未来的水电站工程师提供良好开局。

杨延庆欢天喜地跑来周家：他居然得到了铁道部的工作！当时社会上公认的金饭碗有两处，一处是铁道部，一处是邮政部，进了这两个国家单位，薪水高，而且没有失业之虞。杨延庆颇有跳进米箩的愉悦，这可把周毓麟羡慕坏了。

徐亦庄也没找到工作，和周毓麟一样，他也在四处找寻机会。

这时期的周毓麟，因为自己的书生气遭遇了一次小小挫折。

有一家邻居，算是弄堂里比较有钱的人家了，听说周家有个学数学的大学生，而且学得还不错，就跑来找周父，要为自家儿子请个家教。周毓麟就去了。学生实为两人，一位是邻居的儿子，一位是他亲戚家的男孩子。周毓麟心想：家教嘛，学生有什么不懂的，给他们讲清楚就好了。

他一心要教会学生，所以很热心地讲课，一个步骤一个步骤地，把题目给解答得清清楚楚。可是第二天再来，发现学生还是不懂，于是又讲一遍。再去的时候，周毓麟就发问了：你们学得怎么样？做题做得怎样了？学生们依然不清楚。周毓麟觉得自己讲得口干舌燥，学生们呆若木鸡听不懂，那还有啥意思？他心里很不高兴，去了几回，也就烦了，富家子弟也烦。这个小老师，老问学会了没？懂了没？就是不会，就是不懂。反正问了也不好好回答。周毓麟气不打一处来：你不愿学，那我也不必浪费时间。负气扬长而去。把老师气走了，学生的父亲特意跑来周家找周父道歉。但是周毓麟也不愿意再回去，所以家教之事也就罢了。

他后来才反应过来，人家富人为儿子请家教，不是要你去教什么，实际上是让你帮着做做题、帮着把功课糊弄过去。反思自己没有一点世故老练，一副傻乎乎的样子，周毓麟觉得很沮丧。

家里人也为他的就业想了不少办法。三姐夫孙贤会在一个德国人开的啤酒厂里工作，抗战胜利后，德国人要从上海撤资，三姐夫就联合一些同事想把啤酒厂买下来。趁此机会，他想介绍周毓麟到啤酒厂工作，德国老板走了，但是德国技术员是要留下来的，周毓麟在大学时学的第二外语是德语，所以三姐夫想以此为由让周毓麟当德国技术员的助理。

三姐、三姐夫到家里来和父母商量，大家都觉得这未尝不是一条可行的门路。但是周毓麟在旁边听着，深觉生活充满了讽刺：兜兜转转，不还是去当徒工吗？只不过是去给外国人当学徒。不过，看见家人很有信心的样子，周毓麟也就没有发出质疑之声。

这件事终究还是没成，原因是周毓麟终于找到了喜欢的工作。

在南京临时大学

一天，徐亦庄气喘吁吁地跑到周家来，报告了一条消息：叶蕴理先生打电话到徐亦庄家，说南京临时大学补习班正在招收教员，她可以介绍徐亦庄去应聘物理系助教的位置。徐亦庄当即表示愿意去。叶老师在电话里又说：数学系还差一个助教，你问问周毓麟愿不愿意去？

周家没有电话，徐亦庄立即跑到周家来报告。这时已经是11月了，对失业日久的周毓麟来说，天上掉下个大馅饼，当然非常愿意。

南京临时大学补习班是在特殊历史情况下设立的临时性教学机构。日本侵华后，一批大学纷纷迁走。可是留在敌占区的学子还要读书，于是，南京汪伪政府名下的中央大学继续招生。国民政府光复后，包括中央大学在内的高校陆续回迁，"伪高校"的办学资质不被承认。

重庆国民政府于1945年9月下旬下令解散南京中央大学，同时颁布《伪专科以上学校学生、毕业生甄审办法》，该办法规定，在收复区（沦陷区）专科以上的学校学生，包括已经毕业及尚在校学习之学生，必须通过甄审，始承认其学籍。10月中旬，在北平、天津、上海、南京等地设立临时大学补习班，令在校学生通过补习，进行甄别考试，已毕业学生须补交学科论文及蒋介石《中国之命运》阅读心得报告各一篇，经审查合格后，由教育部颁发《审查合格证书》。

这一办法公布后，学员和教员们纷纷表示不满，认为是对沦陷区学生的歧视，为此进行了反甄审斗争，南京专科以上学校组织了游行集会和请愿等活动，提出"学校无伪""学术无伪""学生无伪"的口号，反对歧视，反对甄审。他们认为学校不同于政府，不能把沦陷区的学校称作"伪学校"，更不能把学生称作"伪学生"。

因为烦琐的换证手续，也因为茫然于工作没有着落，周毓麟未撰写《中国之命运》阅读心得，就没能换取正式毕业证。

由于学生们的强烈反对，当局做了某些改动，取消了甄别考试，改由学生选择相应的院系到临时大学就读。后来，又将"南京临时大学补习班"名称去掉"补习班"三字，改为"南京临时大学"。

1945年底，周毓麟和徐亦庄揣着南京临时大学补习班的聘用通知，登上了上海赴南京的火车。同车的还有两位同事，一位是姓张的英语教员，一位是叫吕铸洪的音乐教员。张老师年纪大一些，性格文静，不爱说话。吕铸洪是专攻男中音的歌唱家，学校聘他为副教授，他比周、徐大四岁，身材高大，性格外向，与周、徐相处十分融洽。

四个人同到南京。南京临时大学补习班理工学院一二年级就设在金陵女子大学校园[①]内，这所在南京城破后遭遇浩劫的学校是所园林式学校，校园内红墙青瓦，绿树掩映，景色十分美丽。在这里住了一段时间后，周毓麟才知道该校同北平的燕京大学一样，都是由美国人捐资修建的教会学校，因此建筑风格与燕京大学完全一致。

在南京的数学系教员就两位，一位是副教授张学铭，另一位就是周毓麟。周毓麟负责教授微积分，头天晚上他将讲课的内容看了看，觉得还是比较容易的，哪晓得第二天差点出了洋相。

周毓麟天生面相稚嫩，看起来就像个小孩。讲台下的学生年龄大的大、小的小。看见一个和他们差不多大的小伙子走上来，也没有什么开场白，叽叽呱呱的就开始讲课，听着听着，学生们不耐烦了。周毓麟暗道不

[①] 南京中央大学的文、法商、教育、理工学院一二年级、农学院及医学院学生按原在班级，分配到南京临时大学各院系学习。理工学院三四年级学生，以南京师资不足为由，分配到上海临时大学，在上海交通大学学习，医学院高年级与上海东南医学院高年级合并，在军政部第一临时医院上课。

妙，灵机一动说：$\sqrt{2}$是有理数么？我就证明$\sqrt{2}$不是有理数，是无理数[①]！一语刚了，下面果然没声音了。

安然讲完一堂课，周毓麟挺得意，晚上回宿舍还跟徐亦庄吹嘘了一通，自己是多么的随机应变。

不过，得意归得意，他也知道了讲课不是件可以马虎的事。头一次上课堂就给他一个教训，那就是必须好好备课，不能光自己知道了就行了。他后来总是认真细致地备课，也不断琢磨和总结应该怎么搞好教学。

课余生活还是很悠闲的。周毓麟、徐亦庄经常和吕铸洪一起聊天。吕铸洪给两位小兄弟普及交响乐的知识，聊自己最喜欢的舒伯特。徐亦庄是个音乐爱好者，从小学习拉小提琴，而且拉得还不错，他有把很昂贵的琴，据说还是意大利名师打造的，也带到南京来了。聊得兴起，徐亦庄拉琴，吕铸洪唱歌，吕铸洪特别爱唱舒伯特的歌曲，他是男中音，胸腔浑厚，咏叹起来十分迷人。周毓麟也跟着唱。以前家里有个父亲买的唱片机，父亲偶尔放放唱片，周毓麟不知道曲目跟着哼哼，现在和歌唱家在一起，发现很多歌原来自己都不陌生。三个人相处得颇为愉快。

吕铸洪平时挺忙，因为家境不甚宽裕，所以他除了临时大学补习班的工作，还在陆军大学里找了每星期两个小时的课。陆军大学在郊区，离得较远，他每次都要算好了时间去上课。周毓麟大学毕业后，三姐夫孙贤会送给他一只手表，吕铸洪去陆军大学，就向周毓麟借手表，回来后立刻归还给他。

周徐二人既无家室之累，闲来就四处寻访名胜。有一个星期天，周毓麟和徐亦庄外出游玩回来，刚进校门，突然一个人窜过来一把抱住了他，金陵女子大学的校门是城墙门洞的式样，门洞里向来是黑暗的，这个人出乎意料地窜出来，吓了他一大跳，定睛一看——竟是朱葆德！

这可是意外之喜！分别近五年，音信皆无，哪里知道今日相会！周毓麟反过来抱紧了朱葆德，两个人又跳又嚷。同为大同附中高中同学，徐亦庄和朱葆德也认识，三个人都高兴得不得了。

---

① 用反证法证明$\sqrt{2}$是无理数。

朱葆德此时已从西南联大毕业，全家随国民政府重回南京。同学少年，有说不完的话。稍稍平复心情，周毓麟抱怨朱葆德太冲动，黑黢黢的地方扑上来，万一抱错人了怎么办？朱葆德笑嘻嘻地说：错不了！看不清人的脸，但看见一个人的手指伸到鼻梁中间把眼镜往上一推，那不是你的标志性动作么？

这次短暂的相遇后，朱葆德最终还是遗憾地和周毓麟断了联系。时代的车轮滚滚向前，时代中的人或是顺势前行，或是跟跄跟随，世道更迭，种种变故扑面而来，唯有平心静气地接受。

偶遇恩师陈省身

1946年6月，南京临时大学宣告解散，应届毕业生发给毕业证书，未毕业学生按所属院系及考入地区，分配到中央大学、安徽大学、上海交大、江苏医学院继续学习。教员们则自谋生路。副教授张学铭对周毓麟印象不错，当时，山东大学数学系虚席以待，聘请他当系主任，他就邀请周毓麟同去，允以讲师之职，周毓麟想了想还是拒绝了，因为时局太乱，他和徐亦庄都想回上海找工作。

于是，两人又以失业之身回到上海。

周毓麟和徐亦庄商量，是不是去国立中央研究院打听打听招收研究生的事宜。

国立中央研究院是中华民国最高的学术研究机构，直接隶属于总统府，任务包括人文及科学研究，指导、联络及奖励学术研究，培养高级学术研究人才。中央研究院于1928年成立，初设物理、化学、工程、地质、天文、气象、历史、语言、国文学、考古学、心理学、教育、社会科学、动物、植物十四个研究所。

抗战中，中央研究院及各研究所纷纷迁往重庆、昆明等大后方，胜利后陆续迁回。因南京院址所在地地方窄小，所以数学所（筹备处）和物理所迁到上海,就在齐祁路(今岳阳路)320号办公。

周毓麟和徐亦庄听说中央研究院上海分院有位"熟人"杨肇燫先生,还听说他也是物理所的一个领导[①]。杨先生在组织专家学者译书讲学活动中对他们俩印象不错,他们决定去碰碰运气。

齐祁路 320 号原为日本人修建的自然科学研究所,主楼仿照的是东京帝国大学工学院的主楼样式。抗战胜利后整个自然科学研究所被国民政府收回。1946 年,中央研究院的物理所、数学所等研究所就在这幢大楼临时办公。

图 4-1 中研院上海分院旧址,现为中国科学院生命化学与细胞生物学研究所

大楼建筑结构复杂,内部是"8"字形构造,分割成两个相对独立的单位(一说是故意设计成汉字"日"字),加之各机构刚草草安置,标示也不明显,二人在楼里乱窜,不得其法,只好出来,转到大楼背后,忽见

[①] 抗战胜利后,1945 年 8 月上旬中央研究院领导人电示杨肇燫先生在沪照料中央研究院的财产,他组织并主持了"四人照料委员会",由杨肇燫、王书庄、朱振钧、张本茂四人组成。他们认真负责地主持庆典并接受了日军在齐祁路设立的"自然科学研究所"的全部财产,避免了日军撤离时国家财产遭受损失与破坏。当时委员会还邀请了研究院在沪的有关高级研究员和著名科学家参加接受,其中有生物学家秉志、化学家曹惠群与王志稼等。

第四章 颇有前途的职位——图书管理员 *47*

一栋两层小楼，在这栋小楼里他们找到了杨肇燫先生。

杨先生很明确地答复物理所不招研究生，徐亦庄当然很失望①。但是周毓麟得到了意外之喜。

杨先生徐徐道：数学所可能会招，陈省身先生正在讲课呢，如果愿意的话可以去听听。

一听说大名鼎鼎的陈省身先生在讲课，周毓麟毫不犹豫就跑去了。在主楼二楼的一间会议室里，他第一次见到了陈省身。

不同于物理所等其他研究所，数学所于1941年3月才开始筹办，初由陈省身的恩师姜立夫任主任，1946年5月，姜立夫赴美，临行前推荐陈省身代理筹备工作。

陈省身先生此时正在讲授拓扑学。周毓麟听了一会，勾起浓厚的兴趣。他想起以前有一次"刘关张"同逛书店，看到一本名为"Topology"的小册子，周毓麟不知道"Topology"为何物，翻开看看，里面的内容也稀奇古怪的，郑振华告诉他：就是所谓的橡皮几何学。郑振华的语气让周毓麟犹豫了一下，没有买，但是回到家后他有点后悔，因为这本"Topology"是龙门书局的黄皮书。他一向是见到黄皮书就一定要买，哪怕看不懂也要先买下。第二天，周毓麟专程骑车到书店，可惜那本书已经被人买走了，这件事让他遗憾了好多天。他坐在数学所的会议室里，一边听陈先生讲课，又一次感到遗憾后悔。

拓扑学是19世纪发展起来的一个重要的几何分支，其英文名称"Topology"直译就是地志学，也就是和研究地形、地貌有关的学科。我国早期曾经翻译成"形势几何学""连续几何学""一对一的连续变换群下的几何学"。1956年，《数学名词》确定音译为拓扑学。②

拓扑学虽然是几何学的一个分支，但是又和通常的平面几何、立体几何不同。平面几何或立体几何研究的对象是点、线、面之间的位置关系以

---

① 自物理所失望而归后，1946年下半年，清华大学在沪招收研究生，徐亦庄考上了王竹溪先生的研究生，1948年获得硕士学位，同年赴美国芝加哥大学研究院学习，获得博士学位后回国到清华大学任职。

② 张奠宙，王善平：《陈省身传》；柯琳娟：《吴文俊传：让数学回归中国》。南京：江苏人民出版社、凤凰出版传媒集团，2008年。

及它们的度量性质。拓扑学研究的却是在运动中的图形，其大小和形状都会发生变化，在拓扑学里没有不能弯曲的元素，每一个图形的大小和形状都可以改变。"橡皮几何学"虽为戏言，倒也体现了拓扑学的特点。

早期，拓扑学分为两支：一支是以康托尔的贡献为起点的点集拓扑，另一支是19世纪末由庞加莱首创的组合拓扑。1940年前后正是点集拓扑发展的黄金时期。当时，陈省身在数学研究所组织的讨论班可算是国内第一个研究拓扑学的学习班。

周毓麟回忆：

> 陈先生正在讲拓扑学的原理。陈先生讲课讲得好极了，他一边讲，一边在黑板上写，你把他写的东西抄下来，这个笔记一个字不用改的，所以我一下子就听迷住了。[1]

陈先生讲完这堂课休息时，周毓麟鼓起勇气跑过去问数学所招不招研究生。陈先生回答：目前还不招。陈先生又说：我讲的课，你愿意听吗？愿意听可以来听课。

于是，周毓麟天天骑着自行车来听课。他找到陈先生的时间正正好，陈先生刚刚开始讲座，周毓麟一堂课也没落下。起初，陈先生也没有特别关注他，作为数学所的筹办人，除了授课培养新人，他还要操心许多具体的行政事务。

一个多月后，一次，上完课，周毓麟和陈先生一起离开教室下楼梯，陈先生问，听得懂吗？

周毓麟回答：听得懂。

陈先生认真仔细地打量这个年轻人，又问：你做过什么研究？

周毓麟答：没有。

陈先生：你在大学里数学念得怎么样？

周毓麟老老实实说：在学校四年，每年总平均都能上90分，之所以

---

[1] 周毓麟访谈，2014年10月11日，北京。资料存于采集工程数据库。

分数不算太高，就是因为别的功课不好，把平均分给拉下来了。

陈先生就笑了，然后说：你要来我这里，干吗不自己来找我呢？你直接来找我嘛。

周毓麟不解，后来才知道，数学所的年轻人大都是数学界的学者教授推荐介绍来的。陈省身给国内知名大学数学系写信，请他们推荐三年内毕业的最优秀的学生，北京大学推荐了马良、孙以丰、廖山涛，四川大学推荐了陈杰，浙江大学推荐了贺锡璋、林燨。杨肇燫先生向陈省身热心推荐周毓麟，但杨先生是搞物理的，陈先生碍于情面留下周毓麟，但心里多少有些嘀咕：这个人能行么？[①]

经过这一个多月的学习，周毓麟对数学的执着与热爱终于得到了回报。就在楼梯上，陈省身先生说：我马上要到南京去开会，两个礼拜后回来，等我回来再说吧。

两个星期后，陈先生通知周毓麟：你来所里上班吧。

许多年以后，不断有好奇的人向周毓麟打听：怎么你就有那么好的机会找到陈先生？只说了两句话就让陈先生收你当学生了？

周毓麟也感慨：我就是这么糊里糊涂地进了数学所的，只能感谢陈先生，他对年轻人真是十分关爱！

进入数学所还有个小插曲：陈省身问周毓麟是否做过研究工作，周毓麟答了"没有"后，想了想，提到自己高中编的那三本共点圆的几何小册子。陈先生让他把小册子拿来看看。其实陈先生没时间详细审阅，略翻了翻，就把小册子交给吴文俊代为审看。

小册子一如周毓麟一贯的风格，编写、画图、装订都很细致精美。他还写了个前言，陈述数学如何使他着迷，着迷到无法自拔的程度，可惜用了个不太妥当的成语：罄竹难书，说数学对他的影响是"罄竹难书"。后来，陈先生把小册子还给周毓麟时，还调侃他：你看看你用的这个词！周

[①] 据张奠宙、王善平著《陈省身传》第八章记载：陈省身认为，办好研究所的第一要务是"培养新人"，陈省身致函各著名大学的数学系，请他们推荐三年内毕业的最优秀的学生。应征者踊跃。不久数学所就出现了十几位活跃的年轻"助理研究员"。这一远见卓识，使得中央研究院数学研究所人才济济，成为未来数学家的摇篮。见：张奠宙、王善平，《陈省身传》。天津：南开大学出版社，2011年10月第2版，第26页。

毓麟也只能不好意思地笑笑。

1946年10月，周毓麟正式进入数学研究所，接替吴文俊担任研究所的图书管理员。

图书管理员

中央研究院数学所占据了齐祁路320号主楼二楼的一侧走廊。图书馆是一间二十多平方米的房间，进了房间，四面墙都是从地面到房顶的书架，门两旁也是书架，房间当中也有两排书架，书架上满满都是书籍报刊。窗台下有两张并在一起的写字台，中间也有一个小书架作为隔挡。两张写字台，一张归周毓麟使用，一张归吴文俊，但是吴文俊马上就要离开上海赴法国留学。

吴文俊和周毓麟原也算认识。吴文俊比周毓麟大四岁。在周毓麟大学三年级时，有位叫龚升的同学[①]，对周毓麟说过好几次：你应该认识吴文俊，因为你们都对几何着迷。龚升觉得两个数学迷不认识是件特别遗憾的事，于是在中间很热心地牵线搭桥，在他的张罗下，周毓麟和吴文俊通了一次信，他们在信里讨论了平面几何的复杂性，但两人都不是热情外向的性格，吴文俊此时正在研究投影微分几何，通了一次信后也就了了。

吴文俊进入数学所时，数学所正在筹备阶段。据郭金海所著《陈省身在中央研究院数学研究所》[②]一文记载：从陈省身的工作计划来看，数学所的中心工作是数学专题研究、购置设备及加强国际合作。

陈省身制定的研究计划项目，以"几何专题研究"最为突出。该项目的研究内容"形势几何学"即拓扑学，是当时数学主流之一。陈省身在

[①] 龚升（1930-2011），数学家，中国科技大学教授，主要从事多复变函数论、调和函数、复分析的研究。曾经在陈建功指导下学习几何函数论，参加过数学所的筹建，跟随华罗庚学习多复变函数论，1958年调到中国科技大学工作，为中科大数学系创建人之一。

[②] 郭金海：陈省身在中央研究院数学研究所——张奠宙、王善平著《陈省身传》补正.《自然科学研究史》，2006年第25卷，第4期，第398-409页。

1947年9月拟向中研院第二届评议会第四次年会提交的数学所工作报告中说：

> 所中专任研究员之工作集中于级数论与拓扑学（旧译形势几何学），而以后者为多。拓扑学为当今数学之一主流，年来发展甚多。本所第一步计划即在造成国内研究拓扑学之一环境。

陈省身希望以拓扑学为起点，将数学主流作为研究项目的内容，并计划将数学所创建为国内拓扑学研究的基地。因此，他注重培养新人，将"代数拓扑"列为人人必读的基础。与他的这一主导思想完全相合的，还有"加强国际合作"与"举办讲习会"两项计划，这两个项目均为陈省身担任数学所筹备处代理主任后增加的工作计划，显然也是为提升数学所研究水平所制订的。

1947年这一年，陈省身有时一周要讲12小时的课，听讲的年轻人后来也都成绩斐然。[1]

张奠宙、王善平著《陈省身传》中写道：

> 陈省身在大范围微分几何上作出了革命性的贡献，但在数学所里很少讲微分几何。他认为凡事必须从根本做起，急功近利，浮躁冒进，在文献夹缝里玩小聪明的办法，不足为训。首先，陈省身选择当时在纯粹数学中起关键作用的"代数拓扑"作为人人必读的基础，将它作为追赶国际先进水平的台阶。陈省身是唯一的导师，每周给助理研究员们上12小时的拓扑学（Topology）。"拓扑"的译名就是陈省身在那时起的。他还戏称"拓扑"为"托钵"，意即搞数学要像和尚一样"托钵化缘""潜心苦修"……当时在所里的年轻人，日后都成为中国数学的中坚。陈省身在1988年曾这样回忆："三年的工作并未浪费。

---

[1] 柯琳娟：《吴文俊传：让数学回归中国》。江苏：江苏人民出版社、凤凰出版传媒集团，2008年。

当时的青年研究人员都能坚守数学岗位，有的并有杰出的成就。"①

陈省身还经常到各办公室同年轻人交谈，根据个人的兴趣因材施教。吴文俊曾经回忆：

> 陈先生给我一个印象——我想这在全世界数学家里也是少见的——就是他总是很简单的，在很短的时间里，把你送到学科发展的最前沿。这在国外也很少有人能够做到这点。即使在国外，教授也要求学生花上几年的时间苦干，打下基础，然后再到达学科最前沿。我在陈先生那儿，很快就知道了当时正在发展之中的数学最前沿，我想我是非常幸运了。②

周毓麟非常珍惜在数学所的工作。当时数学所给他的薪水是每月100元，而他在南京临时大学的工资是每月120元，还曾在亲友面前抱怨不敷使用。但他没有嫌弃数学所的薪水低，因为在这里，他获得了精神上和物质上的极大愉悦。

周毓麟回忆说：

> 我到了数学所后，才知道如何做研究。以前在大同大学念书的时

---

① 张奠宙、王善平著《陈省身传》第八章记载：这些杰出的年轻人中最出色的是吴文俊，在陈省身指导下迅速到达拓扑学研究的前沿，1951年从法国回国后成为中国数学界的领袖人物；廖山涛后来成为陈省身在芝加哥大学的正式博士生，回国后在动力系统研究上有独到见解，当选第三世界科学院院士和中国科学院院士，并获第三世界科学院数学奖；周毓麟后来去苏联留学，转到偏微分方程，成绩卓著，也当选为中科院院士；从中央研究院转到美国留学的有陈国才、杨忠道，他们在美国大学任教，都有出色的工作；曹锡华在美国留学后回国，专攻代数，在上海华东师范大学建立了代数研究基地；叶彦谦、路见可、林筭分别在南京大学、武汉大学和浙江大学，也为数学发展做出了杰出贡献；张素诚和孙以丰坚守"拓扑学"研究阵地，以扎实的基本功赢得了数学界的特殊尊敬。其他如陈杰在内蒙古，朱德祥在昆明，陈德璜在新疆，都是当地数学界的领导者，传播着现代数学的思想。另有马良、贺锡章早逝。见：张奠宙、王善平，《陈省身传》。天津：南开大学出版社，2011年10月第2版，第128-129页。

② 柯琳娟：《吴文俊传：让数学回归中国》。江苏：江苏人民出版社、凤凰出版传媒集团，2008。

候，虽然有图书馆，但馆里没有一本杂志，只有很少的一些书，到底怎么做研究，什么样的工作能算是研究问题，我根本不知道。到了数学所后，让我管图书馆，我就念书，翻图书杂志，特迷恋这些杂志和资料，什么都看。①

图书馆订阅了当时国际上影响比较大的一批杂志，苏联的、法国的、美国的、德国的都有。每天，周毓麟除了听课外，就是安安静静地看书。

他还把高中时候练会的打字技术用上了，既给图书馆打卡片，也打一些自己要学习的资料。他使用很薄的打印纸来打字，因为看过的书和杂志很多，也就积攒了不少资料。1949 年，在北上清华大学之前，他将不方便带走的行李存放在家中，其中就有四五摞打好的资料，总共两三千页，几乎全是在数学所积累下来的，可见当时他的用功程度。

有一次，不知是谁发现了一本嘉当（Élie Cartan）②的外微分讲义，所里的年轻人喜出望外，因为大家都听过陈省身先生讲他学微分几何的过程，他就是跟嘉当学习的微分几何，嘉当的外微分理论不大容易学，但是陈先生由此完成了很重要的工作。当时得到了这本讲义，大家都争着要看，都想抄下来。可是人太多，轮流抄要抄到什么时候？周毓麟就露了一手，他说由他来打字，把讲义打出来分给大家。林犹高兴地表示："纸由我来买！"他就去买进口的打印纸，又薄又结实，交给周毓麟，打了好多份，每个年轻人一份，但是公式要由自己填。

那个时候周毓麟学习的效率高得可怕，他打完了讲义，也就记住了，不但记住了，里面的内容也就掌握了。四十年之后，他在研究铁磁链方程时，突然就想到能够用外微分来构造铁磁链方程，自己都觉得奇怪：好像书本一旦过了目，就立即变成了自己的东西，立即化成了自己的需要。

还有一件让他印象深刻的事，他在一本 1900 年的美国杂志 *Transaction* 上看到一批共点圆的文章，和自己在高中时的做法不同，用的不是平面几何方法，用的是复变函数等高等数学的方法，但是结果很有限，有不足，

---

① 周毓麟访谈，2014 年 10 月 11 日，北京。资料存于采集工程数据库。
② Élie Cartan，嘉当，法国数学家，陈省身于 1936 年 9 月前往巴黎，在他的指导下工作。

周毓麟既为作者感到可惜，也对自己的能力增添了信心。

1947年，荷兰的数学会给数学所来了一封信，说他们收藏的中国数学报刊杂志不全，希望能帮忙补齐。信中还提到：他们数学会有些什么杂志，还有某些年度的过刊，中方如果需要，可以寄过来。能和国外的学会互通有无了，周毓麟特别高兴，因为看一间图书馆是不是有品位，很重要的一个标志就是是否有丰富的过刊。但是对方提到的中国数学学报和杂志，图书馆留存的也不全，他就去找所里的研究员，从他们那里搜罗些。

当时数学所办公室不多，许多研究员只是挂名，并不在所里办公。陈建功、苏步青两位大数学家是经常在所里办公的，两人共用一间办公室，周毓麟对他们的房间印象深刻，因为一推门进去酒味浓重，两人都嗜酒，所里年轻人传说要想当陈、苏二人的学生必须要会喝酒。周毓麟找到研究员们，顺利补齐荷兰数学会缺的那几期杂志报纸，再回信让他们把十年、二十年以前的杂志给寄来。不久，果真寄过来了，周毓麟很满意。

拓扑学新秀

那时，整个数学所的学习风气十分浓厚，周毓麟记得，陈省身总爱对年轻人说：看前人的书是欠了前人的债，有债必须偿还，还债的方式就是自己写论文。

过了一阵子，陈省身果然也给周毓麟布置了一道题目：判断多维空间的双曲面可定向问题。

如果一个流形上任意两个局部坐标之间的转化对应的行列式是正的，则此流形是可定向的；否则是不可定向的，比如莫比乌斯带。举个例子，一张长长的纸带，两端一粘贴就成了圆筒，人在上面走，每一点的法向量都是一样的；而如果把纸带的一端扭转180°，再粘贴在一起，这就是莫比乌斯带，人在上面走，法线就会变化。

陈先生提出的问题就是：n维欧氏空间中的二次型按照系数矩阵的特

征值分为椭圆型、双曲型和抛物型，那么当 n 是什么的时候，双曲型决定的二次曲面是可定向的，什么时候是不可定向的？

周毓麟思考了几天，他想，已经知道平面上的双曲线是可定向的，三维空间里的双曲面也是可定向的，那么模仿一下建立局部坐标体系，看随着局部坐标的转化，法线怎么变化。他觉得自己算是有所突破了，就向陈先生汇报。

陈先生不是太满意，他觉得周毓麟用的办法比较复杂，叙述起来也很啰嗦。陈先生点拨了一下，先说了引理（lemma），然后举了一个例子，就是 Grassman 流形（即欧氏空间中所有低维子线性空间组成的集合所形成的流形）。陈先生说应该在双曲面上取一个点，通过这个点做一个切面，做球极投影，然后就可以解决问题了。

周毓麟听了，恍然大悟，特别高兴：我会做了！

陈先生说：你会了？那好，回去写下来。

他花了两天的功夫，写成了一篇论文。陈先生帮助他进行修改，将一些啰嗦的陈述修改成简洁清晰的语言。

这篇题为《关于可微流形的可定向性（英文）》的文章投给了清华大学的数学杂志，1948 年初发表于清华大学《科学报告》第五卷。此时，周毓麟人在南京，论文抽印本寄到上海，由弟弟周彭年代收。这是哥哥第一次发表大作，弟弟极其高兴，将抽印本夹在自行车后座上带回家，不料因为风大，路上被吹掉了几本，弟弟有些懊恼，但是周毓麟安慰他：没关系的，又不准备拿去送人，自己留一两本就行了。

周毓麟对这篇文章的感触很深，不仅是自己第一次发表学术论文，而且因为老师的点睛，解决了问题，使他一下子顺利进入了数学研究的大门。他在兴奋之余，也对恩师由衷地感谢。他在后来的访谈中说到：

> 我自己是怎么做也做不出来，后来怎么做出来的？根本就是陈先生教的。陈先生告诉我怎么怎么做，我只不过去写一写。这篇文章把我的名字和陈先生署在一起，总有点难为情。而且自从这篇文章以

后，我（在研究工作中）就有了很多想法了。①

八十岁那年，他在《回忆往事》一文中还提到：

> 他（陈省身）找我谈了一次话，指出不少错误，我好像开了窍似的，对工作对学习都好像很有信心，很有办法了。心里总觉得无论什么新的学习或新的工作，只要自己肯努力，有一年的时间，总能掌握要领，总是可以入门的。②

受到做这个问题的启发，他接着把问题拓展到高维空间中的二次曲面的可定向性，甚至是同伦群。

到1948年年中，二次曲面的可定向问题完成了一大半的时候，陈先生询问周毓麟：有关Grassman流形的问题进展如何？周毓麟这才想起来，在解决了n维空间双曲面可定向问题后，陈先生让他接着做Grassman流形的可定向问题。所谓Grassman流形就是n维欧氏空间里所有k维子线性空间组成的集合。但是周毓麟沉浸在二次曲面的可定向问题中，陈先生跟他交待了后，他只是记在了笔记本里，陈先生再问起来，他只好承认说忘记做了。

抗战胜利后，中国数学界想恢复国内的学术交流活动。③ 1948年10月，在南京召开"十团体联合年会"，国内国外众多数学同行参加，陈省身要

---

① 周毓麟访谈，2014年10月11日，北京。资料存于采集工程数据库。
② 周毓麟：往事回忆。见北京应用物理与计算数学研究所编，《周毓麟院士八十华诞庆贺文集》。2003年，第51页。
③ 中国数学会成立于1935年，胡敦复任董事长，具体工作统由交通大学的顾澄操办。1937年，为避战火，数学界主力迁往大后方。留在上海的顾澄倒向汪伪政权，仍旧使用"中国数学会"名称。为表示和顾澄划清界限，1940年9月，在昆明正式成立"新中国数学会"，选举姜立夫为会长，熊庆来、陈建功、华罗庚等八人为理事，陈省身为文书，华罗庚为会计。在1948年10月的十团体联合年会上，"新中国数学会"会长姜立夫，原"中国数学会"董事会会长胡敦复都到会，陈省身请两位会长讨论恢复中国数学会的问题，两位会长欣然同意沿用"中国数学会"名称。但是，因为当时国民党政权已经风雨飘摇，直到1949年中华人民共和国成立，数学会没有开展过活动。见：张奠宙、王善平，《陈省身传》。天津：南开大学出版社，2011年10月第2版，第133–134页。

求数学所的人都要作报告。周毓麟急忙把二次曲面的拓扑问题给结束了，把陈先生布置的第二个问题给做出来。他写成了一篇《实二次超曲面同调性质之研究》的报告和一篇摘要，一起交给陈先生。陈先生看了后说：这篇文章应当用法语写，因为法国人对这方面的工作很感兴趣。

周毓麟回忆起当时的情景，栩栩如生，犹在眼前：①

> 我说：法语我不会啊。陈先生说：没关系，我帮你写。他立刻拿起笔，把公式写上。我就站在旁边。他写了一个法文的摘要，题目是法文的，内容也是法文的。然后就送到会议上去。后来《科学》杂志把这摘要给收录了。
>
> 报告的时候怎么办呢？题目写的是法文，我就把题目用法文念了一下，下面还是用英文讲，就这样混过去了。

周毓麟的报告果然引起了与会人员的关注。通过这次会议，他对自己的学习能力和研究能力更有了信心。

拓扑学新秀崭露头角，这是1948年10月的事情。当年年初，数学所从上海搬迁到南京，玄武湖畔、九华山脚下新的研究所大楼已经建好。周毓麟和整个数学所都搬过来了。

再度赴宁，心情大不一样，上一次是和好友徐亦庄同行寻求工作，此次是携夫人徐明月，预备在九华山下定居了。

月明花朝　永以为好

周毓麟和徐明月，父母之命，媒妁之言，老式婚姻成就挚爱一生。

徐家家长徐新赉是中英大药房的经理，和周毓麟父亲是生意场上的老

---

① 周毓麟访谈，2014年10月11日，北京。资料存于采集工程数据库。

相识。双方认识既早，有意联姻，两个小儿女并没见过面，就由双方父母定下姻缘。订婚时周毓麟还在上初中。

徐明月比周毓麟小两岁，在家中十二个孩子中排行最末，上海沦陷后，因为不愿意到日本人占据下的学校读书，初中毕业后就辍学在家。1945年夏天，周毓麟大学毕业，双方家长觉得，未婚夫妻应该见见面了。徐家人提出，先把周毓麟的成绩单拿来过目，看看是不是真的成绩很好，值得小妹托付一生。成绩单交给徐家后，徐家众人很满意，就提议由双方的姐姐陪同见面。

一对小儿女就在姐姐们的陪同下第一次约会。周毓麟儒雅帅朗，文质彬彬，徐明月端妍秀丽，温柔文静。虽为父母之命，但是一见钟情。

周毓麟的三姐凤轩回来对家人报告：明月又漂亮又温柔，很好的！

他们俩第一次约会，还去看了美国电影《出水芙蓉》，后来频频约会，或是看电影，或是在小公园散步。周毓麟对未婚妻十分呵护，徐明月记得，周毓麟请她吃上海滩有名的西点房凯司琳的蛋糕，自己一口也舍不得尝，全让给她。几十年后，他们的女儿周凤明只要有机会回上海，总要到凯司琳去买些点心回来让父母重温甜蜜时光。

这是一份让人艳羡的感情，既有花前月下，又有细水长流。徐明月温柔稳重，聪颖大度，全力支持丈夫的工作，周毓麟以耐心细致、周到体贴回报妻子的付出。两人相濡以沫，至今已牵手七十年。但凡两人分开，如周毓麟到南京临时大学执教、赴苏联留学，从未断过频繁的书信往来，周毓麟在南京临时大学时甚至是一天一封信。绵密的甜蜜浸润在日常生活中，即便是在五六十年代，他们也不同于周围人清教徒式的内敛，时时流露脉脉温情。女儿周凤明曾听母亲的同事

图 4-2 周毓麟与徐明月结婚照

第四章 颇有前途的职位——图书管理员

图 4-3 1976 年的中科院土壤所，原址即为数学所（中偏左的灰顶红楼，崔荣浩提供）

说过：父亲有时候来单位找母亲，一见面两人会表现出很自然的亲热，让同事们既好奇又羡慕。

1947 年 1 月 5 日，周毓麟与徐明月举行婚礼。

因为两家都是人口济济的大家庭，婚礼还特地借用了淮海路上青年俱乐部的大礼堂。

徐明月是家中最小偏怜女，刚结婚时还不大会做家务，婚房设在周家二楼的亭子间，小夫妻依着父母生活，日子过得安逸宁静。

1948 年初，夫妻俩随数学研究所赴南京，数学所办公大楼后有一幢两层小楼是职工宿舍，周毓麟夫妇分配到一间。到南京后，徐明月才开始学着做家务，但他们不做饭，吃食堂，徐明月向其他太太们学做一些小点心，也学着裁剪和织毛衣。闲时，夫妻二人经常从九华山下散步到鸡鸣寺。

那时，周毓麟在数学所的研究工作日渐忙碌，陈省身要求弟子们看德文文献。周毓麟虽然在大学时选修了德语做第二外语，但是要阅读数学论文还是有点吃力，他拿着文献翻德文词典，徐明月也在一旁帮忙查德文单词。慢慢的，周毓麟也能把德文书念得顺溜了。

这段宁静的小日子并没有延续太久。1948 年的南京已经风雨飘摇，人们纷纷传说解放军马上就要打过长江来了。中研院要搬迁，数学所也要搬走。于是，1948 年下半年，徐明月先回上海。周毓麟也在 1948 年底回到上海。

图 4-4 土壤所园区已经多次翻建，原址仅存一纪念碑

第五章
从清华到北大

不愿意去台湾也不愿意当中学教员

1948年下半年，中央研究院决定搬迁到台湾，数学所也开始着手准备。

因为建所晚，物品和书籍多为抗战胜利后购置的，数学所反倒搬得最痛快。许多刚刚从上海齐祁路搬过来的封装物品的大木头箱子，也不用打开了，陈省身指定购买的图书、订阅的国外杂志期刊，刚刚寄到所里，连邮包都不拆，直接运走。周毓麟和马良、孙以丰、陈德璜等年轻人整天都在忙着打包裹，把刚刚从上海搬过来的东西再搬回上海，然后运到台湾去。

研究员们也在考虑后路。苏步青介绍了胡世桢和王宪钟两位学者来所，任职副研究员，这两位刚刚来所报到，也不愿意去台湾。胡世桢跌足叹息：哎呀，早知如此，我何必回国呢，直接从英国去美国不就行了？这两人果然很快就去美国了。

周毓麟回到上海后，过了几天，陈省身也来到上海，他也要去美国。

陈先生直接问周毓麟愿不愿意跟他走，如果愿意的话，先去台湾等着，他到了美国后想办法为周毓麟申请奖学金读博士。

几乎没有过多犹豫，周毓麟脱口而出：我不去。

后来他解释说：

> 我为什么不去？我这个人（想法）比较简单，我想我去台湾了，过不了多久解放军渡海来了又怎么办？台湾不同于南京，在南京的话买一张（火车）票就回来了，到时候见不了爹娘、回不了家乡，怎么办？还有，我只能一个人去，徐明月怎么办？所以我说我不去。①

陈省身也没有勉强弟子，他告诉周毓麟过两天再过来一次。两天后，周毓麟到陈省身下榻的宾馆，陈先生正等着他，房间里还有一位女士，陈先生向周毓麟介绍说这位就是姜立夫的夫人胡芷华，她也是大同大学校长胡敦复的妹妹。

陈先生说：我给你找了一个位置，在大同附中当教员。

周毓麟回答说：我不去，我还想搞拓扑学，我还得到大学里头，到大学里才能搞研究。

于是，大家一时无语。

1949 年的元旦，陈省身已经抵达美国旧金山。2 月，姜立夫所长也去了台湾②。中央研究院的其他研究所还没怎么搬动，数学所的书籍资料已经搬走了，领导和研究员也走了，就剩几个小年轻，数学所可以说是不复存在了。

陈省身原计划带走周毓麟和廖山涛，周毓麟不愿意去，廖山涛愿意。廖山涛结婚早，在进入数学所之前就已经成家有了孩子，他把夫人和孩子

---

① 周毓麟访谈，2014 年 10 月 11 日，北京。资料存于采集工程数据库。
② 陈省身赴美后，姜立夫先生主持数学所工作，1949 年 2 月，他携家属到台北，同年 7 月，他借口向政府汇报工作只身返回广州，随即佯称病急将家属接回大陆。

送回老家，自己一个人去了台湾。① 年轻人中还有一位陈杰也去了台湾，胡世桢答应帮助他在美国找奖学金。

留在上海的，除周毓麟外，还有马良、孙以丰、陈德璜、林烒等人，贺锡璋在南京时得了肺病，回老家养病去了。在上海的五个人中，马良热心，把五个人聚拢起来共渡难关，隐隐然像个小带头人。当时他们的工资每月从广州汇来，大家最头疼的就是通货膨胀、物价飞涨，马良指挥大家，拿到工资的第一件事就是赶紧兑换成银元，因为晚一刻就会贬值，往往走在去银行的路上，就听见人们在叫喊最新的兑换比率，场面惊心动魄，令人烦躁焦虑。

进入5月，上海局势日趋紧张。国民党政府还在冠冕堂皇地讲要死守上海，但实际上已经把上海银行里的黄金白银运往台湾了。

26日，住在市中心的周家隐隐约约听到了枪声。

那天晚上，全家人聚在一起，闭门不出，惶惶不安。大家习惯性地把收音机打开，听到的却是新华社的播报。周毓麟回忆，新华社整夜都在播报安抚市民的告示。

第二天，天刚蒙蒙亮，周毓麟和妈妈两个人大胆地打开房门，打探外边的情况。

从周家所住的大沽路往东不远，就是上海滩最热闹的娱乐场所"大世界"。周毓麟和妈妈穿过一个路口，走过菜市场，就能看见"大世界"的西北角。母子俩亲眼见到无数的解放军战士和衣躺在大街上，果真如广播中所说的，解放军不进民宅，不进商店，不破坏，不扰民。

新华社广播还劝慰国民党机关单位的工作人员，继续正常工作，安心等待接管。

过了两天，看到上海市面一切正常，周毓麟也跑回齐祁路数学所，但他们这批留守的人员也没有什么具体工作可做，只有耐心等待解放军来接收。

等到接收人员来了，周毓麟他们最关心的问题就是数学研究所怎么

---

① 廖山涛在恩师陈省身指导下，于1955年获得芝加哥大学数学博士学位，1956年回国在北京大学工作。廖山涛早年从事代数拓扑的研究，创立了典范方程组、阻碍集和极小歧变集等数学方法，在常微动力学系统方面作出重大贡献，是这一研究领域的开拓者之一。

第五章　从清华到北大

办？他们怎么办？接收的官员说：数学研究所不存在了，你们视同无业人员，等待安排吧。

于是，只有等待。不久，马良和孙以丰接到清华大学数学系主任段学复的来信，让他们俩到清华大学去工作。9月，周毓麟也接到清华大学的通知，让他尽快到数学系报到。

后来周毓麟才知道，陈省身对所里的弟子都做了安排。陈省身给段学复写信，联系清华大学数学系接受这批没走的弟子。当时学校进人需要名额，名额有限，用完了要再申请。所以到调动周毓麟时稍微拖延了一些时间。最后，这几位年轻人都在清华大学团聚——陈德璜先是参加了华东人民革命大学①，结业后到了清华；贺锡璋病愈后，马良带领大家一起去游说段先生，让段先生想办法把贺锡璋也调入清华。

去清华大学任职，当然要携妻子同去。周毓麟和徐明月立刻收拾东西准备动身，家里人却舍不得，迁居北京，可不像在南京那么近了，周、徐两家的老太太不放心这对不食人间烟火的小夫妻离得太远，商量着要阻拦。但是周毓麟去意坚决，他反问家人：我留下来能干什么？再这样下去人就废了！

工字厅的年轻夫妻

9月底，小夫妻俩离开上海，坐火车北上。当时上海到北京的火车路上要走三天，在南京浦口人们还得下车坐轮渡过长江。火车上，两人从报纸上获知了中华人民共和国要成立的消息，还看到了新中国的国旗、国徽，听到了广播的国歌。一系列崭新的变化鼓舞着两颗年轻的心，他们对

---

① 在新中国成立前夕，党中央鉴于新中国成立必须要有自己的干部队伍去接受旧政府人员，所以在当时划分的各大行政区（华东、华北、西南、中南、华南、东北）先后成立了革命大学，大量吸收知识分子入学。华东人民革命大学共办了五期，第一期于1949年8月22日在上海光华大学召开开学典礼。周毓麟的弟弟周彭年从交通大学毕业后也报名参加了革命大学。

在北京的新生活充满了好奇和渴望。

9月30日,火车抵达北京站,来接站的孙以丰雇了辆马车,清华大学在郊区,没有公共汽车。出了城,走的路是石板路,他们头一次坐马车,马蹄子打得石板"得啦得啦"的响,孙以丰告诉他们,慈禧太后从宫里去颐和园也走这条道。走了一两个小时,天快黑了才到清华园。

两人就在段学复先生家里住了一个晚上。第二天早晨离开段家,孙以丰再把他们送到工字厅的教师宿舍。

环顾校园,周毓麟挺纳闷,本来学校里应该挺热闹的,那天却没什么人,一打听才知道,今天是10月1日,中华人民共和国中央人民政府正式宣告成立,人们都去天安门参加开国大典了。作为这个极具纪念意义的历史时刻的亲历者,周毓麟和徐明月见证了"万人空巷"的那个"空"。

10月1日,对周毓麟夫妇而言还有一层特别的含义:他们新的人生旅程,和中华人民共和国同时开启。

清华大学教员宿舍工字厅,原名工字殿,是清华园的主体建筑,也是清华大学标志性景点之一。清华园是清代的皇家园林,工字殿因前后大殿中间以短廊相接,俯视恰似一"工"字而得名。工字厅是指包含前后大殿为主体的一整个古典庭院,共有房屋百余间,院内曲廊缦折,勾连成一座座独立的小庭院。①

周毓麟分得的宿舍就在工字厅的一角,只有一间房。

工字厅宿舍设有一个小饭厅,也只是一间小屋,四张桌子,但是有六十四个人在这里用餐,厨工却只有两位,每次用餐要分两批。周毓麟和徐明月夫妻当然也在小饭厅交钱吃饭。一起用餐的同事中还有彭桓武先生。

图5-1 1949年10月周毓麟和徐明月在清华大学大礼堂前留影

---

① 黄延复、贾金悦:《清华园风物志》。北京,清华大学出版社,1998年。

图 5-2 2005年2月周毓麟夫妇在工字厅原宿舍门口留影（右为吴全德院士，他也是周毓麟夫妇后来在北京大学中关园宿舍的邻居）

后来周毓麟八十寿诞时，彭先生前来祝寿，提到"共饭"，就是指在清华大学工字厅的这段往事。

周毓麟和徐明月的生活就这样安顿下来。虽然从南方到北方，生活上有许多要适应的地方，但年轻的夫妻俩感觉到处处新鲜，周毓麟回忆说：

> 一到清华有一个感想，这下好了，找到工作了。不像以前在南京，无论是在临时大学补习班，还是跟陈省身在数学研究所，总感觉像是挂在那儿。到了清华就有一个感觉：这下好了，可算是安定下来了。①

因为到清华大学已经是10月，开学已经一个月了，所以系里立即给周毓麟安排了工作，教航空系一个班的微积分。

刚走上清华的讲台，周毓麟结结实实吃了个教训。他回忆说：

---

① 周毓麟访谈，2014年10月11日，北京。资料存于采集工程数据库。

上海人有一个毛病，很"做大"，不管人家听得懂听不懂，就爱说上海话。在数学所的时候我说上海话，陈省身是懂上海话的，四川来的、北京去的那几个人听不懂我也不管，就是上海话，慢慢的他们也能听明白了。到了清华我很自然的还是满口上海话，讲了半个钟头，一个学生举手，我问怎么回事？学生说：老师你讲的我一句都没听懂。这下糟糕了，那怎么办？普通话我也讲不好啊。想了半天，我说：我讲英文行不行？学生说：行。我就讲英文。回到家越想越不对——在中国的大学，拿着中文书，用英文讲课，合适吗？第二天再上课的时候，我就用上海普通话凑合。从此我和徐明月定了个规矩，我们两个人都努力学说普通话，而且就是我们两个人在宿舍里讲话，也用普通话讲，慢慢的，也就习惯了。①

　　这个班有150人，讲课和批改习题作业全部由周毓麟一人完成。另外，他每星期还在土木系开一堂习题课。土木系的数学课由郑桐荪先生②讲授，周毓麟做他的助教，帮助批改习题课作业。周毓麟很尊敬郑先生，对工作也很认真负责，学生反映很好。

　　除了教学任务，周毓麟继续开展拓扑学研究。清华大学的图书馆给他极大的惊喜，书库里数学书籍汗牛充栋，有一套德国出版的 *Mathematics*，百科全书式的大部头，将数学研究各个方向上的成就做了总结和归纳。周毓麟如获至宝，只要有空就泡在图书馆，进得书库，如鱼得水，畅快遨游。

　　徐明月也找到了乐趣。她虽因战乱辍学，但本就聪颖，到了清华，到处蹭课听讲，文学、会计学，什么感兴趣就去听什么。她还报名参加钢琴课，钢琴课学生年龄有大有小，同学中有钱钟书与杨绛的女儿钱瑗，比徐明月小十二岁。

　　新中国成立初期，中苏关系友好，中国处处向苏联老大哥看齐，社会上掀起学俄语的浪潮，清华大学也开设了俄语进修班，徐明月的俄语学得不错，她和徐亦庄的夫人沈嘉慧都是俄语班的优秀学员。徐明月一度与一

---

① 周毓麟访谈，2014年12月，北京。资料存于采集工程数据库。
② 郑之蕃（1887-1963），字桐荪，数学家，清华大学数学系早期创办者之一，陈省身岳父。

位教授夫人合作翻译化学专业的俄文教材，沈佳慧后来留在清华大学任俄文教师。

徐亦庄于1946年10月考入清华大学王竹溪先生门下，研究生毕业后，又赴美国芝加哥大学深造，1951年，他获得博士学位后，回到清华大学工作。他和沈佳慧也在工字厅分得一间小屋，和周毓麟又做了邻居。

徐明月也拉丈夫去参加专为教员开设的俄语课。这种课一般都安排在晚上，周毓麟兴致缺缺，别人听讲，他往课桌上一趴，把头埋在胳膊里睡大觉，每每下课了，还是由徐明月把他唤醒，两人一同回家。

1951年，徐明月萌发了考大学的念头。中华人民共和国成立后，社会主义建设需要大批人才，当时中学毕业生数量不够，工农速成学校应运而生。工农速成学校招收工农干部及工人，施以中等程度的文化科学基本知识的教育，使其能升入高等学校继续深造。徐明月想上工农速成学校，但自己既没当过工人更不是工农干部，即便上了工农速成学校也没法考大学，于是她决定去考同等学历，然后再参加高考。第二年，徐明月参加高考，成绩挺好，被北京大学数学力学系录取。发榜那天，报纸上刊登了全部录取名单，夫妻俩正好进城办事，赶紧买了报纸查看，北京大学排在名单前列，数力系又排在所有系之前，很容易就找到了徐明月的名字，两人都高兴得不得了。

他们两人各自忙忙碌碌，生活简单朴素。有一次，周彭年来京出差，到工字厅宿舍探望，回去后向母亲报告：他们俩不但不做饭，连做饭的家伙什都没有！上海的亲人是又发愁又好笑：这对小夫妻，没有孩子，不愁吃喝，自得其乐，也算是过着神仙般的日子罢。

说来有趣，数学所的年轻人到了清华，立即引起了清华大学围棋迷的注意。听说陈省身和陈省身的弟子都是围棋高手，清华大学的围棋冠军写信要来"拜访"。接到"战书"，五个人开会，慎重排兵布阵，大家公认陈德璜和孙以丰水平较高，商量了一下，推出陈德璜和冠军对弈。

除了数学，周毓麟一生没有其他爱好，少年时期买过的棋谱早已经放下，只是偶尔翻翻。在数学所时，陈省身爱下围棋，周围弟子下棋成瘾，周毓麟一般也就是观战而已。但他很佩服这帮学拓扑的棋迷，他后来跟北京大学物理系的赵凯华[①]聊天说：他们的棋盘是没有边界的，棋子摆到边了，就设想把棋盘卷成一个圆筒，接着落子（下盲棋）；卷成圆筒还不过瘾，再设想把圆筒拧转成莫比乌斯曲面，看看这种情况下的定式[②]又该怎么下。[③]

大概经常做这样高难度的独孤求败式的对战，棋风奇绝诡异，手谈三局，冠军竟然铩羽而归，立刻在清华大学的棋迷中引起了轰动，人们纷纷传说陈省身的弟子果然厉害啊！

这批中研院数学所来的年轻人一直保持着真挚的友谊。1951年，系主任段学复让周毓麟给四年级学生开拓扑学的课。周毓麟说：讲拓扑学你得找马良，他学拓扑学得早，在中研院数学所的时候就讲过课，他喜欢讲拓扑，讲起来他自己都觉得津津有味。

有这样真诚的推荐，段先生当然从善如流，拓扑学课果然安排给了马良。

图5-3　1947年在中研院数学所合影（左起：廖山涛，林桄，陈杰，孙以丰，周毓麟）

[①] 赵凯华（1930-），北京大学物理系教授、系主任，曾任中国物理学会副理事长、全国自然科学名词委员会委员、物理学名词审定委员会主任等职，1946年考入北京大学物理系，毕业留校任教，1958年获苏联副博士学位回国。创建了《大学物理》学术期刊,《新概念物理》获1998年国家教委科学技术进步一等奖，以十多年的时间作为主要作者与合作者编写了《新概念物理学》共五卷，为我国大学基础物理教育做出重大贡献和取得突出成就被授予"物理教学杰出成就奖"等荣誉。1953年，他和周毓麟在俄文专科学校学习时认识。

[②] 围棋定式，在博弈局部战斗中，最稳妥的顺序，且能经得起以后的检验，从而被固定下来的叫作"定式"，初学者要记忆定式，高手则活用定式。

[③] 赵凯华访谈，2015年4月5日，北京。资料存于采集工程数据库。

图 5-4　1991年5月在家中与老友相聚（左起：陈杰，周毓麟，徐明月，孙以丰）

"地球上不能处处有和风！"

在跟随陈省身先生学习拓扑学时，胡世桢副研究员的研究成果引起了周毓麟的兴趣。胡世桢的博士毕业论文是关于 sphere homotopy group 的，就是在 homotopy group 上加一个球，形成了一个新的拓扑群。周毓麟觉得胡世桢在组合拓扑学上的研究是领先的，就很认真地研读。在清华大学图书馆，*Mathematics* 收录的一篇资料又引起了他的思考：如果 sphere homotopy group 拓扑群作为一个拓扑不变量的话，跟 sphere 没关系，跟 homotopy 成群的原因一样。为此，他写了一篇论文，详细分析了流形同伦群，并在系里的讨论班上做了专题报告，华罗庚先生和段学复先生也来参与讨论，周毓麟的论文引起了与会者浓厚的兴趣。

华罗庚先生说：这篇文章应该在数学杂志上发表。

于是，周毓麟将论文做了认真修改，段学复先生帮着做了些审查。最后发表在 1951 年的《数学学报》上。杂志很薄，这一期只印了三篇文章，第一篇文章是华罗庚的，四十多页，中间一篇只有三页，最后一篇文章就是周毓麟的那篇《假流形同伦群与流形同伦群（英文）》，有四十多页，这是他独立发表的第一篇论文。

文章发表后不久，一天，华罗庚先生突然来工字厅宿舍找他，提出让他去苏联留学。当时，华罗庚先生正在筹办数学研究所，所址就在清华大学南门外。华先生觉得周毓麟在拓扑研究上是可造之才，希望他去苏联深造。

周毓麟以他惯常的简洁风格回答：我不去。

不去的理由很简单，在清华大学他工作得很愉快，而留学回来后显然要换个单位去数学所上班了。况且还有一条，自己去留学了，妻子徐明月怎么办？那时徐明月还没有考上大学，还在清华园里到处蹭课。所以他谢绝了华先生的好意。

后来有一次，周毓麟去数学所听报告，华先生讲酉群，即：自身乘以自身的共轭转置等于单位矩阵的 n 阶复矩阵，在矩阵乘法下构成的群。其中特别讲到了二维的情况，即二阶酉群。一个复数对应两个实数，通过酉条件就得到由五个方程形成的八元的二次方程组，（因此这八个实变数仅仅有三个是独立的），最后分析下来就是一个三维球。当时华先生主要还是研究其局部性。周毓麟听了会儿，心想：酉群的基础空间拓扑性，我都会算啊——空间里面两次曲面，双曲型的，超双曲型，我都能把它整个 homology group 做出来。

这个问题的拓展是他在南京时很费了番功夫搞清楚的一件事，印象也很深刻，于是他就站起来发言，简单汇报了自己的研究成果。华先生很是赞许，说了一句：所以我早就叫你来这里工作嘛！

一听华先生旧话重提，周毓麟也不敢多说啥了，赶紧坐下来。

在清华大学这一时期的研究工作，带给他极大的精神享受。在图书馆，他看到一篇江泽涵先生的文章，讨论球的单位切向量的空间。他觉得自己也可以做出来，不仅一个两次方程可以做，几个两次方程交集所得到的拓扑空间，也可以求出它的 homology group，觉得很高兴。他又发现，球面上的流形，这个空间是 non-orientable，球面上不可能有处处非零的光滑向量场。由此他立刻想到了一个问题：地球上不可能处处有和风。也就是说如果每一点都有风的话，一定会有旋风。①

当时想到这个，周毓麟非常激动，没想到那么伟大、高妙、抽象的拓扑学能够和人们生活的空间发生很密切的关联，能够化作对万物和谐、生命美好的具象感受。他又激动又兴奋，有一段时间天天在琢磨：地球上不可能处处有和风。吃饭时想，走路时想，在清华园里骑着车也在想。

在一次访谈中，周毓麟说：

> 所以我觉得数学有用，能用。尤其是这个 orientable，non-orientable 问题，我觉得不仅是美、高、抽象，它简直和生命都有联系的，所以我更觉得拓扑学有道理，有意思。②

他觉得自己应该做得更具体一些，下一步应该搞整体微分几何。这时，新中国历史上规模最大的一次院系调整开始了。

---

① 这个问题即"毛球定理"。1912 年，布劳威尔提出了"毛球定理"。在代数拓扑中，毛球定理证明了偶数维单位球上的连续而又处处不为零的切向量场是不存在的。具体来说，如果 f 是定义在一个单位球上的连续函数，并且对球上的每一点 P，其函数值是一个与球面在该点相切的向量，那么总存在球上的一点，使得 f 在该点的值为零。直观上（三维空间）可以想象为一个被"抚平"的"毛球"。这个定理最著名的陈述也正是"永远不可能抚平一个毛球"。实际上，根据庞加莱－霍普夫定理，三维空间中的向量场的零点处的指数和为 2，即二维球面的欧拉示性数，因此零点必然存在。对于二维环面，其欧拉特征数为 0，因此"长满毛的甜甜圈"是有可能被"抚平"的。推广来说，对于任意的正则的偶数维紧流形，若其欧拉示性数不为 0，则其上的连续的切向量场必然存在零点。毛球定理在气象学上的一个有趣应用是对于气旋的研究。如果我们把大气的运动：风看为地球表面的一个向量，那么这个向量场连续，因为覆盖地球表面的大气层可以看作是连续分布的。作为理想化的模型，我们可以忽略空气的垂直运动，因为其相对于地球的半径是很小的，或者说我们只研究其水平分量（也是连续的）。这样看来，一个完全没有风的点（空气静止）对应着向量场的一个零点。事实上，就物理上来说，空气是不可能在某一个区域处处绝对静止的，因为空气总在运动。但毛球定理说明零点存在，因此必然有空气静止的点，并且是孤立点。一个物理学上的解释是这些零点对应着气旋或反气旋的中心（风眼）。在这样的零点附近，风的分布成螺旋形，但永远不会从水平吹入中心或从其中吹出（只能上升或下降）。由毛球定理可以得出，地球表面永远存在气旋和风眼，在风眼处风平浪静，但四周都有风环绕。周毓麟领悟到的正是这一定理在大气运动中的体现。

② 周毓麟访谈，2014 年 12 月，北京。资料存于采集工程数据库。

院系调整到北大

1952年，国内各高校仿照苏联专才模式进行了高教制度改革。全国范围内的高等教育进行了新建、合并、撤销、改组、迁徙。调整后，高校从211所调整为183所，私立高校全部改为公立，全国综合性大学由55所减为12所。

清华大学由综合性大学改造成工科为主的学院，理、工、文、法、医五个学院只保留工学院，文、理、法学院并入北京大学，同时，北京大学、燕京大学的工科各系并入清华大学。北京大学和燕京大学合并，成立（新）北京大学。

在这次院系调整中，周毓麟被调整到北大数学力学系高等数学教研室。数力系主任是段学复先生。

从中研院数学所开始一路相扶相伴的伙伴们风流云散。马良和贺锡璋留在清华大学；林犹在段先生的安排下去了南开大学，后又回浙江大学；孙以丰调到东北人民大学（现吉林大学）充实数学系教研室；陈德璜调去新疆。

1949年和廖山涛一起去台湾的陈杰，因为胡世桢最终未能帮他申请到美国大学的奖学金，历经周折回到四川老家，于1950年到（原）北京大学数学系任教，担任系主任江泽涵先生的秘书，周毓麟和徐明月曾去他的住处看望过他。1952年陈杰被安排协助刘世泽筹办内蒙古大学数学系，内蒙古大学当时尚未成立，所以陈杰在（新）北大工作到1957年。

1949年以前，新疆没有大学，新疆的高等教育是在王震将军的建议下创办的，一批内地的优秀教师被调到新疆。陈德璜去了乌鲁木齐，第一个任务是为数学系培训教员。从全疆物色了三名少数民族高中生交给他培养，等于是白手起家了。陈德璜曾经给周毓麟写信诉苦：还要从行列式教起。后来在"文化大革命"时周毓麟偶然遇到陈德璜，问他：日子过得怎样？陈德璜说：他们贴我大字报，说我是数学系的祖师爷。周毓麟笑道：

第五章　从清华到北大

这话一点没说错，你可不就是他们的祖师爷？

到北大后，系里安排周毓麟为化学系一年级上课。

院系调整的缘起就是学习苏联，因此，不但全国高等教育的组织与架构变化了，连教学模式、课程设置也向苏联学习。化学系原来只安排一年的数学课程，院系调整后增加为二年，比当年大同大学化学系的课程要多得多。课程名目也有所改动，微积分改称"高等数学"，数学改称为"数学分析"。

周毓麟的特点就是认真，但凡交给他的事情，他肯定兢兢业业、踏踏实实完成。他在北大的教学工作得到了系里和学生的一致认可。

院系调整后紧接着就是大规模招生。因为招生人数多，入学标准上稍微放松了点。有很多学生就产生了思想顾虑：北大是进来了，但会不会毕不了业啊？

学校要求有针对性地做好学生思想工作。学生报到的时候，周毓麟就跑到学生群里去，和他们交谈，发现的确有一批学生有此顾虑。他决心第一堂课就要解决思想问题，鼓励大家努力学习。他对学生们说：你们的顾虑可以理解但没道理，只要你们努力学，我们好好教，怎么会毕不了业？

他说到做到，工作刻苦认真，学生的学习兴趣很快就被调动起来。当时教学改革对教师的要求很具体，课上时间要做好分配，不能前面讲得快后面放松，也不能频频看表，周毓麟根据要求做好备课笔记。他的备课笔记写得很详细，每堂课的教案要写一千多字两页纸，他设计了一张很大的表格，要讲哪些内容，各讲几分钟，有哪些内容要举例题，举哪些例题等，都列在表上。例题多准备一些，看时间的多少，估算一下是多举例子还是少举例。他严谨地控制讲课节奏，巧妙调整进度快慢。一旦走进课堂，立即把表摘下来放在讲台上，这样看时间学生也不易察觉。效果当然很不错，真能做到讲完最后一句，正好打下课铃。

他批改作业也很认真，从不因为人多而敷衍塞责，每改一份卷子，都要写评语，做得好的地方，需要注意的地方，都给指出来。在这样的鼓励下，学生的学习劲头也很足，经常有学生来问问题，解答问题时他也不忘时时鼓励。

系里很认可他的工作作风，让他做经验交流，他就把教案汇集起来，自己还做了总结：讲课时发现了有哪些不足，怎么改进的，成效如何等，洋洋洒洒写了一大篇，最后写成了厚厚一本。周毓麟自觉挺满意，系里却说总结得太低级了，只停留在教学上，没有上升到思想高度和政治高度。周毓麟有点莫名其妙，自己就这么些体会，怎么上高度？结果这本厚厚的总结交给系里也就没有了下文。

学生们对周老师的感情很深。二年级时换了另一位教员，但是那位教员只教了一个学期就要调走，学生们推出代表向系里提要求：还是让周先生来教。于是周毓麟又在已经承担的工作之外，再接下化学系二年级的课程，系里特地安排丁石孙来做他的助教，帮助批改作业和试卷，丁石孙当时刚刚毕业，担任北大数力系的系秘书。

20世纪90年代的时候，单位安排已经退居二线的周毓麟去大连疗养，在火车上巧遇了一位当年的化学系学生。那时，软卧车厢还要登记乘客姓名，列车员到车厢来换票，一边登记一边念出了周毓麟的名字，旁边一位女士立刻问道：您是周先生？

周毓麟说：我就是周毓麟，您是哪位？

那位女士高兴得不得了：我是您的学生啊！

交谈中，这位当年的化学系学生、现在的北大化学系教授说到了一件趣事：前两天，儿子整理家中杂物，翻出了母亲以前的作业本，儿子说：没用了，烧掉吧。母亲说：不能烧不能烧，上面还有周先生的评语呢。

当年化学系还有一个化学兵班，学员都是从军队里调来的，学习起来相对要吃力一些。周毓麟很关心他们，对他们的辅导也比较多。有一次考试，一百多个学生同时考，别人陆陆续续交卷子，教室里空了一大半了，化学兵班的却一个都不少。周毓麟跑过去看看，安慰大家说：别着急，慢慢做，还有时间。因此，学生们都很感激。后来学期快结束时，学校要推荐一部分教师到苏联深造，数力系提名的就是周毓麟。在饭厅里听到广播，化学兵班的学员高兴得鼓掌。因为能被推荐去苏联留学，在当时是件很光荣的事情，说明业务过硬、政治也过硬。

过了几天，化学兵班的学生来找周先生座谈，师生们来到学校的草坪上，学生郑重地送给先生一本书《把一切献给党》，师生们以当时的口号相互鼓励：不辜负党的培养，做共产主义新人。

后来，周毓麟调到核武器研究所，宿舍附近有个防化兵大院，当年化学兵班的很多学员都在那儿，听到消息后还有人特意前来拜访。

"数学要有用"

在院系调整前后，从1951年9月至1952年下半年，清华、北大等高校开展了知识分子思想改造运动，尤其针对欧美派知识分子，主要方式是批评与自我批评，普及马列主义毛泽东思想。

当时，清华的党员不多，数学系的更少。因为是年轻人，周毓麟被安排了一些社会工作，让他当工会小组长。

起初，他有些茫然，习惯于安坐书斋，不明白工会小组长要做些什么工作。马良等人说：无非是组织学习啊开会什么的，不要紧，我们帮你。于是周毓麟就当了这个工会小组长，真正当上了，他干得也很起劲。

抗美援朝时期，政治学习就多起来。当时新中国面临巨大考验，在朝鲜战场上要对抗以美国为首的联合国军，在国内思想界要破除恐美思想，大家都认真学习毛泽东的"帝国主义是纸老虎"讲话。周毓麟不但组织大家学习，还要出油印小字报。

清华大学的思想政治工作做得很出色，《人民日报》专门予以报道，周毓麟的名字也赫然在列。

1951年，国内掀起了向志愿军捐献的热潮。工会也得组织。可是当时年轻教员的收入都不高，讲师的工资也不过是五百斤小米。讨论的时候大家就想到了一个办法：我们不是数学系的吗？咱们就写通俗的数学小文章去投稿，发表了就把稿费捐出来。也有人有疑虑：稿费毕竟有限，管用吗？周毓麟在会上做动员，他举了一个例子：四亿五千万人，每人出一分

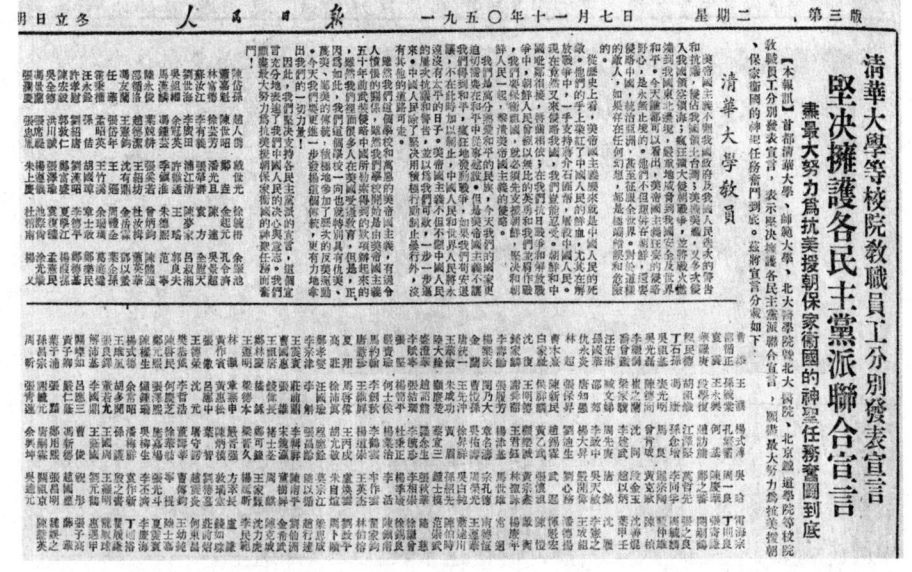

图 5-5 《人民日报》剪影（1950 年 11 月 7 日，《人民日报》刊登文章："清华大学等校院教职员工分别发表宣言：坚决拥护各民主党派联合宣言——尽最大努力为抗美援朝保家卫国的神圣任务奋斗到底"，周毓麟的名字出现在教职员工之列）

钱，就是 450 万元人民币。飞机是 15 万元一架，每个人出一分钱，就是 30 架飞机，咱们不要怕稿费钱少，常香玉靠义演还捐献了两架飞机呢！

数学系工会小组的会开得很成功，周毓麟的发言也很鼓舞人，别的系的小字报都报道了此事。周毓麟还带头写数学小文章。这时他想起自己高中时期做的共点圆的论文，就把那几百页的文章精炼了一下，复杂的几何图一张都不用，把有关的公式推广了一些，写成了一篇文章《纯正几何学中的连环定理》，投给《数学学报》，果然发表了，稿费当然也捐了。

在热烈的政治运动中，为了破除恐美思想，建立民族自豪感，学术界也有所变化。华罗庚先生带头宣传中国古代数学的成就。周毓麟原就对中国的古算感兴趣，像《周髀算经》《九章算术》，虽然文字艰涩难懂，但他也知道勾三股四弦五、韩信点兵等题目都不是凭空编造，都是根植于当时的社会生活和现实。也就是在清华时期，他更深刻地体察到数学的美与有用。2014 年，他在做采集工程的访谈中，回忆在清华园的这一段往事，谈道：

古代人有四书、六艺，六艺里就包括"数"；太学里的太学生要学九章，《九章算术》那一本书要学四年。我想大概是要把这个数学念到心领神会，可以用术语、算式、算法来做证明和研究。所以我总是觉得数学有用、能用，尤其是拓扑 orientable, non-orientable 的问题，不仅是理论上的美、高、抽象，它简直和生命都有联系的，所以我更觉出拓扑学的有道理、有意思。①

到北大后，另一件事进一步触动了他。学校后勤部来教研室请求帮助解决油桶内油体积的计算问题，油桶是指火车的油罐，能装五十吨油的柱形体，拿一个尺子伸进去看刻度，有了刻度怎么换算成吨数，这就要数学老师来帮忙解决了。这个问题比较简单，周毓麟很快就做出来一张表，要知道还剩多少吨油，尺子一量，再查这张表就可以知道了。

就这么个小问题，周毓麟却觉得很有意思，他感悟到了国家建设需要什么样的数学家，更需要什么样的数学工作。由此他觉得要学一点计算，而且拓扑学也应该搞一点应用。

"数学要有用"的念头，"科学研究要指向应用"的思想，绝不是他一时的心血来潮。科学救国、科技强国是中国科学家的光荣使命和传统。从近代开始，中国的数学家就在探索一条报国、强国之路。从陈省身、姜立夫等人身上，周毓麟不断受到强烈的奋发图强、不甘人后的感染，甚至早在朱公瑾、叶蕴理、杨肇燫诸位数学家、物理学家的影响下，他就已经潜移默化地树立了学以致用的志向。

周毓麟在晚年经常思考陈省身先生的数学思想，他喜欢讲述一个小故事：杨振宁弄清楚纤维丛和规范场的关系，大为折服，专门驱车到陈省身先生家，称赞陈先生的理论对物理学的贡献，杨振宁认为纤维丛是数学家高妙的想象，陈先生说："不，不，不是想象出来的，它们是自然而真实的"。陈先生当时还说了另一句话：好多数学定理过几天就被人忘了，让人记得的，中国勾股弦定理算是一个。周毓麟多次感慨陈省身大师对他的

---

① 周毓麟访谈，2014 年 10 月 9 日，北京。资料存于采集工程数据库。

影响最大。

当人们回过头纵观周毓麟七十多年的数学研究生涯,就会发现,他总是本着一个基本理念:数学源于实际,数学研究应基于实际,并提升为数学方法和理论,回归指导实际。

这个基本理念成就了他基础研究与应用研究紧密结合、多个学科交叉融合的学术特点,使得他区别于同期其他数学家,成为国内少有的在基础研究和应用研究等方面都作出卓越贡献的大家。

在科学研究认识上的逐渐成熟,却没有带动政治上的成熟。虽然周毓麟的社会工作做得不错,但是在政治上还是很单纯,尤其是在清华大学期间。当时清华的党员很少,数学系只有一个党员,几个系组成一个支部,全校设一个总支,支部会议往往是扩大会,积极分子和工会干部能参加的都去参加。有一次,周毓麟也被叫去参加支部会议,讨论物理系何成军同志的入党问题。周毓麟心想:让我参加我就去听听,这种会不用发言。可是听着听着他就坐不住了。党员们对何成军开展批评,有人发言说:何成军你当时说了什么话,体现了某种思想,那不行的,你的思想要改造。这种严厉的毫不客气毫无保留的批评方式周毓麟一点也不适应,他突然就站起来,大声说:你们怎么能这么提意见?猜人家有什么坏思想?我觉得何成军挺正派的!

书呆子嚷嚷起来,大家都愣住了。周毓麟也被自己吓了一跳,他坐下来,好一会儿都没有人说话。

大家都没把这个插曲当一回事,倒是周毓麟又为自己的不通世故懊悔了很长时间。

第五章 从清华到北大

第六章
在俄专学习

为国家立志研究计算数学

1953年夏天，周毓麟被北大数力系推荐参加留苏生选拔考试。

因为工作很忙，没有时间复习。学校组织考生们突击学习联共党史，因为联共党史是必考科目，学校找来一位马列主义教研室的教员，给考生们上了两个星期的课，每天晚上两个小时，要求考生们必须听，不许请假，周毓麟老老实实听讲，认认真真记笔记，工工整整记了一本。

上了考场，周毓麟发现真正考验他的反倒是数学。题目并不难，都是大学时候学过的，但是做起题来费时不少，因为有一些公式忘记了，只好从定义开始推起，考试时间两个小时，他一直做到最后才交卷，一分钟都没停过笔。

考试成绩倒很不错。分数还没有公布，就有老师拍周毓麟的肩膀说：你的成绩很好！

这样，周毓麟被留苏预备班正式录取。他离开北大，搬到位于城里鲍家街 21 号的俄文专科学校（二部）[1]学习。

这是周毓麟第四次学俄语了。

第一次是 1947 年在南京中央研究院数学所，陈省身收到了苏联学者的论文抽印件，就要求弟子们学习俄语，当时中央大学已经回南京了，大家跑去中央大学听俄文课，学了几天字母，英文抽印本寄到了，周毓麟就放下俄文直接看英文。第二次是在清华大学，清华大学以夜校的方式组织教员学习，很多老师都参加，彭桓武先生也去听课，但是周毓麟积极性不高。第三次，院系调整后北大办了一个俄语速成班，说是有一种新方法，不必从字母学起，只要突击两个星期，就能够查字典看俄文书。速成班老师鼓励周毓麟：学数学的人大脑沟回发达，两个星期后你就能看文献了。果然，这个“大干快上”的速成班一结束就安排人翻译俄文教材，周毓麟也领到了一项与他人合作的翻译任务，但是因为要来俄专，这项翻译工作就留给了合作者。

周毓麟下定决心要好好学习。不能像前三次一样半途而废。

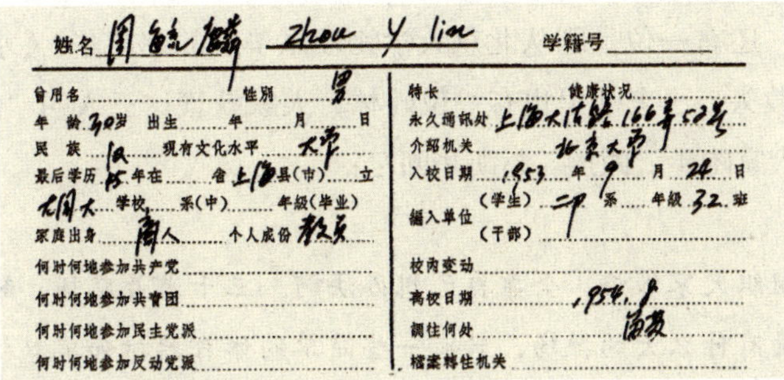
姓名 周毓麟 Zhou Y lin 学籍号

曾用名 性别 男
年龄 30岁 出生 年 月 日
民族 汉 现有文化水平 大学
最后学历 年在 省 上海县（市） 立 大同大 学校 系（中） 年级（毕业）
家庭出身 商人 个人成份 教员
何时何地参加共产党
何时何地参加共青团
何时何地参加民主党派
何时何地参加反动党派

特长 健康状况
永久通讯处
介绍机关 北京大学
入校日期 1953 年 9 月 24 日
编入单位（学生） 系 年级 32 班
（干部）
校内变动
离校日期 1954.8
调往何处
档案转往机关

图 6–1 周毓麟在俄文专科学校的学籍卡

在俄专，主要学习两门功课，一门是俄语，具体课程安排很细，听、说、读、写，每天的课安排得满满的，还聘有苏联外教来教对话，要求一

[1] 北京俄文专修学校于 1949 年 10 月 1 日成立，由毛泽东主席亲题校名。学校隶属于中共中央编译局，由正副局长师哲、张锡俦兼任正副校长。校址开始在北京西城区南宽街 13 号，后迁至鲍家街原醇亲王府。1952 年 2 月，上级决定，北京俄文专修学校成立留苏预备部，凡国家派往苏联学习、进修的人员先在此集中学习一年俄语。1955 年北京俄文专修学校改为北京俄语学院。1959 年北京俄语学院语北京外国语学院合并成立新的北京外国语学院，设俄语等六个系。1994 年北京外国语学院更名为北京外国语大学后，俄语系于 1996 年改名为俄语学院。

年就能熟练使用语言。另一门是政治，就是学联共（俄）党史。国内教育部门的领导设想，联共（俄）党史多么重要，先得把中文版学通，以后到了苏联大学里学俄文原版就不至于抓瞎，实际上到了苏联才知道，苏联大学里也不考这门课。

也有其他的活动安排，周毓麟印象很深的是两项。一项是教跳交际舞，考虑中方学员以后要和苏联人交往，所以特意安排交际舞的课程。周毓麟原不会跳舞，既然安排大家学习，他也得学会，起码凑合着能跳。不过到了苏联后，他发现聚会时也不是非跳舞不可，不愿跳也没关系，所以他也就不跳了。

还有一项是搞劳卫制①。各种运动项目要达到一个标准，达到了算及格，不及格还不能毕业。入学时，周毓麟所在的研究生班并没有说要实行劳卫制，上了一段时间的课了，突然通知说研究生也得和大学生一样实行劳卫制。可是俄专学校体育老师稀缺，研究生班找不到体育老师。

牵涉到能否毕业的问题，学生们就着急了。大家想办法，没有教员，自己找。从班上同学中选了三位体育成绩比较好的当小老师，一位姓林，一位姓张，还有一位是刚从北京大学物理系毕业的赵凯华。《水浒传》里有林冲林教头，小老师里也有一位姓林，大家就管这三人叫"教头"。教头们组织大家跑步、做操。赵凯华回忆：

> 组织大家锻炼，全靠自己想办法啊。三千米最麻烦，鲍家街那个地方没有什么大的操场，只有一些简单的体育器材如单双杠，所以跑

---

① 劳卫制的创始者是苏联。苏联和东欧一些国家强调在增强学生体质的基础上，"注重奥运会的运动项目"。1931年3月14日，苏联部长会议体育运动委员会颁布第一个"准备劳动与保卫祖国体育制度"，即通过运动项目的等级测试，促进国民特别是青少年积极参加各项体育运动，以提高身体的体力、耐力、速度、灵巧等素质，按年龄组别制定达标标准。新中国成立后，党和国家确立了重视国民体质健康的指导思想，从1949年到五十年代中后期，中国奉行的是与苏联结盟的外交政策，全面学习苏联成为上下一致的思想和行为准则，也就引进了苏联行之有效的"劳卫制"。五十年代后期，中国和苏联在意识形态方面发生分歧，加上接踵而来的三年自然灾害，学校的体育运动大多减少或停止，"劳卫制"不了了之。1964年，中央正式废除"劳卫制"，取而代之的是《国家体育锻炼标准》。

步只能在胡同里面跑，跑一圈尘土满面的。现在想想，也不太卫生。①

周毓麟是班上年纪比较大的学员，平时坐得多，活动得少，他的劳卫制达标很辛苦：

> 第一次跑三千米，我的成绩是29分钟，实际上差不多就是走了三千米。单杠（引体向上）、跳高什么的一开始都不行。好在因为以前练过拳，体质还好，所以后来进步还是比较快的。学期快结束时，劳卫制要考试登记成绩了，单杠、跳高、爬绳我都是优秀，三千米跑了个良，我想再跑一次争取得优，这时教头突然说：测一百米！一百米没练过呢，那也得测，而且是说测马上就测。结果我差一秒及格，那我不及格呢，我再跑一次，还是差一秒，不行，我跑第三次，及格了，可是教头说不算，秒表按错了！按错了那就重跑吧，还是差一秒。好在总成绩算是及格了。②

虽然辛苦，但是劳卫制帮助周毓麟建立了一个良好的习惯，他由此开始注重体育锻炼，特别是到莫斯科大学后，为了保证有个健康的体魄，他一直坚持长跑，寒暑不论，风雨无阻。

对于俄专时期的周毓麟，赵凯华回忆：

> 学习非常认真，体育锻炼一般，也不是太差，他过去也不是太擅长于体育。我们都住在一间大屋子里头，平常念书也在一起，整天都在一起。偶尔也聊聊天。他生活上比较严谨，弄得整整齐齐，干干净净，这个是他长期的习惯。

一年的学习将要结束，同学们都在考虑前途如何计划安排，这时的周毓麟完成了一次非常重要的转变。

---

① 赵凯华访谈，2015年4月5日，北京。资料存于采集工程数据库。
② 周毓麟访谈，2014年12月19日，北京。资料存于采集工程数据库。

同学袁兆鼎[①]回忆：

> 到了后期，每人都要考虑出国学什么专业，俄专也提供了苏联大学所设的专业……周毓麟一直是搞拓扑学的，并已有成就，但他毅然放弃了继续学拓扑，而决定学微分方程专业，这对我震动很大。[②]

周毓麟的决定对许多人都是不小的震动，很多人由此思考如何真正服务国家、投身社会主义建设，袁兆鼎原来是学代数的，他很期盼到苏联后在抽象代数方面继续深造，受到周毓麟的感染，他最后选择了学习计算数学。

也有人不以为然，数学号称所有自然科学的王冠，拓扑学尤其深奥。和严谨的理论研究相比，应用类不是等而下之么？有一位熟人就痛心疾首地劝告他：拓扑学得好好的改什么专业，这不是脑子不清楚嘛，这不是不求上进嘛。

周毓麟回忆说：

> 留苏要报志愿时，我想报对社会主义建设更直接用得上的计算数学。一个研究生班的同学劝我报拓扑学，理由是我原来拓扑学搞得还不错，苏联有世界级的拓扑学大师，报考专业单上也有拓扑学，是一个上进的好机会。我不干，他就问我，懂不懂电子计算机？这下把我问住了，我不懂电子计算机，那我就改学微分方程。[③]

在周毓麟的档案里，有一份留苏预备生审查登记表。他在"对选择学

---

① 袁兆鼎（1926- ），山东济南人，毕业于北京师范大学，后赴苏联莫斯科大学留学，获数学科学副博士学位，回国后担任航天工业总公司第二研究院204所研究员，从事导弹研制的计算工作，在导弹研制中应用电子计算机进行数值计算，做了开创性的工作。

② 袁兆鼎：我们的好学长。见：北京应用物理与计算数学研究所编，《周毓麟院士八十华诞庆贺文集》，2003年。

③ 周毓麟：往事回忆。见：北京应用物理与计算数学研究所编，《周毓麟院士八十华诞庆贺文集》，2003年。周毓麟访谈，2014年12月19日，北京。资料存于采集工程数据库。

习专业的意见"一栏中郑重写道：

> 我是自愿去留学的。
> 我愿意放弃以前有兴趣的抽象的数学，而学习祖国所需要的数学的任何分支或任何其他与数学相近的学科。[①]

老周的尴尬

周毓麟是班上年纪比较大的学员之一，当年入学时他已经三十岁了，其他同学称其为"老周"或"周老师"。但是老周在数学研究之外并不老练，在俄专，老周就遇到一件尴尬事。

事情起于离开北大之前，数力系领导找他谈了一次话。

系领导问他：按照国家政策，在职离职的留学人员可以保留部分工资，你是否申请保留工资？还有，北大的宿舍是否保留一间，这样周末可以回来休息。

周毓麟说，不用保留工资，也不用留宿舍。

他是这样想的：妻子徐明月已经就读北京大学数力系，自己在俄专，两个人吃住都不用花钱。所以，工资和宿舍都不必保留。

系领导好心提醒：宿舍是不是还保留着，也好放家具和物品。

周毓麟还是说用不着，因为自己没什么东西。

当时，周毓麟住在北京大学中关园宿舍，整栋楼的住户都是像他和徐明月这样的年轻夫妻，家具基本上是单位配发的，他和徐明月只有衣物和一些书籍。他和妻子将各自的衣物放到学生宿舍，然后把带不走的衣服、被褥、书籍收拾了一个大包，存放在一位朋友处，就把宿舍利利索索地交还学校了。

[①] 原件存于中国工程物理研究院人教部。

结果，每到周末，周毓麟发现自己和妻子无处可去，只好到王府井附近的东安市场坐茶馆消磨时间，经济上也十分拮据。

对这一段令他哭笑不得的经历，周毓麟在回忆中是这样说的：

> 我想得简单，徐明月上大学，一个月补助12元钱，10元钱伙食费，还有2元钱零花，俄专发给我每月30元的生活费，其中17元吃食堂，还余13元，这么一算，我们也凑合。（学校）问要不要留一间房，礼拜天可以过来。也不要。我说我东西全带到俄专去了，礼拜天也不一定回北大住。结果真是困难来了，困难就是礼拜天没地方去了，好处倒有一个，刚去俄专的时候我很忙，徐明月的课程也很紧张，我们两个就各管各的。可是后来不行了呀，徐明月物理课碰到钉子了：她没上过高中，高中物理是自学的，在大学考试是口试，胆子大一点的也许就混过去了，可是她心虚，被老师揪住问，问来问去就被问倒了。所以我们两个人礼拜天就去东安市场泡茶馆，去的早，茶馆里边没有多少人，她有什么问题就讲讲怎么做，没问题就说说话，时间也就混过去了。但是也不能一天到晚坐在茶馆里边啊，还得吃饭，这就发现剩下的钱，她的2元加上我的13元，吃点烧饼油条都不够。这一时期和后来一段时间我们经济上很紧张，徐明月就把她陪嫁的一只金镯子卖了补贴家用。①

1954年夏天，周毓麟俄专毕业。毕业生也不是人人都能去苏联。据俄专的档案资料记载，留苏毕业生经过了一系列严格的考试和政审，最后六十人的研究生班只有三十人通过审查，如愿踏上留苏之路。

据赵凯华回忆：

> 文化课考试倒不难，难的是政治审查。政治审查的原则和平时不大一样，有一些大家认为政治上过硬的人，结果没去成。上面是按照

---

① 周毓麟访谈，2014年12月19日，北京。资料存于采集工程数据库。

想象中的苏联对政治上的要求来做审查，执行的标准特别严，觉得苏联方面可能会顾虑这个可能会顾虑那个，就给卡下来了。①

周毓麟数学成绩不错，本来"好"成绩对留苏不一定是个"好事"，因为优秀的人才哪个单位也舍不得放。但是，因为他自愿放弃工资和住房，反倒助他顺利地获得了去莫斯科大学攻读副博士学位的推荐。

周毓麟庆幸的是，1952 年，徐明月上大学不久就响应国家号召，从四年制本科改为两年制大专，那个时候，大学一、二年级学费、生活费全免，从三年级开始交学费，自己负担生活费。徐明月转为两年制大专时，周毓麟还戏言：你是班上同学中年龄最大的，比别人大十岁呢，早点毕业最好了！等到自己要去留学，才反应过来，幸好读了全免费的大专，要不三年级、四年级的学费、生活费怎么解决？也不好意思再让上海家里负担了，或许就没法念下去了。

因此，1954 年夏天，妻子徐明月也从北京大学毕业，分配到一所中专学校北京电力学校当老师。在离开北京之前的一个多星期，周毓麟和妻子就住在电力学校的单身宿舍里，同宿舍的老师去度假，留给他们分离之前短暂的团聚。

周毓麟利用这段时间帮着妻子写教案，十来天的时间写了好几篇。

---

① 赵凯华访谈，2015 年 4 月 5 日，北京。资料存于采集工程数据库。

第七章
负笈莫斯科大学

一 言 定 专 业

1954年夏,周毓麟与袁兆鼎、张芷芬[①]等人坐火车经满洲里出国门,一路向西,穿越亚洲大陆腹地,经过十二天的漫长旅行,到达莫斯科。莫斯科火车站有中方接待处,接待处的工作人员把他们送到莫斯科大学。

在莫斯科大学主楼的门厅里,大家都在等待分配专业和宿舍。这时,

[①] 张芷芬(1927-),数学家。从事常微分方程定性理论和拓扑动力系统理论的研究,是国内这一领域的开拓者之一。1951年毕业于北京大学数学系。1957年获苏联莫斯科大学数学力学系研究生院物理数学副博士学位。历任北京大学副教授、教授、数学系副主任,北京市数学学会副理事长。曾获"全国三八红旗手"称号。专于微分方程的定性理论和动力系统研究。对李奈方程极限环的存在性和唯n性问题有较深造诣。合著《微分方程定性理论》。

来自北京大学数力系的留学生黄敦[1]跑来接待新学员。黄敦早在 1950 年就到了莫斯科大学，他为人热情，爱张罗，国内的新学员到莫斯科大学，人生地不熟，语言也不过关，都愿意请他来帮忙。

周毓麟和黄敦，两人之间有着非常深厚的友谊，而这份延续了半个多世纪的友谊就发轫于莫斯科大学主楼门厅。

每每回忆起这段往事，周毓麟脸上总是浮现出温和诙谐的微笑：

> 黄敦挨个问我们：你学什么专业、什么方向？问到我，我就说"微分方程"。问到张芷芬，也说"微分方程"。黄敦又问：微分方程有常微分方程、偏微分方程，谁学常的？谁学偏的？我们两个人都说不知道，还没考虑呢。[2]
>
> 黄敦就指着我说：这样吧，老周年纪大，基础好，你就学偏微分方程！他又指着张芷芬：你学常微分方程！

在莫斯科大学数力系里，公认有两个最难的专业，一个是泛函分析，一个就是偏微分方程。黄敦说，大家都说你周毓麟基础好，你就去学偏微分方程。

周毓麟说好，张芷芬也说好。

就在莫斯科大学主楼的门厅里，黄敦一句戏言，定下了两个人的专业。

当时莫斯科大学号称是共产主义大学的样板，设施先进，主楼高大，主楼与几幢裙楼间以廊道相连，教室和宿舍区之间的走廊也很宽敞。黄敦带着他们，一路指点：系办公室、教室、宿舍、图书馆、食堂，都不用出楼。黄

---

[1] 黄敦，1948 年清华大学机械系毕业，1956 年苏联莫斯科大学力学数学系研究生毕业，获苏联物理数学类副博士学位。历任清华大学机械系助教、莫斯科大学留苏中国学生会对外联络部长、学生会主席，北京大学数学力学系教员、教授，国防部第五研究院兼职科研人员，北京大学数学研究所教授、副所长等职。曾兼任中国力学学会第一届副秘书长，《力学学报》第一至四届编委，《爆炸与冲击》《应用数学与力学》第一、二届编委。现任核学会计算物理学会副理事长，《计算物理》副主编，1985 年获国家教委科技成果二等奖（项目主持人）、国防军工协作先进个人，1987 年获国防科工委国家科技成果一等奖（参加者）。曾编写《中国大百科全书》物理卷、力学卷有关条目。著有论文多篇。

[2] 周毓麟访谈，北京，2014 年 12 月 20 日。资料存于采集工程数据库。

敦介绍说：这就是共产主义大学，一天 24 小时都可以待在楼里，吃喝、上课、体育运动甚至看病都不用出门。周毓麟他们大感新奇。但是黄敦说：在楼里待的时间长了会头疼头晕，每天还是要下楼呼吸呼吸新鲜空气。

宿舍条件也好。宿舍是套间，一套宿舍可住两人，大门进去一个过道通向两个房间，每个房间约六七平方米大小，一张一米宽的沙发床、一只小方桌、一张小写字台、一个书架，还有高达房顶的储物柜，每个房间还附带小洗漱间和厕所各一。出了宿舍，每条走廊还配备了公用厨房，炉灶都是现成的，可以自己做饭。

周毓麟的宿舍号是 1505，他就在这间房间里度过了紧张又精彩的三年。

比导师还大一岁

20 世纪 50 年代前后，苏联的偏微分方程学派正处于鼎盛时期，有大名鼎鼎的彼得罗夫斯基院士、索伯列夫院士，他们的著作已经是微分方程文献中的经典。年轻一代有奥列伊尼克教授、拉德任斯卡娅教授等，他们关于非线性偏微分方程的系统工作引领着国际的潮流。

莫斯科大学数力系为周毓麟安排的导师就是青年女数学家奥列伊尼克[①]。当时，奥列伊尼克获得博士学位不久，年仅三十，比周毓麟还小一

---

① 奥列伊尼克（O. A. Олейник，1924-2001），一译为"奥列尼克"。苏联著名数学家，俄罗斯科学院院士、莫斯科大学教授，她是 И. Г. 彼得罗夫斯基的学生，在偏微分方程的研究工作享有盛名。美国数学家 Jone Tabak 在《数学和自然法则——科学语言的发展史》中，从科学和数学发展的角度对她的科学成就进行了分析评价：在物理学中，不连续的过程是指物质的物理特性的变化可以认为是"瞬间"发生变化，不连续过程的一个常见的例子就是冲击波。冲击波在数学上代表一类新问题。在数学中，分析平滑曲线可以使用微积分学技巧，但冲击波的图像中有拐角和跳变，因此对冲击波的研究中不能用许多重要的微积分方法。奥列尼克研究了冲击波的运动，当她发现用传统方法无法找到描述冲击波的方程的解时，她开始研究探索一条准则，用以从无穷多个可能的解中找到那个将要发生的解。她找到了那个被称之为"熵条件"的准则：虽然可能有无穷多个函数满足她研究的那种守恒定理，但是，只有一个函数可以同时满足守恒定理和她的熵条件。熵条件对于守恒定律是个重要补充，正如热力学第二定律是热力学第一定律的重要补充一样。

岁，但是已经成名，她是数学大师，也是莫斯科大学校长彼得罗夫斯基（Петровский）的得意弟子。

师生初次见面，还是由黄敦陪同，因为担心周毓麟语言不过关，由黄敦担任翻译，为双方做介绍。

第一次见面，周毓麟敏锐地察觉到这位导师更愿意带女学生，因为没说两句话，奥列伊尼克就问：不是来了位女同学吗？再问问周毓麟大学学了些什么、以前做过什么研究，发现这个比自己还大的学生竟然没有学过偏微分方程，奥列伊尼克难免心存疑虑。可是人都来了，也没法拒之门外。导师也没有太多的话，和周毓麟约了个时间再详细谈一谈。

图 7-1 奥列伊尼克教授

过了几天，周毓麟比约定的时间提前了两个小时到教室，奥列伊尼克正在讲课。教室是阶梯教室，周毓麟高高地坐在最后面，奥列伊尼克自然也看到了他。下课以后，奥列伊尼克把周毓麟带到隔壁一间小教室，问：你听懂了没有？

周毓麟说：我听懂了。

奥列伊尼克说：那你讲一讲。

周毓麟讲得磕磕巴巴的。老师上的课就是大学的偏微分方程，讲偏微分方程组初始问题的局部解，小区域迭代。她讲的是最难的一部分内容。周毓麟当时一边听一边想，这个我也会做啊，所以他说"听懂了"。但是让他讲出来就是另一回事了，俄语又不灵光，讲到最后讲不下去，憋屈得很，恨不能对老师说：干脆你让我做题、让我写，一个钟头内准能写出来。

奥列伊尼克比周毓麟还着急，见面草草结束。后来，周毓麟得知，奥列伊尼克直接跑到教研室去找教研室主任，说这个中国学生我带不了。

教研室主任却说：这是国家任务，不必多说，反正这个学生交给你，三年培养不出副博士，唯你是问。

奥列伊尼克的心情可想而知了。过了几天，她让周毓麟来办公室，拿出了一个详细的研究生培养计划：分几个阶段，每个阶段要读哪些书目，要安排哪些考试。必读书目很多，考试也很多，有四次测验考试，还有三个试讲。总的来说，奥列伊尼克就是以七次测试为中心定了个计划。看得出来，老师是尽力帮助他达到标准，将每一次考试的考前提纲如考试内容、参考书目，都写得清清楚楚。

给周毓麟安排的考试和试讲比别的研究生要多几次，周毓麟也理解，因为有好多专业必修的课本他从没接触过，比如说彼得罗夫斯基院士的三本著作，《常微分方程》《偏微分方程》《积分方程》，这三本书是得过斯大林奖的经典，苏联学生在本科阶段就读过了，所以别人也就不用再考，而周毓麟首先必须把这三本书给补起来。

奥列伊尼克跟他说：本来还应该念一门流体力学，其他研究生都有这么一门课，但考虑到你可能忙不过来，所以流体力学就不安排了。周毓麟没说什么，他并不知道为什么要学流体力学。

回去后，他就按照老师开列的书目，开始了刻苦认真的研读。

有效率的学习　有效率的生活

怎么才能保证有效的学习？周毓麟决心对每一分钟、每一个小时都有交代，他以一贯的严谨自律精神做了个计算，除了必须留出的八小时睡眠，一天只剩十六个小时了，为了用好这十六个小时，他做了周密的计划和安排：

我每天早晨八点钟起床，起来就换上衣服下楼跑步，围着楼跑两圈，跑完了做体操。然后去食堂吃早饭。数力系有间教研教学阅览室，九点开门，我吃完早饭就在门口等着开门，除了去上课、去食堂和其他活动，都在这个阅览室里看书，到晚上十点半，阅览室关门了，我就回宿舍，再用半个钟头干点洗洗涮涮的杂事。11点到12点再念一个钟头的书,念的不是数学了,是马列主义的书,发的《反杜林论》什么的一大摞,有半尺高,政治考试也很严格的,这一个小时就给马列主义课。但礼拜六晚上回寝室不看书,和同走廊的同学聊聊天,每星期要给徐明月写一封信,每个月给上海家里写一封信,都是礼拜六晚上 11 点到 12 点完成。12 点一定准时睡觉。因为学习很紧张的,睡眠不足的话不行,在莫斯科大学三年就是这样度过的。①

为了督促自己抓紧时间,他自制效率手册,将每天的学习与锻炼都一一记录。他的效率手册是二十四小时的,每天什么时间睡觉,什么时间起床,上课花了多少时间,社会活动花了多少时间,在阅览室花了多少时间,都要详细记录。一个星期下来,他还要核算一下,如果本周学习数学的时间达到或超过了七十个小时,那就达到标准,如果没有学够七十个小时,那就要找一找是什么原因,是否是社会活动多了点,而且下周要把时间补回来。

周毓麟参加过有限的几次社会活动,均是校方专为外国学生安排的联谊与参观。

在入学后没多久,校长彼得罗夫斯基安排了一次见面会。彼得罗夫斯基校长也是偏微分方程教研室主任,他非常关心研究生教育,每年都要找新入学的研究生见面座谈。那天参加会议的研究生有二十几人,除了苏联学生,还有保加利亚等社会主义国家的留学生,中国学生只有周毓麟一人。

彼得罗夫斯基问大家:学得怎么样?老师定计划了没有?考试给你们安排好了吗?你们对学校和教研室的工作安排满不满意?问了很多人,都支支吾吾的说不清楚。问到周毓麟,周毓麟说:别的情况我也不知道,我只知道老师给我定的计划。他把几次考试的时间和内容安排很清晰地说了出来。彼得罗夫斯基校长就委婉批评了其他同学,说老师给每个人定的计划怎么弄不清楚呢?中国同学他说得清清楚楚,他比你们认真。

---

① 周毓麟访谈,2014 年 12 月 20 日,北京。资料存于采集工程数据库。

后来校长又问：你们在莫斯科大学生活怎么样？对宿舍和食堂有什么意见？大家发言就比较具体了，有这个不习惯，那个不习惯，食堂的口味要改进等等。再问到周毓麟，周毓麟简单地说都很好，住的也很好，吃的也习惯。彼得罗夫斯基校长就说了：食堂的确在很多方面需要改进，但是你们也看看，大家都知道中国人最讲究美食，可是怎么反倒是中国同学最能够克服困难？

周毓麟连受表扬，他不太好意思。他的确是因为天天挂念着奥列伊尼克老师给的那个七次考试的计划，除了学习，其他一概能省事则省事。在莫斯科大学，许多中国学生因为吃不惯俄餐就自己开伙，宿舍也提供公共厨房，做饭其实很方便，江泽培[①]就和李德元[②]、孙和生[③]搭伙做晚饭。他们三人也是公认的用功学生，为了不耽误上课，早餐和午餐就在食堂凑合，只是晚上这一顿做适度的改善。但是周毓麟为了节省时间，三年内一直吃食堂，算是中国学生中的异数。

除了学习，周毓麟效率手册上雷打不动的是锻炼。主要原因是怕生病，生病第一是耽误学习，第二虽然有校医院，但是某些药还要进城去买，一来一回半天时间就没了。

他天天早上下楼跑步，围着楼群跑两圈大约有两公里，这个习惯他一直坚持下来。有一天出门前，有位苏联同学劝他不要太早出去，说今天是零下二十八度，可是周毓麟是不会轻易改变计划的，跑了几步他发现：鼻毛瞬间就冻住了！

---

① 江泽培（1923- ），数学家，1946年毕业于西南联合大学数学系。1955年赴苏联莫斯科大学数学力学系进修。历任北京大学副教授、教授，二机部九所理论部副主任，是中国概率统计学会第一届理事长，《应用概率统计》杂志主编，九三学社社员。长期从事概率论与数理统计的研究，在随机场与多维过程的预测理论方面深有研究。

② 李德元（1932- ），数学家，1952年上海交通大学数学系毕业。1956~1960年在苏联莫斯科大学数学力学系攻读研究生，获苏联数学物理科学副博士学位。1960年参加核武器理论数值模拟理论研究，1984-1991年任北京应用物理与计算数学研究所所长。

③ 孙和生（1927-2011），北京应用物理与计算数学研究所研究员。研究方向偏微分方程、微分几何曲面论。1948年秋考入浙江大学数学系。1955年8月到苏联莫斯科大学数学力学系学习，师从通讯院士维库阿，1958年6月获得副博士学位。毕业后回到中科院数学研究所工作。1960年5月，被调到二机部九所，参加核武器理论研究工作。

但是，不管天气多么恶劣，他也把早锻炼坚持了下来，一旦察觉到身体有不适，他的对策简单而粗糙，就是去食堂多吃点奶酪和火腿这些高能量食品，他称之为"加强营养"。

也有一次差点冻出病来的惊险：学校安排留学生去参观克里姆林宫。那已经是十一月底了，大部分时间待在楼里的周毓麟忽视了莫斯科的天气，出门前只在毛衣外边套了件呢子大衣，在门厅集合时，同学们都惊讶地说：你不要命啦？其实他有厚棉服，堆在大衣柜里，嫌麻烦就没找出来。莫斯科的寒冬打败过骄傲的拿破仑大军，那种威力结结实实地教训了周毓麟。在地铁站里，他惊奇地看着，随着门的开合，寒风呼啸而进，高大如宫殿的大厅瞬间蒸腾起白色的水雾，雾气浓厚到阻断视线。克里姆林宫更让他记忆深刻，他原以为是在宫殿内参观，从这个大厅到那个大厅走走看看就成，哪知道整个克里姆林宫是一个小城堡，观光线路是从这幢建筑走到那幢建筑，很多时间是在花园里行走。周毓麟咬着牙跟完了全程，回到宿舍就坐在床上，裹着厚厚的棉被全身发抖，一边抖一边还在念叨：千万别生病，千万别生病。好在抖了将近一个小时后，真的缓了过来，说明平时的体育锻炼还是挺有效的。

其他的社会活动，周毓麟去的比较少，苏联方面为留学生安排的活动很丰富，观看芭蕾舞、歌剧，参观工厂、集体农庄，和其他大学的青年学生联谊等，去过一两次后他就不去了。数力系有个阅览室，他是阅览室里最勤勉的学生，几乎天天等着开门，习惯性地坐在靠窗户的最后一张桌子，第一个进，最后一个离开，经常是清洁工打招呼了才惊觉时间已晚。

奥列伊尼克提出的参考书目很细。比如说实变函数，安排了要看那汤松[①]那本书，还要看索伯列夫的泛函分析及其应用。书单子一大摞，而且

[①] И.Л. 那汤松是俄罗斯（苏联时期）杰出的数学家。1929 年毕业于列宁格勒大学（今圣彼得堡大学）数学力学系。数学教育家 Г.М. 菲赫金哥尔茨是他的第一个老师。从大学时代起，他在数学家 C.H. 伯恩斯坦院士的影响下，开始了函数构造论的研究，这个领域的研究贯穿了他的一生。1935 年不经论文答辩而直接被授予数学物理副博士学位，1937 年经论文答辩获得博士学位，1939 年成为教授。他的研究领域颇为广泛：正交多项式、内插方法、矩问题、吉布斯现象及逼近论的其他问题；还有作为纯粹数学的函数论与泛函分析。摘自 2010 年高教出版社出版《实变函数论》（徐瑞云翻译）。

有些书要求从头到尾读完整本，有些书要求读其中的一部分内容，同样的内容再读另外一本书的。奥列伊尼克安排得具体，选的书目文献也很全，她考虑得很全面，对学偏微分方程需要了解的知识都做了布置。

周毓麟理解老师的苦心，对自己的学习更为上心。在老师开列的必读书和参考文献之外，他自己又找了很多文献资料，心想：万一考试遇到不会的，起码我也知道下一步该怎么做。

没有克服不了的困难

因为以前没学过偏微分方程，奥列伊尼克难免对周毓麟的学习担心，安排他从彼得罗夫斯基三本书的《常微分方程》开始攻读，还把自己的师兄朗吉斯找来为周毓麟做辅导，一个星期辅导一次，约在晚上10点，系办公室走廊里。走廊很宽大，当中放置着乒乓球桌一样大的大桌子，旁边还有椅子，周毓麟和朗吉斯围桌而坐。朗吉斯老师问：有什么不懂的吗？周毓麟想想没有什么不懂的，但也不好意思不问，就拿出书上的习题请教。常微分方程的一些习题做起来很费工夫，朗吉斯帮着做了一两次后就不愿意了，他觉得没啥好辅导的。

在偏微分方程考试之前，奥列伊尼克还派了一个高年级的研究生，为周毓麟和另外两个学生做辅导，就在周毓麟的房间里，四个人围着桌子团团而坐，周毓麟他们没什么问题可问，高年级学生提的问题三个人也都懂了，所以也没有辅导几次。

临近第一次考试时，不放心的奥列伊尼克专门为周毓麟安排了一次答疑，也是提前做一次口试。一开始，周毓麟回答得还好，问到极值原理的时候，老师提了个书上没有的拓展的问题，他的回答让老师不太满意。奥列伊尼克有点着急了，周毓麟心想：无非就是那么回事，要做一个变换嘛。但是老师焦虑地说：只剩一个星期了，你看你怎么办？周毓麟反倒安慰她：你别着急，我回去把书从头到尾再过一遍，把每一节内容再想一遍，不是还有一个星期么？

这次见面结束时，奥列伊尼克是无可奈何、忧心忡忡，周毓麟倒是又鼓起学拓扑时候的那股子劲头：不就是一本书么，一个星期足够了，只要自己肯努力，就不信拿不下来！

一个星期后，考试如期举行，是口试，主考老师是奥列伊尼克的另一个师兄、教研室秘书伽别，奥列伊尼克陪考。周毓麟答得很好，伽别虽然提了很多问题，但是这些问题都在周毓麟掌握之中，他回答得从容流畅。答完后，伽别扭头对奥列伊尼克说：他不是学得很好？周毓麟一听就明白了：原来奥列伊尼克老师不放心啊，叫师兄来主考，有点手下留情的意思呢。

第一次考试顺利通过，成绩还挺不错，终于让奥列伊尼克松了一口气。

要考彼得罗夫斯基那三本书的不止周毓麟，还有好几位同学，包括学计算数学的袁兆鼎，他住1507号宿舍，和周毓麟的1505是邻居。那天晚上，周毓麟被奥列伊尼克叫去"答疑"，他也很关注。晚上十点半了，袁兆鼎还在电梯口附近的走道里晃悠，周毓麟一出电梯，他马上扑过来问怎么样，周毓麟跟他开玩笑，说：奥列伊尼克把我骂了一顿！袁兆鼎立刻紧张起来，连声问怎么回事？周毓麟安慰他：没事，你放心，只要这样做就行了——把书上的每一个问题都想一遍！就这样做，什么问题也不会留下！不管老师怎么问，还能问出什么花样？

但凡是老师指定的书，周毓麟一定是反复读，读第一遍的时候会做很多笔记，第二遍再从头到尾，又会增加很多注解，他习惯于把能想到的问题全都仔仔细细、认认真真地写出来。所以，他的书就比其他同学的丰富了好多内容。自己的考试通过了，他就把这本《常微分方程》借给袁兆鼎复习，袁兆鼎用了后觉得真是不错，于是又有好多人跑来借，不料借来借去的搞丢了。周毓麟找了好久没找到，颇感可惜，只好重新去买了本。新书是再版，由奥列伊尼克做了修改和补充，增加了很多习题，于是周毓麟又把新书从头到尾仔细过了一遍。

还有一次常微分方程定性理论测验，主考的老师是涅梅茨基（Niwaishiky）院士。涅梅茨基是常微分定型理论的权威，也是张芷芬的研究生导师。测验和考试不同，考试是许多老师提问一个学生，打分记录成绩，从1分到5分，5分最高。测验是一个老师准备很多题目卡片，学生随意抽取一张然后回答，成绩只记录通过不通过。

卡片上的题目，周毓麟回答得不错，没想到老师忘了这是测验不是考试，又补充了一个问题。这个问题是周毓麟看书时特别关注的一个问题，书上没有讲应当怎么做，只是讲可以做，周毓麟经过思考，会做了，就把做法写在书页空白处。可是在考场上老师一提问，周毓麟却想不起来当时怎么做的了，这道题在书上的哪一页都记得清清楚楚，大脑却一下子短路，支吾了半天，老师说你歇一会。

在旁边冷静了一会儿，周毓麟一下子想出来了。他用的勒雷－绍德尔（Leray-Schauder）的方法。当时，为了更好地掌握这门功课，周毓麟在指定书目之外又学习了二十多篇近七百页的文献，其中就有勒雷－绍德尔的两篇文章。勒雷－绍德尔的方法里有拓扑学的东西，当时微分方程学界有一个认识：勒雷－绍德尔的文章是超前的，对微分方程的发展将起到很好的作用。

周毓麟就用的是勒雷－绍德尔的定理，把问题的整体解做出来。他重新回到涅梅茨基面前回答出问题。涅梅茨基老师特别高兴，嚷嚷着要给5分，兴冲冲地把卡片翻过来要记录成绩，才发现不是考试，给不了5分，只能记通过。

顺利地适应了新的学习和研究任务，周毓麟格外有干劲，他又一次深刻体会到，这世界上没有克服不了的困难，他自己也说：

> 新的专业，新的方向，只要给我一年的时间，我努力学，好好念，一年后就能入门。

杰出成果——渗流方程研究

第二学年，七次考试还没考完，奥列伊尼克就交给周毓麟一个研究题目，非线性抛物型方程的第二边界问题。

一般抛物型方程的理论研究，除了要研究其基本性质外，主要是研究它的定解问题。给了初值，再给定边界条件，抛物型方程就有了确定解。如果在边界上给定了函数值，就构成了第一边界问题；如果在边界上给定了函数的导数值，就构成了第二边界问题。

抛物型方程的第一边界问题已经由奥列伊尼克指导学生研究得到了一些成果，但是要研究非线性抛物型方程，特别是非线性退化型的方程（渗流方程），又是第二边界问题，难度非常大。

奥列伊尼克让周毓麟看她和 Lincel 的一篇第一边界有关问题的文章。Lincel 也是奥列伊尼克的研究生，尚未毕业就已经发表有影响的文章了，而且是第一作者。从这件事情上，周毓麟也深深感受到奥列伊尼克对培养学生是很大胆的，对学生要求也是很高的。

他读这篇文章时非常认真。Lincel 巧妙地采用了辅助函数法，周毓麟觉得太有意思了。20 世纪 30 年代，伯恩斯坦（Bernstein）[①] 在研究线性方程时采用辅助函数法，做出了非常经典的工作，而把辅助函数法推广来研究非线性抛物型方程是一个很独特的想法。周毓麟越琢磨越觉得神奇，Lincel 怎么就会想到用辅助函数法？他一边看一边琢磨，还在书页空白处做笔记，对抛物型方程的性质做了剖析，从抛物型方程的性质来推想使用辅助函数法的原因。

在系里的阅览室，平时很难遇到其他研究生，恰巧有一次 Lincel 来了，周毓麟乘机抓住他讨论，周毓麟把自己的思考说出来，问：你们用辅助函

---

① 伯恩斯坦（Bernstein）（1880-1968），苏联数学家，苏联科学院院士、巴黎科学院的外籍院士，对偏微分方程、函数构造论和多项式逼近理论、概率论都作出了重要贡献，他也是彼得罗夫斯基的老师。

数是不是这个原因？Lincel笑着说：你的想法很好，是这样的。

过了几天，在奥列伊尼克组织的讨论班上，Lincel就跟奥列伊尼克说：周对用辅助函数法解决第一边界问题，比我们还要清楚！

讨论班除了研究生之外，还有高年级的本科生，一共有二十多人，周毓麟被当众表扬，非常不好意思，心想Lincel你这是没话找话嘛。可是讨论班上的同学就开始叫他"估算大王"，还有些本科生向他请教，甚至于让周毓麟帮忙做先验估计方面的一些工作。

周毓麟的关注点还是放在老师交代的工作上。他花了几天时间，把线性的问题如何解决写出来了，像写论文一样，把参考书都列上。他拿给奥列伊尼克看，因为不是做指定的非线性的问题，她看也不看就还给了周毓麟。

周毓麟继续往下做。他查了很多文献，尤其是看了很多关于如何解非线性抛物方程的文章。很快，他用迭代法比较顺利地就做完了题目，等再回过头整理的时候，却突然发现，因为方程的边界条件，函数系数要变，已做出的那些先验估计还不足以完善结果的证明。就差那么一点点，居然就缺少那么一点点。再有一点点的估计就可以"过关"了，但却是怎么也做不出来。

他告诉奥列伊尼克，说还有个问题没解决呢。奥列伊尼克只是"哦"了一声表示知悉。

不久后奥列伊尼克也担心了，她每次见面都要问：进展如何？周毓麟总说还没有做出来。奥列伊尼克就提醒他说：这个题目你要是做不出来的话，毕业论文的三分之一可就没有了！周毓麟也很焦虑，一天到晚脑海里转着这个问题。

这个问题无法解决，周毓麟的生活作息都乱了。吃不好，睡不好。晚上睡不着，早上八点不到就醒了，醒了以后也不愿意起床，就躺在床上思考，突然灵光一现：我可以用不动点定理做啊！

念头一起，他马上从床上跳起来，衣服也来不及穿，扑到桌前拿起笔就写。

思路一瞬间清晰无比，犹如神助，清晰流畅地一下子就推导出来了。停笔再细细琢磨，结果居然特别理想。用这样的框架，所得到的先验估计一点不多，一点不少，恰巧圆满地解决了这个问题。他长舒一口气。这才有条不紊地继续去做别的事情。

当天下午，刚好有个讨论。周毓麟带着最新的成果去讨论班，一进门，奥列伊尼克正在黑板前，照例就问：做得怎样了？周毓麟从容地说：我弄清楚了。就在黑板前向她汇报。奥列伊尼克听了，又长长地"哦——"了一声。

奥列伊尼克敏锐地察觉到，周毓麟解决了这个非线性问题后，第二边界问题就清晰多了，尤其是边界的闸函数那么巧妙，那么精致，第二边界退化的情况也能解决。她觉得应该写一篇论文，把抛物型方程的问题做全，而且很可能比预计的多做一点、做得更加深入一些。

没过几天，奥列伊尼克找他展开了一次详细的探讨，周毓麟把先验估计的经过重新述说了一遍。

奥列伊尼克的效率很高，几天后，她就将柯西问题、第一边界问题和第二边界问题合成了一篇论文，这就是著名的渗流方程的论文。这篇论文揭示了一个重要的事实：即渗流方程的解关于扰动的传播速度是有限的。渗流方程是非线性退化抛物型方程，而一般抛物型方程的解关于扰动的传播速度是无穷大。他们的理论很出人意料，也很有应用价值。

这篇文章发表时，署上了三个人的名字，奥列伊尼克，克拉斯尼高夫和周毓麟。克拉斯尼高夫也是奥列伊尼克的研究生，他在大学本科的第五年级就跟随奥列伊尼克开展研究，并在奥列伊尼克的指导下完成了第一边界问题的研究。

自己的成果能被老师认可，周毓麟心情舒畅，而且完成这项工作他自己也觉得很满意。周毓麟心里充满感激，觉得拓扑学又"救"了他一次。的确，他能很快到达非线性偏微分方程研究的国际前沿，归功于他在拓扑学方面的雄厚功底，所以能够应用拓扑方法开展先验估计，做出了世界一流的工作。

这样用不动点原理研究整体解的存在性，在非线性抛物型方程领域还是第一次、第一人。随着渗流方程问题的解决，这个框架日益受到重视，被认为是研究整体解存在性的一个基本分析方法。

1993 年，孙和生在祝贺老友七十华诞时，对周毓麟的贡献做了如下评价：

> 关于二阶拟线性抛物型方程第二边值问题整体解的存在性研究，这是他的学位论文的主要部分。众所周知，在50年代初期，一般形式的二阶线性抛物型方程的研究才刚刚开始，而仅有的一些关于拟线性方程的工作大部分只涉及局部解存在性的结论，关于第二边值问题的研究即使对线性方程来说也几乎是一片空白。周教授在他的学位论文中，创造性地选取了一个合适的研究框架——Rothe法（切片法），并巧妙地给出了一个关于解的微商程度先验估计方法，构造了刻划问题本质的辅助函数，从而成功地证明了整体解的存在性，该文的结果也为国内外研究非线性抛物型方程边值问题的学者所经常引用，并被美国数学会翻译成英文。特别是，他与奥列伊尼克合作发表的关于渗流方程的论文，被公认为具有开创性的经典型工作。该论文不仅给出了弱解的定义，分别对Cauchy问题、第一、第二边值问题证明了弱解的存在唯一性，而且深刻地揭示并证明了这类方程的解所特有的重要性质（如扰动的有限传播速度等），长期来国际上这方面的大量研究是沿着此文的框架进行的。[①]

这篇文章至今还被不断引用。而且作为重要的研究成果收入1957年出版的《苏联数学四十年·偏微分方程》。

回忆这段难忘的研究经历，周毓麟说：

> 这个过程让我体会到，在学习和工作中，会有失败的苦恼，会有困难的煎熬，会有成功的喜悦。尝到甜酸苦辣的味道，才会真正得到一些进步。[②]

[①] 孙和生撰写的手稿，原件存于中国工程物理研究院档案室。
[②] 周毓麟：往事回忆。见：北京应用物理与计算数学研究所编，《周毓麟八十华诞庆贺文集》，2003年，第52页。

优 秀 论 文

解决了非线性抛物型方程的问题，周毓麟信心满满地继续完成他的毕业论文。他的毕业论文名为"非线性抛物线方程和椭圆型方程"，文章写得很长，因为他不但做了非线性问题，还做了多变量的问题，整体内容就很丰富，完成后有二百多页。而一般副博士论文只有一百来页，博士论文才有二百多页。

导师让他把文章缩减一下，然后去申请答辩。

申请答辩的规定是，申请人的论文要在学术杂志上发表，然后在一个院士讨论班上报告，院士们觉得够标准了，才可以向系里申请开答辩会。

周毓麟按照奥列伊尼克老师的指点，把自己的论文投给《数学科学报告》杂志。《数学科学报告》发表文章的标准很高，一定要由院士推荐，并且改写成4页。奥列伊尼克让他先把论文送给彼得罗夫斯基院士审查，请彼得罗夫斯基院士推荐。周毓麟怀着忐忑不安的心情去校长办公室送论文，没想到的是，彼得罗夫斯基匆匆一看后就直接签署了推荐意见。周毓麟纳闷了一小会也就释然了：经由奥列伊尼克推荐的，彼得罗夫斯基当然很放心。

这篇文章很顺利地在《数学科学报告》上发表。

然后就要去讨论班作报告。周毓麟的论文内容太多，奥列伊尼克让他主要讲文章的第二部分，关于两个变量的非线性边界问题。报告那天，会场上的人很多，除了有教研室的老师，还有研究生班的同学，他们是来旁听观摩、长经验的。

周毓麟先作报告。汇报完以后，就轮到参会的学者提意见了。奥列伊尼克老师固然不好多说，参会学者也没有多少人发言。教研室秘书咖别倒是讲了几句，他也是会议主持人，发言说周毓麟的工作很重要，既有先验估计方法，也有拓扑方法等。然后大家都等着彼得罗夫斯基院士发表意见。

彼得罗夫斯基院士却没说话，他默默地坐在座位上，仿佛陷入了沉思。会场沉默了好一会，奥列伊尼克的担心溢于言表，她忍不住轻声地问：

伊凡·格奥基维奇①，您看怎么样？

彼得罗夫斯基还是没有吭声，看着校长认真思考的样子，没人再敢去打扰。过了好一会儿，彼得罗夫斯基指一指坐在头排的一位周毓麟没见过的学者，问他：你看怎么样？

后来周毓麟才知道他是力学专业的一位院士。校长要这位力学院士表态，他就说：这下我放心了，我们就这样算下去就是了，没有问题了！

彼得罗夫斯基院士也没有其他话，讨论班就宣布散会。奥列伊尼克老师和教研室其他老师、以及旁听的同学可是很高兴，尽管彼得罗夫斯基院士没有发表一句赞誉，但大家心里都很清楚，实际上的评价是很高的。

1957年夏，周毓麟顺利获得副博士学位。

他的答辩会气氛很热烈。按照传统，论文答辩要找两位专家当审查者，专门从反对的角度提问题，找的这两位专家，一位是孙和生的老师万古亚，一位是李德元的老师朗吉斯。答辩很顺利，提问没能难住他，两位审查者反而为他讲了一堆好话，奥列伊尼克当然也讲了好些嘉赏之语，最后大家投票一致通过，主持人还建议评语里写上"优秀"。答辩会休息时周毓麟和万古亚、朗吉斯两位老师合影留念，从照片上可以看出来，清瘦的周毓麟表情沉稳，神采奕奕。

图7-2 论文答辩会（左为万古亚，右为朗吉斯）

图7-3 负笈莫斯科，清瘦的周毓麟

几天后公布成绩，周毓麟果然得了优秀。中国留学生起哄，搞来一个

---

① 彼得罗夫斯基的名字和父名，俄罗斯族的习惯，称呼对方的名字与父名以表示客气和尊敬。

大红花让周毓麟戴在身上。苏联同学感到奇怪,问这是怎么回事?周毓麟告诉他们就是喜庆的意思。

那时苏联的学位授予制度和中国不一样,研究生论文答辩通过了,授予副博士学位。研究水平高的,还可以申请二次答辩,通过了,也有机会授予博士学位。当时周毓麟的毕业论文拿出来后,教研室一致反映很好,周毓麟自己隐约有种感觉,教研室似乎在鼓励自己去争取博士学位。

但二次答辩要等暑假结束、新学期开学才能申请。周毓麟一方面思念分别三年的妻子,另外,刚刚入党的他认为,要努力提高自己的政治觉悟,就不能汲汲于副博士学位还是博士学位,加之国家给的三年期限已满,他果断回国,没有等到新学年再申请更高的学位了。

五 色 记 忆

因为在二年级时就做出了出色的工作,周毓麟成为莫斯科大学中国留学人员的代表。一时间,经常有报纸和电视台的记者前来采访。对于这样"出头露面"的事,周毓麟却不胜困扰,他的案头有看不完的书和资料,每一分钟都特别宝贵,但是由于是学校和系里的安排,他也不好意思拒绝。

有一次,系里通知他到奥列伊尼克家讨论工作,去了才发现电视台的摄像机架起来了,在镜头下讨论,他觉得挺别扭,好在讨论深入了,也就把摄像机给忘记了。

还有很多报社联系采访,他也没心思搞清楚是哪里的记者,只顾着赶紧打发走,后来是怎么报道的也不关心,更没有留存报纸杂志。

只记得曾约过一位记者早锻炼时在小花园里见面,这位记者大夸他准时,因为说好是八点钟见面,果然八点的钟一敲,周毓麟就推开大门从楼里出来了。

还有一次,奥列伊尼克打电话通知他来看一下报社寄来的报道稿和照片,周毓麟说马上要开会,没时间去。这些报道和照片他既没有拿回来更

图 7-4　1957 年在莫斯科大学主楼前留影　　图 7-5　与李德元（左一）、孙和生（左二）合影

不知道写了些啥。

那时电影院放映正片之前会播放一些新闻纪录片，有一次他坐在电影院里走神了，旁边有人捅他的胳膊，定睛一看，银幕上正放映自己在黑板前讲话呢。

有些报纸新闻传回国内，被国内报刊转载。一次，在清华大学学习的外甥孙全康看到了一条中国留学生在苏联刻苦学习的报道，还配发了一张照片，他一眼就认出那个瘦削的身影可不就是舅舅周毓麟，报道中的姓名拼音又恰和舅舅的名字同音，他赶紧告诉上海的母亲。他的母亲就是周毓麟的三姐，三姐找到报纸拿回家给父亲母亲看，两位老人家高兴得不得了。

奥列伊尼克老师对周毓麟的观感大大改变。三年时间里，奥列伊尼克对这位弟子的印象发生了戏剧性的反转，从刚入学时的忧心忡忡，到毕业前夕，她已经对周毓麟产生了欣赏和器重。1957 年，列宁格勒国立大学（圣彼得堡国立大学）校庆，邀请莫斯科大学参加联谊活动，莫斯科大学准备派出一个代表团，其中索伯列夫院士要带两个偏微分方程专业的研究生去作报告，奥列伊尼克推荐了周毓麟。这是件很光荣的任务，落在别人头上谁都会很高兴，唯独周毓麟这个书呆子犯愁：一去一回要两个星期，这 14 天的时间耽误了太可惜，毕业论文正在紧张阶段呢。他思想斗争了半天，最终还是决定不去了，奥列伊尼克挺为他可惜。

20 世纪 50 年代后期，中苏关系交恶，加之参与到高度机密的国防科技研究，周毓麟和奥列伊尼克老师断了联系，但是奥列伊尼克始终还记得这位中国弟子。

周毓麟的弟子韩厚德[①]回忆了这样一件事：

> 1985 年秋天，我应邀到捷克斯洛伐克 Brno 参加第六届"微分方程及其应用"国际会议，回国途中经过莫斯科。我把这个消息告诉了周老师。由于"文化大革命"，周老师与 O. A. Olienek 院士已多年没有联系。周老师给 O. A. Olienek 院士写了一封信交给我，望我到莫斯科大学拜见 O. A. Olienek 院士，没有地址也没有电话。国际会议结束后我从布拉格回到莫斯科的第二天早上到莫斯科大学门口，在 O. A. Olienek 院士公寓楼下，我问到了 O. A. Olienek 的电话，打电话上去，接电话的正是 O. A. Olienek 院士。对于我这个突然出现的来访者，她十分高兴，虽然她明天将去巴黎访问，正在忙于收拾行装。但听说周毓麟的弟子来访，还是约定 20 分钟后见面。见面时我将周老师的信交给她，她十分关心周老师在"文化大革命"中的情况，然后她兴致勃勃地讲起她与周老师合作的在 1958 年发表的关于渗流方程的论文，她很兴奋地告诉我，直到现在，这篇论文还不断被人引用。[②]

1987 年 5 月，奥列伊尼克应邀随团来华访问，此前她尚未来过中国。周毓麟在中间积极介绍，先是请二机部出邀请函，但是未能成功，于是又

[①] 韩厚德（1938-），清华大学教授，中国科学技术大学兼职教授，博士生导师，1960 年毕业于北京大学。长期从事计算数学研究，曾获得国家科学大会奖（1978）、国家教委科技进步二等奖（1988）和一等奖（1995），北京市科技进步二等奖（2002），Pieter Hermker 奖（2008），国家自然科学奖二等奖（2008）等多项奖励。曾任中国计算数学会副理事长，清华大学应用数学研究所所长。

[②] 韩厚德：祝周毓麟老师生日快乐。见：中国工程物理研究院编，《毓数麟风——周毓麟院士九十华诞庆贺文集》。北京：世界图书出版公司，2013 年，第 26 页。

通过北京大学,才促成了此次访问。

一下飞机,奥列伊尼克就询问前来迎接的李德元和孙和生:怎么没见到周毓麟?李德元赶紧告诉她:因为在天津有个会议没结束,周毓麟特意委托李德元和孙和生代为迎接老师,明天一早他必定赶到老师下榻的宾馆拜见。

从5月19日开始的一个星期的访问中,周毓麟一直陪同奥列伊尼克老师。组织年青学子参加老师的报告会,陪同在北京市内参观,还邀请老师到家中做客。李德元、孙和生等留苏同学都做了拿手菜带到周毓麟家中,学弟辜联昆①特意从厦门赶来,简朴狭小的老房子里温情洋溢,师生们畅叙离别之情。

周毓麟对奥列伊尼克老师饱含感激之情,

图 7-6 1987 年与奥列伊尼克老师在北海公园游览(左三为李德元)

图 7-7 1987 年游览北海公园(左一沈隆钧,左四周毓麟,左五奥列伊尼克,左六李德元,左七符鸿源)

---

① 辜联昆(1928-),1949 年毕业于厦门大学数理系,留校任教,1958 年-1961 年到莫斯科大学进修。他跟随奥列伊尼克学习偏微分方程。1961 年调任福州大学副教授,创办数学系,任系主任。1975 年回厦门大学任教授,曾任研究生处副处长、副校长等职,1985 年筹办科学技术学院,任学院院长,1985-1986 年到美国密执安州大学做访问学者。主要从事偏微分方程理论和应用的研究,编写《泛函分析在数理方程的应用》《非线性抛物型方程》《抛物型方程组》三本专门化教材,出版译著一部、专著一部。在国内外学术刊物上发表论文四十多篇。享受国务院特殊津贴。兼任《数学研究》《偏微分方程》编委等。

图 7-8　1987 年师生合影（左一为辜联昆）　　图 7-9　1987 年 5 月在家中宴请奥列伊尼克老师

他在回忆中说：

> 奥列伊尼克老师表面上很严厉，其实她内心很柔和的，她年轻，不会油滑的来事，所以遇到我这样的学生，一开始免不了着急。我心想：我不能因为老师不满意心里就不高兴，我自己努力，而且千万不能对她有不尊重的念头。我是牢牢地想着这个，不能因为她对我不放心，或者年龄比我还小，就对她有意见。经过这三年的学习，越到后来我越觉得，奥列伊尼克对我的工作还是肯定的。她不喜欢表扬学生，她没有那种表面上的客气，但是学生有一点进步她都会做很充分的肯定。我觉得我自己也受她的影响，我对自己的学生也是如此。①

周毓麟在苏联的三年，正逢中苏关系最为甜蜜的时期，普通苏联人民对中国人也充满了好感，他对在苏联的学习和生活充满美好记忆：

> 记得系里边给我们安排俄语课，没有课本，也没有作业，就是一个俄文老师跟我们聊天，讲解一些诗文，还组织我们去大剧院看经典的舞剧、歌剧、话剧，大剧院的票是很难买的，我们留学生享受特殊待遇。剧院的包厢一层一层的，我们的位置往往是在旁边的包厢，

---

① 周毓麟访谈，2014 年 12 月 20 日，北京。资料存于采集工程数据库。

近，看得清楚，看芭蕾舞《天鹅舞》、歌剧《卡门》等等，都算上课，就是让我们领略苏联的文化。

他和苏联同学的关系也挺好。隔壁有个苏联学生，年纪轻轻就谢顶，自己很烦恼，聊天时周毓麟说：中国有种化妆品，专治秃顶，名字就叫生发油。他还特意给上海家里写信要买生发油寄过来。他三姐给买了寄来，也写信把他说了一顿：生发油又不能治秃顶，你这不是望文生义吗？周毓麟把生发油送给了苏联同学，对方高兴地道谢，他挺不好意思的。

有一次，一位苏联女研究生要研究中国的古代算术，通过莫斯科大学的中国留学生学生会想找一位中国学生联合研究。中国的古算书艰涩难懂，数学专业的研究生也不容易读通。这份"苦差事"就由黄敦交给了周毓麟。黄敦又把"老周你年纪最大、基础最好"的理由说了一遍，不由分说就让周毓麟配合那位苏联女士做研究。周毓麟叫苦不迭，自己的时间分秒必争，哪里有精力来啃古文。他灵机一动，写信请家人把自己初中时买的《周髀算经》《九章算术》等书从上海寄到北京，再由北京寄到莫斯科，他把这批古算书赠给了那位苏联女士，觉得自己算是对中苏文化交流做了贡献了。

那时，为了让来自世界各地，尤其是社会主义大家庭的留学生更深入地了解苏联的建设成就，每逢假期，教育部门都会为留学生们安排专门的旅游和疗养。在学校就可以领到旅游票，有各种各样的度假方案可供选择。三年两个暑假，像赵凯华这样的活跃学生打起背包和苏联同学一起去森林徒步、河边露营，像李德元这样的艺术爱好者流连于大小博物馆、尽情欣赏歌剧、芭蕾舞和俄罗斯画派油画。周毓麟则选择最简单的，去敖德萨和列宁格勒旅游，就住在当地的大学城里，参加苏联方面安排的一些观光和联欢。第一次去敖德萨，前前后后加上路途中转，共休息了两个星期，他一心惦记着自己的功课，疗养也是心不在焉。第二个暑假，大使馆发布了规定，留学生疗养时间不得少于一个月，所以他在列宁格勒消磨了稍长时间。

到三年级时，要忙毕业论文了，中国学生们开始紧张起来，大家公推他当学生会文艺干事，都说他研究工作做得好，当然要担当些社会工作。大家开玩笑说老周不用着急，他的论文肯定没问题，他哭笑不得，有"苦"没法说，却也只能服从集体决定。

文艺干事要组织活动，难免牺牲学习时间。他图省事，集体活动就安排看电影，无非就是领票发票的工作。再一个就是组织大家早锻炼跑步。

不是所有人都有他那样一年四季跑步不辍的毅力，他也怕组织活动没人参加，就去动员要好的朋友们。他去找袁兆鼎，说：别人支不支持我另说，但你可得支持我！袁兆鼎没法，只好一大早起来跟着在楼底下跑大圈，正值冬天，地上结了冰，袁兆鼎不小心摔了一跤，摔得头晕，抱怨"老周害我"，就不跑了。

在莫斯科，周毓麟实现了自己在政治上的进步。1957年2月2日，他在莫斯科大学加入了中国共产党。

早在去俄专之前，北大数力系的老党员林建祥就问过周毓麟是否有入党意愿，周毓麟表示，自己离党员标准还差得远呢，不急着入党。林建祥建议他先加入民盟，于是他在俄专参加了党支部的一些活动，慢慢的，思想上开始要求进步了，递交了入党申请书。到了莫斯科大学后，中国留学生党小组将他列为发展对象，安排张芷芬当他的联系人，按照党小组的计划和要求，平时张芷芬经常找他聊天谈话，了解思想进步情况。其他党员也很关心他，他的入党介绍人是孙和生和支部书记李德元。

支部大会讨论他的入党问题时，同学们对他坦诚批评，但也表扬他。大家都觉得周毓麟学习好，工作出色，严于自律，为人正派，缺点是自己工作做得好，对别人要求也高，说话不注意。

周毓麟心想：这可是委屈我了，我哪里会有瞧不起别人的意思啊？但是他自己的确不擅长委婉表达意见，平时说话总是直来直去。他对陈省身、华罗庚、段学复、江泽涵等先生，从来也都是想到啥就说啥，这是他性格中书生意气、天真质朴的一面。

袁兆鼎也发言，讲得很有趣，说了两件事情：一是自己做论文时遇到困难，又想起女儿出生了自己这个做父亲的还没见到，有点情绪，跑去看了几场球赛，周毓麟就批评他，说明老周这个同志不大会体谅别人心情，当然也体现了他的好心;二是自己有一次扁桃腺炎发烧,老周扔下功课专门跑到城里去给他买药,总的说来,老周这个同志还是很不错的。

在袁兆鼎的回忆中,他和周毓麟的友谊总是充溢着愉悦和美好,对这个年龄比他大、影响了他人生道路的兄长,袁兆鼎是真诚的佩服和信任,后来他们一起创办中国计算数学学会,他也大力配合和支持周毓麟做好学会工作。

在莫斯科大学时,除了周毓麟在学习和生活上对他的帮助,袁兆鼎还记得一件趣事:有一次,张治中①到苏联访问,顺便来莫斯科大学看望中国留学生,袁兆鼎负责接待,张治中突然提出要去宿舍看看,袁兆鼎一边领路一边发愁,自己房间没整理啊,怎么办?他想着周毓麟那么个有条不紊、严格自律的人肯定靠谱,于是直接把张治中带去了隔壁周毓麟的宿舍,的确整洁干净。②

毕业了,周毓麟归心似箭,他早早就告诉奥列伊尼克自己要回国。他着急地等着学校发毕业离校的通知,可是等来等去等不到。学校没消息,他以为大使馆会发通知,但是大使馆也没通知。到 7 月份了,他等得着急,索性自己去买回国的车票。

买到票,似乎心里安定了许多,路上看见剧院广告,正在上映电影《堂吉诃德》,还是一部彩色电影。周毓麟觉得很吸引人,就买了张票去看,算是回国前最后的休息。这场电影也是他在莫斯科大学三年中唯一一次自己主动安排的娱乐活动。

---

① 张治中(1890-1969),原名本尧,字文白,安徽省巢县(今巢湖市)黄麓镇洪家疃人,黄埔系骨干将领,中国国民革命军陆军二级上将,爱国主义人士。1945 年,任国民党军事委员会政治部部长兼三民主义青年团书记;1949 年促成新疆和平解放;新中国成立后任西北军政委员会副主席、全国人民代表大会常务委员会副委员长、国防委员会副主席、全国政协委员会委员、中国国民党革命委员会中央副主席等职。

② 袁兆鼎:我们的好学长。见:中国工程物理研究所编,《周毓麟院士八十华诞庆贺文集》。北京:世界图书出版公司,2003 年,第 5-6 页。

第八章
重归燕园

被北大"截走"

1957 年 7 月底,周毓麟乘坐国际专列回到北京。

在月台上,他见到了阔别三年的妻子徐明月,发现旁边还站着一位熟人:比他早一年回国的黄敦。

周毓麟问黄敦:你怎么来了?

黄敦说:来接你啊!

他把周毓麟的行李扛起来,说:走,回北大!

周毓麟说:等等,等等!按规定,我得先去教育部报道。

黄敦说:先回北大,先回北大!教育部改天再去!

就这样,周毓麟直接从北京火车站回到了北京大学。

后来他才知道,浙江大学数学系想请他到浙江大学工作,提前跟教育部打了招呼,教育部当然不会反对。于是浙江大学把周毓麟的好朋友林铣派到北京,就在教育部等着,只要周毓麟来报到了,现场做动员,而且马上办手续。浙江大学和林䶮觉得是胸有成竹，却不想北京大学派出黄敦先一步把人"截"走了！

而事后得知的周毓麟也承认：如果不是被直接拉回北京大学，自己见到了林䶮，肯定会欣然同意去浙江大学的。

人生道路上有许多不起眼的关口，只有经过了才知道是多么重要。对于周毓麟来说，他在人生道路的若干个岔路口，遇到了一两个萍水相逢的师友，于不经意间轻轻一推，就决定了他今后的道路，这几位热心人，杨肇燫先生是一位，黄敦是另一位。

黄敦把周毓麟夫妇直接送回中关园宿舍。早在周毓麟回国之前，北京大学就将周毓麟还回去的宿舍又分配给了他们，徐明月得以提前把家收拾安顿好。可见北京大学对于周毓麟重回燕园是志在必得。

还是原来的楼，还是原来的房子，甚至邻居还是那一批邻居，却也发生了极大的变化——整栋楼都进行了加盖改造，原来是使用公用厨房厕所的职工宿舍，改造后变成了小两居的套房，每一套都有独立的厨房卫生间。原来的邻居是新婚夫妇或一人吃饱全家不饿的单身汉，现在楼上楼下晾晒着尿布——三年过去了，一批新生命诞生了，只有周毓麟夫妇等极少量住户还是两口之家。

领路人和奠基者

8月，周毓麟回上海探亲。

1957年上半年，"反右"运动已经开始，徐明月的学校在暑假还安排了政治活动，无法同行，而周毓麟因为刚回国，赶不上趟，得以休息一个月。9月初开学时，他回到学校，按照系里的安排，开设了非线性偏微分方程专门化学习班。

北京大学数学力学系是五年制的，四五年级分专门化方向。除了原定计划的课程外，再设立一个专门化课程。从1957年9月开始的短短三年内，周毓麟先后接手了三个偏微分方程专门化班，每班有十几到二十个学生，加上研究生、进修教师与青年助教，前后总共有六七十人，他带领这帮弟子一起开展非线性偏微分方程的学习和研究。

新中国建国初期，偏微分方程还是一门空缺的学科，国家对此十分重视，一方面选派优秀教师和学员到苏联学习，同时于1954年暑期由吴新谋先生举办"数理方程"课程，为学科建设播下种子。吴新谋先生可谓是国内最早介绍偏微分方程的数学家，他在中科院数学所组织学员研究双曲型方程。

周毓麟从苏联带回了对非线性椭圆型方程和抛物型方程的崭新认识。非线性椭圆型抛物型方程是当时国际上最前沿的领域，在国内则是一个全新的领域，几乎没有任何基础。他在北京大学开设的专门化学习班，系统介绍这一领域的基本理论和研究成果，全国各高校也派青年教师前来听讲，进修教师有董光昌、齐民友、伍卓群、陈研等人。吴新谋先生教研室的一些人如邱佩璋、丁夏畦也来听课。

他的专门化学习班和讲座班很快成为了国内非线性偏微分方程研究的一个热点区域，并为国内培养了一大批非线性偏微分方程的优秀人才。在他的指导下，学生们接触到很多新鲜的东西，进步很快。

如今每个搞非线性偏微分方程的人可能都知道勒雷－绍德尔（Leray-Schauder）定理，以及用这个定理来研究非线性偏微分方程解的存在性和可微性的框架，但是这种研究方法在20世纪50年代的中国还是鲜为人知。1957年2月考入北大数力系偏微分方程专业的研究生姜礼尚回忆，当时他们的学习都只限于线性偏微分方程的范围，也听说过用拓扑方法研究非线性偏微分方程解的存在性，但都是道听途说，根本不知道"门"在哪里，更不知道到哪里去找入门的基本文献。

周毓麟的课程一开始就讲述了他的副博士论文的第一部分：一个空间变量拟线性抛物型方程第二边值的整体解的存在性，切片法、先验估计、闸函数以及通过构造辅助函数，使极值原理得到很好的应用等。他的课程设计内容丰富，后来他还请丁夏畦来讨论班讲授索伯列夫空间和嵌入定理的基本理论。学生们犹如进入了一个全新的境界。

第八章　重归燕园　　*115*

他的研究生，后来担任过苏州大学校长、同济大学数学研究所所长的姜礼尚教授高度评价了他开设的课程，直言"周先生是我们这支队伍的领路人和奠基者。"

我们当时都是二十多岁的年轻人，所以我总觉得我们这些人很幸运，周先生把我们带到了新的研究领域，领到最最前沿的研究领域，这个领域的研究成果的确也是世界上领先的。而且周先生告诉我们，偏微分方程是有生命力的，搞好偏微分方程要结合实际。由实际问题引领研究。所以毫不夸张地说，周先生是我国非线性偏微分方程，特别是非线性椭圆型方程、非线性抛物型方程研究的先驱者和开拓者。[1]

这批年轻学子学习兴趣都很高，也很努力。后来他们也在偏微分方程与计算数学等教学与研究工作中作出了卓越的贡献。

充满智慧和创新的课程[2]

这一时期，周毓麟一边给学生们讲授自己的论文，一边在全力准备一个更加完整，更加系统的非线性偏微分方程专门化课程。这个课程的基本构想是利用 Leray-Schauder 不动点定理的框架，结合当时关于通过构造辅助函数进行微商估计的最新进展，研究非线性椭圆型和抛物型方程古典解的整体存在性和可微性。这是一个全新的构思，在当时世界上也没有这方面的专著可以借鉴，因此，周毓麟开设这门课程的意义，以及为此需要克服的困难是不言而喻的。

当时遇到的第一个困难是，所有听这门课的研究生、大学生和青年教师，他们都没有学过组合拓扑学和非线性泛函分析，因此用什么方法去讲

---

[1] 姜礼尚访谈，2015 年 3 月 19 日，上海。资料存于采集工程数据库。
[2] 本小节内容多引用姜礼尚先生回忆和访谈。资料均存于采集工程数据库。

泛函空间中映射的拓扑度，是首先要解决的问题。

周毓麟凭借自己过去在组合拓扑学方面的造诣，成功地用立体角积分的办法定义有限维欧氏空间的映射拓扑度，并利用完全连续算子存在有限 ε-网，把映射拓扑度推广到泛函空间，然后遵循 Leray–Schauder 原作的精神，给出了 Leray–Schauder 定理一个严格而又初等的证明。整个证明是自封的，使每个听讲人都能够理解，而且能掌握其精髓。

另一个需要解决的问题是，作为 Leray–Schauder 定理的应用，需要按照所给出的框架对拟线性椭圆型方程证明古典解的存在性。但是当时没有现成结果可应用。周毓麟在讲授奥列伊尼克等人在研究非线性抛物型方程的第一边值问题古典解的整体存在性时，估计微商的辅助函数方法，用到了非线性椭圆型方程的情形，结合 Schauder 估计，给出了拟线性椭圆型方程古典解的存在性和正则性的最佳结果，并将之进一步推广到具二个自变量的拟线性退化椭圆型方程的情形，得到了与非退化完全相当的存在性结果。这部分内容后来整理成论文，发表在 1959 年的《科学报告》杂志上。

所以姜礼尚盛赞道：

> 周先生讲授的这门课充满着智慧和创新，散发着时代气息，不仅反映了当时非线性椭圆型和抛物型方程的最新成就，而且抓住了对这个领域未来走向的认识。因此，对这门课的学习，使每个听讲人得益匪浅，受益终生。他培养了一批年轻人，使他们走到了学科前沿，学到了当时解决非线性问题最有效的手段：运用不动点定理的框架，掌握解的先验估计方法，特别是通过构造辅助函数进行微商估计的技巧等等，也正是通过这门课程的学习，北京大学开始出现了一支富有特色的研究非线性偏微分方程的队伍，为今后解决其他各种非线性问题打下了坚实的基础。[①]

叶其孝是周毓麟在北京大学招收的第二批研究生，令叶其孝非常感怀

---

① 姜礼尚：我的领路人。见：北京应用物理与计算数学研究所编，《周毓麟院士八十华诞庆贺文集》，2003 年，第 13–14 页。

的一点，是周毓麟超越时代的视野：

> 他是留苏回来的，所以很多人理所当然地觉得主要讲当时苏联的工作，但是他不是。在我们讨论班上，他要我们读1955年刚刚出版的美国偏微分方程专家Fritz John写的《平面波法与球面平均法在偏微分方程中的应用》(Plane waves and spherical means applied to partial differential equations)，还要我们读完后报告。①

班上的另一位本科生应隆安也回忆说：

> 学习周先生的课的感觉是很新鲜的。以前，我们接触到的数学家的名字都是19世纪乃至更早的，现在接触到了在世的数学家，在讨论班上读的是刚发表的论文，甚至是还没有发表的论文摘要。过了很久我才体会到：我们学习的很多理论和方法是非常新而且富于生命力的，周先生把我们对偏微分方程的了解，从19世纪一下子领到了学科的前沿。②

周毓麟对这门课程的感情也很不一般，他在访谈中说，"讲课的时候我很认真，跟我以前上课不太一样"，他还说道：

> 当时我们上课是非常愉快的。我很喜欢讲课，学生也给我回报，他们成长的感觉让我觉得很欣慰。③

---

① 叶其孝访谈，北京，2014年10月。资料存于采集工程数据库。
② 应隆安：周先生教我们偏微分方程。见：北京应用物理与计算数学研究所编，《周毓麟院士八十华诞庆贺文集》，2003年。
③ 周毓麟访谈，2014年12月24日，北京。资料存于采集工程数据库。

悉心培养　璀璨弟子

从这个专门化学习班中走出了一批高水平的教学和科研人才。比如同济大学数学研究所所长、原苏州大学校长姜礼尚，比如北京理工大学原数学系主任叶其孝教授、北京大学原数学系主任应隆安教授、滕振寰教授、清华大学数学科学系韩厚德教授等等。在随后的三四十年间，这批弟子活跃在非线性偏微分方程研究的前沿，获得了众多卓越成就。他们也始终感怀周毓麟老师的教导与鼓励。

姜礼尚和徐明月原是北京大学的同班同学，两人岁数相差十岁，徐明月是班上的老大姐，姜礼尚是全班年纪最小的学生。毕业后姜礼尚到北京航空学院（今北京航空航天大学）任教，第一次走上讲台还不到二十岁。他于1957年初考上北京大学的研究生，师姐就变成师母了。他入学时周毓麟还在莫斯科大学尚未归国，学生比老师还先到，只能自学，学习柯朗、希尔伯特的书。① 周毓麟回来后，把奥列伊尼克给自己开列的考试计划和必读书目交给姜礼尚，按照周老师走过的路走一遍，姜礼尚果然进步也很快。

姜礼尚和周毓麟夫妇感情颇深，虽分隔南北两地，他只要有机会来京就会上门探望，每年春节周家接到的第一个拜年电话必定是姜礼尚打来的。

周毓麟离开北京大学参加国家重大国防任务后，因为工作保密的原因，一度与外界失去联系，但是这批弟子也没有忘记老师。20世纪80年代，周毓麟、李德元等人倡导发起中国工程物理研究院②研究生教育，周老师一打招呼，应隆安、叶其孝、韩厚德等在京弟子都来为中国工程物理研究院的研究生授课。

弟子们对他的敬重完全出自周先生的潜心教导。周毓麟做学问一丝不苟，也同样严格要求学生。

他带着学生们广泛阅读文献。文献中往往有很多跳跃的逻辑线索，或

---

① 从姜礼尚先于导师进入北大就可看出，北京大学是舍不得让周毓麟离开去其他单位就职的。
② 中国工程物理研究院，前身即二机部九所，为周毓麟1960年后的工作单位。

者引用其他文献，他要求学生们必须追根究底，把涉及的其他文献查清楚，甚至一定要把过程补全。有些文章只有摘要，他也鼓励学生们把证明全部补出来。他觉得只有这样，才能真正掌握文献中的内容。而按照他的要求开展学习，学生们学得扎实，避免了陷入似是而非、似懂非懂的陷阱。

他曾经对弟子们解释过为什么要提出这么严苛的要求：

> 我自己有个感觉：学习新知识要真正抓住核心。以前陈省身让我做工作，我看懂了但没有抓住核心，在跟奥列伊尼克学习的时候，刚开始没察觉什么，一答辩就发现哪些问题重要，真正的核心是什么，但核心我还是没掌握住。
>
> 所以我就跟学生讲，念书念到能体会到方法之巧妙还不够，要达到这个程度：要我做的话，我也能想出来、能做出来、能写出来。[1]

周毓麟的板书非常漂亮，很多学生说他的手书就像艺术品。他上课时很注意板书设计，授课内容哪些在黑板上留的时间长一点，哪些可以先擦掉，他都事先设计好。这样一来学生们的思路也非常清楚，一开始就明白要解决什么问题。他强调学生课后一定要复习，即"精讲多练"，讲课时，该详细的地方他讲得非常详细，该留给学生自己去琢磨的他就果断留白，所以学生们学得很努力也很起劲，往往上两个小时的课，回去后花上四五个小时复习。

他还鼓励学生做读书卡片，他自己带头做，并且把读书卡片带给学生们观摩。他要求学生们在查阅文献时，一定要读懂本篇文献主要解决了什么问题，然后摘要记录在卡片上。能把摘要写出来，这篇文献基本上也就读通了。

他的教学方法成功地调动了学生们的积极性。学生们很快对偏微分方程产生浓厚兴趣，能力上也有了很大的提高。

应隆安当时是一名本科生，周毓麟只指导了他一年，但是周先生的治

---

[1] 周毓麟访谈，2014年12月24日，北京。资料存于采集工程数据库。

学方法让他收获很大:

> 这样做很难,但的确锻炼人。对于培养严谨的学风,以及培养独立工作能力,都大有裨益。过了一段时间以后,确实感到能力上有提高。在读文献时,有时还可以发现文献上的缺陷……这一段时间的训练,对我以后的科学研究工作大有帮助。直到现在,在学生讨论班上,我也这样要求我的学生。对于所读的文献,决不允许囫囵吞枣。有时我从各种角度对报告人提出问题,弄得学生下不了台。我认为这是对学生训练必不可少的。①

对周毓麟的教学方法,叶其孝有这样的评述:

> 我想搞数学的人都明白,看一篇文章,或者看一本书,你觉得看懂了,但是等到讨论的时候,你就会发现,自己有一些地方没懂,等到别人质疑的时候,你更会发现回答不了这个问题,那么这个时候你马上回去再仔细推导,等到要写出来的时候,又可能发现某个地方证明通不过,于是你就要再去做更深入的思考。这实际上是我们做研究的一个规律性的过程。
>
> 我们这批北大的学生为什么基本功比较好?无非就这样训练出来的,看到人家一篇文章,比较快的得到要领,同时自己去研究、去写、去算,有错误也能发现,学习效果就提升了。②

改革开放后,韩厚德和叶其孝分别到欧美进修,说来令人深思,两个人在不同的国家,都遇到国外同行同样好奇的询问:你们这么快就能进入研究工作并发表一流的文章,哪里看得出因"文化大革命"中断研究工作的痕迹啊?对此,韩厚德感慨:扎实的基本功完全归功于周老师的严谨、

---

① 应隆安:周先生教我们偏微分方程。见:北京应用物理与计算数学研究所编,《周毓麟院士八十华诞庆贺文集》,2000年,第16页。

② 叶其孝访谈,北京,2014年10月。资料存于采集工程数据库。

严格的治学理念。

最让学生们难忘的，还有周毓麟主持的考试。他主持了两次闭卷考试。宣布考试规矩有三条：可以看书，可以查资料，但是不能相互讨论。这两次考试，一次考了整整一天，另一次考了整整三天。面对难题，学生们没有一个放弃，大家冥思苦想、计算、估计、证明，叶其孝甚至在梦中都在做题，后来，每个人交上来的答卷都有二三十页，研究质量也颇让周毓麟满意。事后，周毓麟告诉叶其孝："你们做的实际上就是小论文啊。"能得到老师的这一句评价，叶其孝觉得十分振奋。

那时候不提"创新"这个口号，但是周毓麟倾注在学生身上的，是处处要创新的动力。

比如说，毕业前要做毕业论文，学生们不知道有什么问题可以做，跑来问老师。周毓麟出了个主意，他让学生们去图书馆看文献、查资料，从文献里面自己找可做的问题。周毓麟后来在回忆中幽默地说：

> 那就是让他们去"挑刺"，文献中有看不顺眼的地方，自己去研究，去找解决思路。①

学生们查找文献并按照老师要求制成学习卡片，积攒了好几百张，学生们撰写的多篇有质量的论文多是由这些辛勤的、坚持不辍的积累生发而来。在周毓麟离开北大后，他把这些卡片留给了姜礼尚，要求他继续带着师弟们研究和学习。

应隆安按照周老师指点，完成了一篇论文"拟线性抛物型方程的一般边界问题"，这是他写的第一篇文章，还不清楚学术论文的格式，写成了读书笔记的形式。当时周毓麟就要离开北京大学了，他不忘鼓励学生，特意让姜礼尚转告应隆安，这篇文章可以投给《数学学报》发表。《数学学报》代表着国家数学研究的最高水平，能在《数学学报》上发表文章，应隆安又惊又喜，极受鼓舞，他十分感念周先生的指导，曾专门撰文回忆此

---

① 周毓麟访谈，2014 年 12 月 24 日，北京。资料存于采集工程数据库。

事,并称"周先生是对我数学生涯影响最深的老师。"

而周毓麟对这一时期的记忆是:

> 这一段时间我是觉得非常幸福,因为学生们变化很大,所以忙是忙得很,但是收获也很大。①

一本重要讲义

1959年夏,周毓麟在讲稿以及与弟子们共同研究所获成果的基础上,编写了一本讲义《非线性椭圆型方程与非线性抛物型方程理论选讲》。这本讲义把非线性椭圆型、抛物型方程研究的最重要的框架做了简要的描述和刻画,使得读者能够了解非线性偏微分方程研究框架,了解核心问题是要做出先验估计。这本讲义体现了当时非线性偏微分方程最现代的思想。

为了讲义的完整起见,周毓麟交给姜礼尚一项任务,要求姜礼尚研读意大利数学家毕浪德编写的二阶椭圆型方程的一本书,这本书很薄,只有二百多页,但是综合了20世纪50年代以前所有偏微分方程研究的重要成果。周毓麟要姜礼尚重点研读书里收录的Miranda的《椭圆型偏微分方程》、Kellog的《调和函数商的边界性质》等文章。他要弟子根据自己的读书心得为讲义补充两个单元章节,"调和函数的边界性质"和"狄氏问题的解的先验估计"以及极值原理的一个附录。

这对于姜礼尚来说是非常艰巨也非常重要的工作。周毓麟安排给他的文章都是极为简练的,周毓麟要求弟子不仅要读懂,而且要写成讲义的第二章、第三章、第四章。不但要写出来,还要能讲给大家听。姜礼尚最后把所有的定理,引理全都一点一点补出来,整个过程对他是非常大的磨炼与考验。

---

① 周毓麟访谈,2014年12月24日,北京。资料存于采集工程数据库。

这本讲义本身代表了一个时代的高度。姜礼尚评价道：

> 这本讲义深刻体现了周先生对非线性偏微分方程研究的影响和他的创造力。在20世纪50年代，世界上非线性偏微分方程的研究有一个飞跃时期，在这个飞跃时期里，周先生是参加者，而且是中国偏微分方程学科的引路人之一。
>
> 大家知道，非线性偏微分方程最重要的两个研究方法，一个是把非线性偏微分方程的解看成映射的不动点，一个是把非线性偏微分方程看成一个离散形式解的逼近。不动点研究，周先生有一套方法，周先生把这套方法发展了，而且写进了这本讲义，系统地阐述了这个方法，这在当时世界上是独创的。
>
> 第二个重要方法，是把非线性偏微分方程看成一个离散解的逼近，周先生的副博士论文就是用了这种研究方法，他用切片法去处理抛物型方程，这是他的创造。
>
> 正是他把非线性偏微分方程最主要的方法、框架引入了国内，使我们这一代人得以成长，并在他的指导下，取得了一些发展。周先生功不可没。说他是国内非线性偏微分方程的奠基者、开拓者，这本讲义就是明证。
>
> 我想，中国的非线性偏微分方程研究要有一个里程碑的话，一个很重要的标志就是我们有了自己的教材。而这个教材在当时的世界上是绝无仅有的，表明我们站在了非线性椭圆型方程、抛物型方程整个学科领域的前沿。这本讲义就是一个里程碑。表明中国的数学家在1959年的时候，已经将非线性偏微分

图8-1 姜礼尚先生展示他珍藏的讲义原稿（2015年3月）

图 8-2 讲义原稿

程研究发展到了世界一流的高度。①

这本讲义当时交给北大印刷厂铅印。段学复先生非常希望能够正式出版，但是周毓麟突然离开北京大学，又逢连番政治运动，这本讲义的出版遂成泡影。

在政治运动间歇的紧张工作

周毓麟所言的"幸福时期"，实则是极左风气之下、让人喘不过气的紧张时期。

1957 年上半年开始的"反右"运动，1958 年到 1960 年的"大跃进"，

---

① 姜礼尚：我的领路人。见：北京应用物理与计算数学研究所编，《周毓麟院士八十华诞庆贺文集》，2003 年。

第八章　重归燕园　125

政治运动一个连着一个，不管是学生还是老师，大部分时间是在搞运动。周毓麟和他的弟子们的研究工作，只能在政治运动间歇进行。

北京大学向来以思想活跃著称，"反右"和"大跃进"都进行得如火如荼，数力系划了72个右派，仅五四级就划了48个。

刚回国时，周毓麟就很清楚自己的家庭成分和个人经历不够"革命"，又面临党员转正问题，于是老老实实、按部就班地参加学习和思想教育。这一时期，他写了很多思想汇报和交代材料。曾经有一位堂兄周德全，在大沽路166号与周毓麟全家同住了一段时间，1949年初，周德全去美国读医学，与周家断了联系。但与堂兄周德全的关系，他反复交代了多次。

"大跃进"开始以后，学校的师生一方面要接受思想改造，一方面要改造学科。周毓麟所在的微分方程教研室就遇到了一件事。有学生提出来：什么双曲型、椭圆型、抛物型，偏微分方程跟生产实际到底有没有关系？我们学这些东西有什么用？

学生们群情汹汹去找教研室主任，教研室主任说让周毓麟去解释。他没办法，就去和学生座谈。

他也动脑筋怎么说服学生，就给学生们举波动方程的例子：信号传播的时候是沿特征线方向传播的，换句话说，信号出来，什么地方能够听到声音，就是它的特征线，这是二维，三维和二维的情况不一样，三维情况下，波沿着特征线方向传播，只走锥[①]的方向。

周毓麟说：声音传播速度是每秒340米，在常温常压下，亚音速飞机飞过去，你能听见声音，或者离得比较近的时候就能听见。而超音速飞机一下子飞过去老远你才听得见声音，因为飞机速度比声音传播速度快。

这个例子一举，学生觉得还有点说服力，看来偏微分方程还是有用的，也就没有接着搞批判。

把学生们打发走了，周毓麟松了口气。不过他也在思考，学生们学了偏微分方程应该怎么用？政治上提出要求，要教育科研生产三结合，怎么个结合法？

---

① 锥：时空里面的锥。这里的二维指时间及一维空间，这里的三维指时间及二维空间，而锥就是这个时空二维中的锥体。

校园内，极左的政治气氛越来越浓厚，教研室也建连队，连队下面设排。周毓麟当上了连长，指导员是一个研究生。为了结合实际，连队找了两个课题：一个是用差分方法做天气预报的计算，姜礼尚、叶其孝都参加进来。另一个是算飞机飞行时机翼受压的情况，黄敦带着一帮子人算这个题。有一次，航空专家陆士嘉前来参观，她当时对黄敦他们的工作大加赞赏，说没想到机翼的压力问题也能够这么计算。

算天气预报的工作一波三折。说是计算天气，实则就是预测降水，他们设计了一套方案，用手摇计算机算。很快就因为计算量太大，手摇计算机没法算下去，那就要想法子解决。北京大学物理系在中关村有一个很大的风洞实验室，配备有一台电动计算机，晚上的时段机器是空闲的，他们就编程序，把一部分工作放到那里去做。

从气象台拿来降水记录，学生们把星期一和星期天降水的初值和边值算出来，算出来后结果好极了，和传统的预报结果很吻合，这就算是成功了，大家敲锣打鼓去报喜，高兴得不得了。

过了一段时间，有人去检查，发现计算中错了一个符号，那么又重新算。但是没想到，重新算的结果就不对了。查来查去查不出原因，那可咋办？算来算去解决不了，拖了一段时间就不了了之。

但是通过这件事，周毓麟察觉到，计算出问题的话，根子在模型，很可能就是模型出了问题，要衡量一个模型的好与不好，就要看算出来的解是否近似得比较好。

随着运动的开展，教育生产科研三结合的要求越来越高。系党总支的领导表示，应该再革命一点，下到一线去，到实际部门去结合，这叫作"开门办学"。

于是教研室把队伍派到石油部门，找专家来座谈。学生问：偏微分方程对开采石油有用处吗？专家说：有用啊，石油的参数随油压高低往前走，油压一大梯度越大，流得越快，导数等于零的时候退化。学生们说：那太好了，我们帮你们算！不料石油专家的态度很冷淡，说谁愿意算谁去算。大概石油部门也没什么需求。于是学生们碰了一鼻子灰回来。

那时大多数的结合都类似这样。叶其孝和同学们去了北京的水利电力科学院要帮助人家解决问题，水利电力科学院的工程师根本就不相信这批学生，叶其孝说是"死乞白咧地问人家要"，总算得到了一个算水坝应用的问题。其实这个问题很简单，就是差分的计算。学生们很起劲，四个人一组，打算盘。"大跃进"时期，为了早日实现共产主义，号召加班加点干活，学生们都不睡觉，结果严重影响工作效率，一个组里几个人打算盘打出来的结果都不一样，没法进行下去了，后来水利电力科学院的领导给了他们一台电动计算机，才算出正确的结果。

叶其孝等一年级的研究生和北大数力系部分师生还去湖北省蒲圻（今赤壁市）实习，要在渌水三峡实验坝开门办学。学生们热情洋溢，在一块空地上就动手准备砌大坝。什么实验设备都没有，其实根本没办法开展工作，比如渗流方程里有一个相当于热传导系数的达西定律系数，怎么测定达西定律系数呢？学生们想得简单，在地上挖一个洞，然后灌水泥浆进去就行了，幸好有专家叫停，告诉他们这项工作必须在实验室里，利用非常精密的仪器设备才能做出来。

诸如此类的笑话闹了不少。但是也有好处，首先是从反面认识到这样做不行，另外是与许多来接受"思想改造"的大专家、工程技术人员一起工作，耳濡目染，增进了见识。叶其孝等学生因此认识到做工程技术问题光凭热情是不够的，要尊重科学、脚踏实地，来不得半点马虎。

比较成功的结合也有，比如"文化大革命"中姜礼尚参与的石油开发；还有姜礼尚、吴兰成、叶其孝等和实习单位的研究人员合作在葛洲坝二江船闸的设计中，从建模开始建立非线性偏微分方程组模型，用有限元方法编程计算，用国内外数据检验结果的正确性，教会工程研究人员使用、修改程序，最终用于真正的设计。他们参与了这些实际的项目，进一步理解到数学怎么和社会结合，怎么为工业生产经济建设服务。

虽然是政治运动的驱动，但是学生们要去搞理论联系实际，周毓麟是非常支持的。他心中始终有个念头：数学要有用，数学是从生活实际中来的，终归要指导生活实际。不管政治运动如何，源于自己内心朴素的诉求也在促使他思考怎么让数学结合实际。

但他也认为，结合实际不能用太左太激进的方式，理论联系实际要搞得比较深入，必须具备扎实的基本功，所以不能放弃理论学习，而且一定要把基本理论学扎实了，才能使实际工作做得更加有水平。

他反复强调这个观点，学生们也都非常认同。所以当时一边"开门办学"、搞理论联系实际，理论课还是照常学，讨论班的讨论还是照常进行。

1959年下半年，"大跃进"的浮夸风和共产风越刮越厉害，为了赶英超美，北京大学提出要三年建成共产主义大学。任务下到各个系，各系也要提目标，数力系就提出两年建成共产主义，各教研室就要一年建成共产主义。目标提是提了，可怎么建成共产主义？共产主义教研室的标准是什么？系总支要各教研室分别开会讨论。

大家觉得，数力系里能够制定具体目标的就两个教研室，一个是微分方程教研室，一个是概率论教研室。系里发动大家"提高觉悟"，江泽涵所在的拓扑学教研室的讨论结果就是：拓扑学要联系偏微分方程，偏微分方程到了共产主义，我们也就共产主义了。而概率论教研室也讨论得出：偏微分方程怎么搞，概率论就怎么搞。

大家都看微分方程教研室如何实现共产主义，书呆子的周毓麟这时灵机一动，出了个主意：研究高速飞行器的头部激波。超声速气流吹过飞机头部时，在头部附近有明显的扰动，流场变化很大，存在复杂的波系结构，有激波，有间断。流场特征只与机体头部结构有关，跟边界条件没有关系。机体激波后有一个亚音速区；激波是超音速，一过激波就是亚音速，这当中有一个退化线，活动边界，又是间断，又是非线性方程组。周毓麟说，要能解决这个问题，我们的水平就是共产主义了。

过两天系总支开大会讨论，居然就把这个共产主义目标给通过了。

在1958年底到1959年初，政治运动相对缓和，周毓麟参加了一些重要的学术交流。中科院的吴新谋先生邀请苏联数学家比察捷来华访问，周毓麟在莫斯科大学时就认识比察捷，吴新谋先生请他来当翻译，周毓麟欣然答应，和比察捷的交流很顺畅，比察捷对这次来访也很满意。

后来，北京大学邀请苏联著名流体力学专家格里高利杨（Григорян，Самвел Самвелович）来访问，报告题目是高温高压下的流体力学，主要讲量纲分析。黄敦担任翻译。周毓麟听报告听得很带劲。他想起奥列伊尼

第八章　重归燕园

克因为担心他基础薄弱完不成学业,本来她的研究生都应该念流体力学的,为周毓麟考虑就没让他开这门课,但平时讨论问题时也会谈到流体力学问题,有一次讨论导弹飞行的时候,空气摩擦温度升高的问题,就是抛物型偏微分方程活动边界问题。

周毓麟听专家讲量纲分析,虽然他没念过流体力学,但发现量纲分析非常有用,只要满足量纲分析的条件,就能给出简洁的自相似解,有助于深入理解流动规律。

他听课听得很高兴,笔记也记得好。这次讲座对他今后参加国家重大国防科研工作产生了重大影响。

狂暴的政治运动与瞎指挥也让周毓麟吃够了苦头。教员们经常要开展政治学习和思想整顿,不能保证正常的上下班时间。周毓麟在莫斯科大学养成的严谨有规律的生活和学习习惯无法坚持,效率笔记也没法记了。不但工作时间得不到保障,休息时间也经常被挤占。有一次突然通知开会,大家都不能下班,这个会一直开到半夜十二点才散。回到家也没法看书,累得倒头就睡。

在高度紧张和长期疲惫的打击下,周毓麟胃部出现了时强时弱的烧灼感和疼痛。他的胃一直不太好,周毓麟硬撑着不去看病,却在暑假上海探亲过程中病倒了。上海的医生让他住院做手术,他问医生住院要住多长时间,医生估算要两个月,他说:那可不行,住两个月的医院,单位肯定不同意啊!

于是,他又忍着病痛回京。症状稍有缓解,他就觉得没啥事了,该忙的继续忙。可是,胃部的疾病终究为他的健康埋下了隐患。

第九章
献身核武器研究

重大转折的一天

1960年5月4日,普通的一天,结束了上午教学任务的周毓麟,刚走出教室,迎面碰到系总支书记。那时,教员的相互称呼遵循旧礼,互称"某公"。书记客气地尊称他为"周公",说:周公,你来,有件事通知你,要调动你的工作。

周毓麟当时以为系里对他的工作安排有变动,他回忆道:

> 我以为系里有别的工作安排,或者是要调整教研室的人。结果书记说:是调你的工作单位,要调离北京大学,去参加一项重要的国防工作。我说:没问题,党叫干啥就干啥。书记接着又说:这项工作很重要,也很光荣,是中央下达的任务,当然也会很艰巨,很辛苦,会

经常加班，而且因为从事的是保密工作，今后可能还要去三线。①

听了书记说了这么一通，我就说：我知道了，还有别的什么没有？没有的话，我要去找徐明月，要离开北大了，我得告诉她一声。——我在系里和别人说话向来就是这么直来直去的。书记就说：没别的话了，你记得下午两点去二机部报到。那我就赶紧走了，我还得赶公交车呢！

他坐 31 路公交车赶到位于西直门的北京电力学校，妻子徐明月还未下课，他透过教室后面的窗户看妻子。徐明月那时已经怀孕八个月，挺着大肚子。周毓麟此时已 36 岁，徐明月 34 岁，他们夫妻和上海的亲人们都在兴奋地盼望着这个姗姗来迟的宝贝。

徐明月上完课，走出教室，奇怪地问：你怎么来了？

周毓麟说：咱们找个地方吃饭，一边吃一边说。

他把妻子带到莫斯科餐厅。那时，莫斯科餐厅是北京城最高档的餐厅之一，离西直门也不远。他一边吃饭，一边告诉妻子自己调动工作的事情，说自己可能要改行，要从事保密程度很高的国防研究，以后恐怕照顾不了家呢。

温柔贤惠的徐明月没有提出任何异议，更没有表达一丝一毫的不满和犹疑。

在餐厅坐了一会儿，他低头看手表，时间差不多了，就把妻子送回学校，自己赶往三里河的二机部报到。

在二机部，他被告知新的工作单位是九所。这个九所具体从事什么工作，并没有人告诉他。部里一位人事处长带他去新单位。两个人还是坐公交车，坐到海淀区花园路下车，又步行了一段路，进了一个没挂牌子的院子。②

先找九所的人事处长，处长热情接待周毓麟，谈了一通国防任务很艰巨、保密工作很重要的话，然后安排他去找党委副书记郭英会。郭英会也谈了工作重要、要加强保密观念的话。讲了半天，他不知道到底来这儿是

---

① 周毓麟访谈，北京，2014 年 12 月。资料存于采集工程数据库。
② 二机部九所，中国工程物理研究院前身。

干啥的。

郭英会让他去见一室主任邓稼先。邓稼先是位身材高大、笑容满面、和和气气的知识分子，一点没有领导的架子，喊他"老周"，也让周毓麟称呼他"老邓"。老邓也讲了一大通国防工作的重要性和紧迫性，讲得周毓麟更加云里雾里，老邓却笑嘻嘻地安慰他：别急别急，先去数学组，熟悉熟悉环境。数学组的组长是龚静芳，后来周毓麟才知道她就是莫斯科大学的老熟人李德元的夫人。

结束了这平凡而又忙乱的一天，周毓麟还不知道国家要安排他干什么新工作。

割舍和牺牲

随后的一段时间里，他按照邓稼先等人的安排开展学习和调研。他发现，来自各地高校和科研院所的各行各业的专家和技术人员正源源不断地前来报到，而且从别人的叙述中，他慢慢地了解了一些重要的信息。

在周毓麟到九所之前，二机部宋任穷部长和刘杰副部长刚刚来过九所视察。在状态方程组办公室，宋部长听说一位年轻的大学毕业生是学空气动力学专业的，就鼓励大家说：空气动力学好啊！别人（苏联）给我们气受，我们就是要把这股气化作动力，把事业搞成功！

这是我国核武器发展史上最著名的动员之一，背景是1959年6月苏联单方面撕毁《新技术协定》，拒绝向中方提供原子弹设计图纸、模型和技术支持，中央决定依靠自己的力量，自力更生研制原子弹。我国第一颗原子弹的代号就是"596"。

这段故事，由状态方程组组长胡思得、傅樱等亲历者多次讲述。加之来了后不久，部领导到九所召集技术骨干开了一个"交底会"，周毓麟终于明白，九所原来是搞核武器的，"事业"就是指原子弹。

1960年6月19日，周毓麟的独生女儿周凤明出生。这是一个粉嫩漂亮的女婴，是周毓麟、徐明月爱不释手的掌上明珠。

一到九所，周毓麟的工作立即繁忙起来，果真开始了日夜连轴的加班。突然间，他遗憾地发现，并没有多少时间抱心爱的女儿了。

那时，原子弹理论突破遇到了拦路虎，中央从全国各高校和科研院所调集了一大批专家和技术人员参与到原子弹研制工作中。九所向二机部提出了108个人的调动指标，最终有包括周毓麟在内的105人服从了国家命令。这批无怨无悔献身国防事业的前辈科学家中，包括王淦昌、陈能宽、程开甲、彭桓武、黄祖洽等一批已经成名的大家，后期更有周光召、于敏等人陆续加入。他们以及一大批默默无闻的科研人员、技术专家、工人、解放军指战员，作出了义无反顾的牺牲和卓越的奉献，成就了我国原子弹、氢弹的辉煌突破。

为充实数学工作的力量，九所还从中科院数学所调来了秦元勋、孙和生，从北京大学调来江泽培。孙和生比周毓麟还早几天报到。周毓麟来九所正式上班第一天，找不到数学组组长龚静芳，一问，才知道李德元当天从苏联回到北京，龚静芳接他去了。就这样，周毓麟、李德元、孙和生、江泽培，莫斯科大学时的好朋友在九所汇集，当年在莫斯科大学认识的本科生李维新、水鸿寿等也参加到九所工作。

在征调周毓麟等人的同时，九所也物色了一位知名数学家，征求他的意见时，这位数学家拒绝了，并且说了一句：那可是一大堆的方程啊。核武器理论研究中的数学工作显然是为了解决工具和方法问题，承担的工作量巨大可观，难度也不言而喻，要参加到这项工作中来，是不折不扣的专业牺牲。

李德元先生曾在一次采访中对此做出解释：

> 我和周毓麟都是做微分方程理论研究的，但是到了九所后，却让我们搞数值计算解，完全两码事，完全是从头学起，等于又转了个方向。

李德元先生深深记得刚参加九所工作时发生的一桩令他们哭笑不得的往事：

周毓麟、孙和生和我，让我们三个人做计算，我们就利用差分格式把微分方程离散转换成差分方程，然后放到计算机上去算，结果很奇怪，算出来的是振荡的，这个结果当然不能用啦。我们三个人想不通，那时候也缺少书和参考资料。正好郭永怀过来，他是力学家，在美国工作多年，很有经验了，他就说：我听说计算数学中有个稳定性问题。这个提醒可太及时了，我们考虑了稳定性条件，就把问题解决了。后来我们查书，稳定性问题是很基础的概念啊。这件事说明，我们三个人，刚到九所时，对计算数学真是从头学起的。[①]

江泽培是搞概率论的，研究工作做得非常出色，来九所之前已经担任北大数力系概率论教研室主任。把他调到九所来，就是为了做蒙特卡洛方法，他也是花了很多时间和很大精力来做专业上的调整。

最关键的是，从事国防保密程度这么高的工作，必然要隐姓埋名，中断已有成就的研究工作。周毓麟在随后近二十年的时间里，在一名科研人员最富于激情和创造力的岁月里，再没有公开发表一篇新论文。

忠孝不能两全。除了放弃自己心爱的研究工作，参与核武器研制的这一批前辈真正做到了抛小家、为大家。因为保密的缘故，他们对家人、老师、学生、好友从不谈工作，守口如瓶，甚至断绝音信。王淦昌化名"王京"，就此在学界销声匿迹，有人问他夫人王淦昌到哪里去了，王淦昌夫人苦笑说：到邮箱里去了——对外联系只有一个冷冰冰的邮箱地址。陈能宽为了不被有心人打听出核武器研制的蛛丝马迹，多年未回家乡，和亲友之间因为通信极少还发生了一些误会。还有许多工程技术人员，国家一声令下，毫不犹豫离开北京上海等大城市，割舍亲情，辗转青藏高原、西部沙漠、四川山区，在简陋的工作条件和艰苦的自然条件下坚持工作，牺牲自己的健康、家庭和子女教育。

徐明月无条件地支持丈夫，不但自己从不打听九所的情况，她对女儿也同样要求，周凤明一直到上初中了，还不清楚父亲是做什么工作的。

[①] 李德元接受《北京日报》记者访谈，2017年11月13日，北京。

周毓麟和自己心爱的弟子也猝然失去了联系。初到九所报到时，他还惦记着专门化班那批学生，研究生要写论文，进修教师也有培养计划，他中途走了，计划还得进行下去，怎么办？他去和九所人事处长商量：是不是给一段时间把北大的事情给交代一下。人事处长说：好吧，给一星期，这一星期你回原单位把工作给交接一下。

周毓麟觉得很无奈：雷厉风行的，只给一个星期，能交代个啥？怎么交代？

他先去找系主任程民德谈了谈，又去找教研室学术秘书肖树铁，他对肖树铁说：这一批偏微分方程专门化班的学生，现在都"不老实"了！——"不老实"是指学生们都开始写文章了。周毓麟跟肖树铁说：学生们写出的文章都会有很高水平的，因为大家经常作报告，对读过的文献都有见解，甚至文章有错误也能找出来，水平都大大提高了。

他嘱咐肖树铁：明年就要开全国微分方程会议，要鼓励他们，让他们写文章，并且出一份铅印的论文集。

当时周毓麟已经觉察出自己讨论班上学生做出的工作都称得上一流，都已经达到在杂志上发表的水平，所以他要肖树铁给策划出一本铅印文集。

一年以后，第二届全国微分方程会议上，北京大学真的拿出了一本论文集，一百多页的文集中，有将近一半是偏微分方程的文章，姜礼尚还担任论文集的副主编。

关于这次全国微分方程会议，九所的同事李维新记得一件事：就在会议召开前，主办方突然发现有两名重要学者"隐身"了，一位是周毓麟，一位是秦元勋，于是点名要求这两位必须参会，招呼打到了二机部，态度很坚决，二机部也就只好同意。于是，周毓麟和秦元勋两人匆匆忙忙赴会。

在会上，周毓麟看见刊登了自己学生研究成果的论文集，大感欣慰。

离开北大，周毓麟最放不下的是几位研究生的培养。就这件事情，程民德也跟他商量：是不是每周六回北大一趟，把几个研究生带出来？周毓麟当然对此也有考虑，他去找邓稼先，邓稼先有点犹豫，说工作恐怕没法安排开，后来果真是忙得不可开交。于是，再不舍，也只有放下。

周毓麟在北京大学就招收了四名研究生，姜礼尚和任朝佐正在做毕业论文，叶其孝和黄乘规在读一年级。在叶其孝看来，周先生突然一下子就不见了，师兄弟们都不知道先生到哪里去了，后来慢慢听说是去参加保密工作，这些弟子也都不敢去打扰老师。老师调走了，只好由系里安排其他人来带他们。

程民德后来还找过周毓麟，商量着要开一个座谈会，找数学系的老师或教研室的学生一起来讨论，主题就是为什么偏微分方程专门化班培养的学生进步快。周毓麟表示，先得请示汇报一下，问问所里同意不同意。

自从周毓麟调到九所，程民德就觉得和他打交道再无以前的痛快利落。听到周毓麟这番关于请示的话，程民德不耐烦了：开个座谈会有什么不得了的，要推脱来推脱去？周毓麟只好说我去我去，但是请示汇报是单位的规定，必须要走这一道程序。程民德也无可奈何。

于是，慢慢的，不但学生，连数学界的学者和北大的老师们也和周毓麟减少了来往。

难忘"九次计算"

1960年夏天开始的九次计算是我国原子弹研制史上最为艰难也是最为光辉的篇章之一。

在之前的1958—1960年，邓稼先已经率领理论设计人员进行了两年的理论准备，在获得了关于爆炸力学、中子输运、核反应动力学和高温高压下的材料物性方面的大量数据后，准备进行第一颗原子弹的理论设计。科研人员开始用特征线法进行总体力学计算。

但是，有一个数据与之前苏联专家无意中透露的数据对不上，为此，科研人员反复进行验算，验算一共进行了九次，史称"九次计算"。

据二机部宋任穷部长回忆，这个引起极大困扰的数据是这样来的：

1958年6、7月间，苏联派了三个搞核武器的专家来华考察和工作。先到青海看了核武器研制基地厂址，7月15日回到北京做了一个小范围的报告，从教学的角度讲了原子弹的一般原理和大体结构。①

　　这次报告对中国的原子弹研制初期工作是有益的，起到了一定的引路作用。可是他们讲的，毕竟只是一种教学概念，不是工程设计，在这次报告中，这个错误的数据就此出现。②

　　中苏《国防新技术协定》带来的蜜月很短，而且就是在蜜月时期，苏联对原子弹等高度机密的国防技术也是吞吞吐吐，欲言又止，中国的科研人员从苏联专家处得到的有用信息极其有限。③到1959年6月，苏共中央突然给中共中央来信，称苏联正在同美、英等国进行停止核试验的谈判，不能向中国提供原先承诺的原子弹教学模型和图纸资料。这封信，对正在举全国之力建设国防工业的新中国来说，无异于苏联单方面撕毁了协议。紧接着，1960年，苏联撤走了援助核工业系统的233名专家，刚刚起步的中国核武器研制事业面临重大转折和严峻挑战。

　　据说，有苏联专家在临走时说："离开苏联的帮助，中国核技术将处于

---

① 朱建士：突破原子弹的艰辛历程。见：北京应用物理与计算数学研究所编，《峥嵘岁月》，2014年，内部出版。

② 这三位专家是叶夫根尼·涅金（组长），加夫利洛夫（实验物理学家）和马斯洛夫（装配厂总工程师）。听报告的有宋任穷、刘杰、袁成隆、钱三强、吴际霖、郭英会等几位部、局领导，翻译是朱少华和陈中。1996年10月，涅金在俄罗斯《结论》杂志上曾发表文章谈起这件事，他说：来中国之前苏联中型机械工业部一位负责这次派遣工作的局长尼古拉·巴夫洛夫对他说，与中国的关系非常好，可以告诉他们核武器的秘密。他说："他们想造原子弹，我们应该告诉他们原子弹是如何造的。"文章中说："苏联方面还决定让中国人了解1951年试验的原子弹的制造过程。1949年爆炸的苏联第一颗原子弹在苏联人看来已经是过时了。但苏联领导人也不允许专家将更先进的制造原子弹的方案告诉中国人。"摘自郑绍唐著《一段值得回忆的历史——我国早期核武器研制史》。

③ 从1953年1月到1956年8月，中苏两国政府在核领域共签订了四个协定，苏联在中国的铀矿勘探、核科学技术研究和核工业建设方面提供援助。1957年10月15日，中苏签订《关于生产新式武器和军事技术装备以及在中国建立综合性原子能工业的协定》（简称《国防新技术协定》）。协定规定，为援助中国研制原子弹，苏联将向中国提供原子弹教学模型和图纸资料。20世纪90年代解密的俄罗斯档案表明赫鲁晓夫下令向中国提供核技术时，曾排除了军方的强烈反对。实际上在协定签署之前，中苏两党在意识形态方面的分歧已经造成日益激化的矛盾和冲突，1958年，因中方拒绝建立联合舰队和长波电台，两国关系更趋恶化。

真空状态，估计再过 20 年你们也搞不出原子弹。"

在 20 世纪中叶，曾经遭受西方欺压一百年、饱经战火、甚至濒于亡国灭种边缘又绝地重生的中国人，刚刚在朝鲜战场上张扬了自己的民族意志和胜利信心，虽筚路蓝缕，却也意志高涨、信心倍增。一百年来的悲惨遭遇使得中国人对西方的怀疑、轻视的态度极为敏感，这位苏联专家不加掩饰的口吻，激发了核武器研制集体的强烈反响，一定要为中华民族争气！一定要靠自己的力量把原子弹造出来！第一颗原子弹代号是"596"，在九所人心中和口中，第一颗原子弹也叫"争气弹"。

中国人被迫走上了自力更生、独立自主的研制道路，原子弹的研究也基本上等同于从零开始。九次计算开始时，科研人员的计算工具十分简陋，只有计算尺和四台半自动的机械计算机。最早一批开始流体力学计算的是一批刚毕业不久的大学生，三个学力学、三个学数学的，以及一些科辅人员。

朱建士就是当年力学专业的大学生之一，他全程参与九次计算，并撰文详尽记叙了这一重要历史事件：

> 经过二十多天的奋战，取得了第一次计算结果，由于缺乏经验，差分网格取大了，没有体现出几何形状的特点，但从中却发现了一些新的物理现象。大家分析后认为这些新问题的出现是合理的，进而提出了三种解决方法，为此又进行了三次。三次计算所得结果十分接近，但其中一个很重要的数据却和 1958 年 7 月苏联专家说的不符合。经过反复验证和讨论，又提出了三个重要的物理因素，建立了三个数学模型，进行第五、六、七次的计算，其结果和前三次的结果一样，这就促使我们对苏联专家的那个数据产生了疑问，但大家又不能轻易否定它。
>
> 这时搞爆轰物理状态方程的科技人员提供了高低两套重要数据，大家选出一个最佳的数学模型又不厌其烦地进行了八九次计算，结果仍然一样。1961 年中，年轻的物理学家周光召回国后调到理论部任第一副主任，他仔细分析了九次计算的结果，运用炸药能量最大功原理，从理论上证明苏联数据不可能，证明我们用特征线法作的九次计

算的结果是正确的。①

九次计算历时半年多,为集中力量,邓稼先将中子物理组的人员充实到力学组中,把人员分为三组,每组工作八小时,一天三班倒。计算稿纸一麻袋一麻袋地堆满了房间。在艰苦的工作中,科研人员逐渐摸清了原子弹爆炸物理过程的诸多环节,并发现了一些重要规律。从而为第一颗原子弹理论设计奠定了坚实的基础,也为武器设计培养和锻炼了人才。

在计算的同时,理论部召开了大量技术研讨会。九次计算中出现的种种问题都及时地拿到会上进行"会诊",会诊的专家除了理论部的之外,还有朱光亚、王淦昌、程开甲、陈能宽等实验部领导。

这些研讨会当时被称为"鸣放会",不论大专家还是大学生,人人都可以参加,人人都可以发言提出自己的意见。会上,往往是专家们先对力学组年轻人的工作提意见、"挑刺",朱建士等年轻人就据理力争。这些大

图9-1 大型油画《当代英雄》(场景再现第一颗原子弹理论突破时期民主讨论的情形,画面上人们围桌辩论。主要人物左起:周毓麟、邓稼先、彭桓武、周光召、程开甲、朱光亚、郭永怀、秦元勋。原作存于北京应用物理与计算数学研究所)

① 朱建士:突破原子弹的艰辛历程。见:北京应用物理与计算数学研究所编,《峥嵘岁月》,2014年,内部出版。

专家也总是鼓励年轻人谈出自己的看法，从不同的意见中汲取每一点有价值的东西，彭桓武就特别喜爱和鼓励有想法的年轻大学生发表意见。

鸣放会上的气氛十分热烈，大专家们以身作则，争论中经常激烈交锋，面红耳赤。人们虽然在会上你来我往、针锋相对，会下依旧感情融洽、有说有笑。

在一次次争论中，科研工作艰难但坚定地一步步推进，对原子弹爆炸全物理过程的图像也逐步清晰，对原子弹核反应基本规律的全面认识也进一步提升，独具九所特色的科学求实、学术民主精神也悄然诞生。

人为粘性消去法

在缺乏现代高性能大型计算机的情况下，要处理原子弹爆炸这样运动过程复杂的物理图像，需要物理工作者和数学工作者的相互配合，物理工作者给出粗估，数学工作者来做精确计算。

作为理论部数学工作的指导者和组织者之一，周毓麟首先着力解决原子弹爆轰过程的一维精确计算问题。

九次计算中使用的特征线方法是个很好的方法，优点是物理图像比较清晰，但它有一个缺点，就是要对波系不停地追踪：运动全过程中有很多波在传播，包括呈现连续特征的压缩波和稀疏波，以及呈现间断特征的激波，波系之间存在复杂的相互作用；连续波可用特征线方法进行计算，但激波所到之处都要针对间断做另外的特殊处理。如果知道激波的走向，处理起来还比较好办，但是像原子弹这样结构和运动过程都十分复杂的情况，激波波阵面无法预先确定，间断的计算处理起来就不好办。

人们那时候知道苏联有特征线方法的计算程序，但是他们很快就发现，不可能用特征线法来完整计算内爆动力学全过程。因为特征线方法的特殊性，在计算上不得不将计算区域分成一块一块的，各块计算后再汇总起来编制总体计算程序。理论部有一位负责编程序的科研人员叫徐国荣，是从中科院计算所调来的，业务能力很强，邓稼先常常夸赞他工作起来"就像在弹钢琴"。但是徐国荣一看到特征线方法的计算情况，就表示编程难度太大，因为块数既多且复杂，各有各的情况，冲击波一进去，反射、碰撞、又反射，这样复杂的情形，计算上的存储量大得不得了，根本没法用在电子计算机上。

那怎么办？周毓麟首先就想到了差分方法，但是他也有顾虑：

> 当前的计算不能向前推进了，才想起要用差分。但是用特征线方法算，放心，用差分算的话，总觉得不踏实。①

不但内爆动力学过程的计算遇到困难，秦元勋领导的中子输运计算也遇到了困难。暴露出来的问题，对科研工作提出了要求：要进一步完善计算方法的研究。

在详细分析了特征线方法和程序编制的特点后，经部党委研究决定，由周毓麟带领计算组的徐国荣、水鸿寿、杜明笙、龚静芳、黄启晋和朱子楠等人，集中力量调研、学习和探索新的流体力学计算方法。

当时理论部主要研究三类方程，一类是流体动力学方程，一类是辐射扩散方程；一类是中子输运方程。而其中最难的是流体动力学方程，难就难在它有间断。一旦有间断，差分就没办法了，这是与其他辐射、输运方程很不一样的。

1960年底，周毓麟等人展开了广泛的调研。面对前所未知的领域，周毓麟在回忆这段工作时，形容是"形势所迫，责任很重，心气十足"：

> 要做、要学的东西很多，学习和工作一刻也不能停留。每天早晨八点准时上班，末班车回家，仍要工作到十二点再上床休息。数学、计算、物理、力学、计算机等方面的知识涌进脑海，而且是些前沿的、深刻的、实用的知识。自身知识结构、研究范围与能力的改变也很大。

---

① 周毓麟访谈，2014年12月，北京。资料存于采集工程数据库。

当时美国人的一些计算方法是公开的，周毓麟找到了一些资料，其中有一本书，R·D·里奇特迈尔的《初值问题的差分方法》，这本书总结了美国研究原子弹时的计算方法，介绍了机器计算处理冲击波的问题，还有关于中子的计算，很有参考价值。

通过调研，周毓麟选中了冯·诺依曼（Von Neumann）方法，这个方法的关键是增加一个人为粘性项，把间断面化为有限宽度的连续区，在计算中无须对间断面作特殊处理，整个计算可用统一的办法处理，这样，计算程序的编制就相对方便得多，并且，采用这种方法，原则上对各种物理图像复杂的模型都能够计算。

他组织大家一起来学习，并且做了一个报告：计算冲击波，解是有间断的，机器不能算，那怎么办？可以用人为粘性消去法，加上一个系数，变成抛物型方程，抛物型方程就有连续性，是有光滑解的。

这个方法也是奥列伊尼克学派最擅长的方法之一。周毓麟大力主张采用此方法，加上一个二阶微商项，这个项前面有一个小的系数，又不至于影响整个解的性质，又使得解光滑，这样就能解决计算问题。

当时有研究人员提出另外的想法，使用戈德洛夫方法，采用分片常数来求精确解。

因为时间和人员有限，两个方法不可能同时开展，只能选出一个，集中力量攻克难关。两个意见，到底选用哪一个，双方各执一词，相持不下。最后争论交到彭桓武那里。彭桓武是大物理学家，也是核武器理论研究的带头人，他的数学功底极好，经常跟周毓麟讨论包括拓扑问题在内的数学问题。彭先生经过仔细思考分析，充分考虑科研工作现状，确定用人为粘性方法。

计算方法定下来了，周毓麟并未急于立即动手编制总体程序，他指导精确计算组先做了一些打基础的工作。首先用冯·诺依曼方法计算了有严格解析解的平面冲击波问题，检验了该方法计算间断解的能力和结果，考察了人为粘性系数与冲击波阵面宽度的关系等，训练了科研人员编制程序和应用电子计算机的能力，培养了大家判断计算结果、绘制图表、分析物理图像等的能力，这些基本工作为后来大规模数值计算工作打下了良好的基础。

1961年秋，周毓麟指导科研人员正式开始了内爆动力学过程的一维总体计算程序的编制工作，怎么把人为粘性系数加到流体方程组里面去，怎么用差分格式，怎么指导程序计算，计算当中会出现什么问题，如何加以指导，都是周毓麟作为一个领导者必须考虑、必须解决的问题。

程序由徐国荣执笔。因为之前的基础工作做得扎实，进展比较顺利，1961年底完成。

程序编好后，先由多人进行了逐条检查，当时叫"静态检查"，确保没有错误后，才把程序拿到计算机上进行调试，叫"动态检查"，调试完成后，对试算结果进行了全面系统的绘图、分析和总结，与特征线方法的结果和九次计算手算结果进行了比较，结果表明：程序编制无误、运行可靠、计算结果都与手算结果很接近，误差只在5%左右。

听到这个消息，还在三班倒、努力跋涉在数据海洋中的朱建士、傅樱等人精神为之一振。

当周光召以他深厚的物理学学养，用最大功原理放倒了原子弹理论研制的拦路虎后，没过多久，计算组的同事无意中发现，在某个时刻的计算机打印纸中，出现了那个耗费了大家多少精力的数据——哦！原来如此，这个数据是在用人为粘性处理激波时，当前面的系数取得不合适的时候，在振荡松弛过程中，偶然出现的波峰值。

因为这个应该被略掉的数据，人们打了一场不屈不挠的攻坚战，奠定了粗估计算的基础，同时也为精确计算提供了范例。

也因为这个数据，有同志就猜想，是不是苏联人故意提供"假"数据，好让我们怎么也得不到正确结果。傅樱就戏言：如果不是故意提供错误数据，那就是专家自己也没搞明白。

无论如何，通过九次计算，中国的科研人员进一步树立了自信心，科研工作继续稳步向前推进。

1963年2月，周毓麟又率领科研小组进行数值模拟计算，再次否定了苏联专家这个数据的可能性。至此，关于此数据之争，经过多方面的工作（理论的、两种不同方法的数值模拟）终于有了结论。

人为粘性消去法，之后一直在核武器物理理论研究相关数值模拟工作中沿用。不仅用于解决氢弹和原子弹领域的数值模拟问题，而且在后面的中子弹、小型化和禁核试以后的数值模拟工作中也是一个很关键的方法。

改革开放后，和国际学术界的交流多起来，中国的科研人员发现，美国、俄罗斯武器研究中的许多工作也是采取人为粘性消去法。当然，戈德洛夫方法也是常用方法之一。这两种方法的具体应用都很多。

组织核武器设计早期数学研究工作

1960年的10月，二机部的局、所机构进行一次较大的调整。李觉担任九局局长，副局长有吴际霖、郭英会；九所所长由李觉兼任，副所长有朱光亚、王淦昌、程开甲、郭永怀、彭桓武、彭非等。

九所一室从事核武器理论研究设计工作，一室的领导成员和组织机构也进行了调整：书记李学鲁、主任邓稼先，周毓麟和何桂莲、秦元勋等人担任副主任，1961年5月，周光召从苏联回来后担任常务副主任。1964年3月，一室又改称理论部。[①]

1961年5月，原子弹内爆动力学过程总体计算程序方案基本完成。当年秋天，周毓麟开始领导内爆动力学过程一维总体计算程序的编制工作。同年10月，为提高科研人员的科学研究水平，他与彭桓武、周光召、邓稼先、秦元勋等人做了系列报告，向科研人员讲授科学研究方法和基础知识。

1961年底，内爆动力学过程一维总体计算程序正式提供使用。

1962年起，周毓麟先后组织开展了关于断裂、爆轰波、点爆炸等问题的数值计算方法研究和编程工作。

他构造了模拟断裂过程的有限差分格式，用它计算了局部图像，获得

[①] 此处简述九所行政沿革：1958年二机部九所成立，为我国唯一的核武器研制和生产单位，1964以后改称九院，1985年，对外使用"中国工程物理研究院"名称，简称中物院。九院和中物院时期的九所，就是理论部，理论部继承了九所这一富于历史意义的名称，是九院（中国工程物理研究院）下属的重要研究所，一直承担理论研究设计任务。

了满意的结果。

在内爆动力学过程总体程序最初的版本中，爆轰波是用周光召给出的近似解析解计算的，1963 年由周毓麟编写和介绍了用人为点火函数起爆的方法，即在炸药的状态方程计算中额外引进一个点火函数，逐步释放能量产生爆轰。这个办法试算成功后就正式编进了总体计算程序中，取代了原先的近似解析解程序。

在总体程序编制完成后，周毓麟进一步仔细思考爆轰过程，对冲击波的结构，冲击波的特性，冲击波是如何传播、如何相互作用的，他进行了深刻的研究和分析。他将自己的深入思考和研究成果写成一本书——《一维非定常流体力学》，这本书对于波的结构、波的特性、波的相互作用，讲得非常清晰。为了深入分析问题，书里还列举了很多具体的算例，为分析提供了重要的依据。这本书最初以讲义的形式印发，成为理论部科研人员重要的参考资料。1980 年正式出版。

原子弹理论掌握后，氢弹突破又提上日程。相比原子弹初期还得到了苏联人一丁点儿"援助"，氢弹可谓是真正的白手起家。为了赶在法国人之前爆炸氢弹，人们夜以继日地加班、研讨、验算。一到夜深，科研楼各个办公室灯火通明，动员科研人员早点回家休息竟然成了支部书记的重要工作。

1963 年，周毓麟领导了二维流体力学计算方法的研究。他带领科研人员认真学习 PIC 方法，随后指导徐国荣编制了九所第一个 PIC 程序。在当时机器内存容量小、运算速度低的条件下，徐国荣编制的程序取得一些定性的结果。在大家共同努力下，设计编制的某些二维程序一直使用到 20 世纪七八十年代。

从 1960 年到 1980 年，在长达二十年的时间里，周毓麟一直主管核武器数值模拟和流体力学方面的研究工作，该领域涉及数学、物理与力学等学科的交叉以及基础与应用的结合，深刻体现了研究工作的综合性、复杂性和集体性。他在研究队伍的组织、数学模型的建立、数值方法的设计以及解决应用中大量数学问题，包括系列计算程序的研制与应用方面，都作出了重大贡献。

涉及原子弹、氢弹的数学理论问题，主要包括流体力学和非线性扩散问题，还有输运问题。三大问题分别是三大类偏微分方程。而论起偏微分方程研究方面的造诣，周毓麟无疑是理论部中最为全面、深厚的人之一。

早在刚进九所的时候，人事部门要求周毓麟填写职工登记表。邓稼先拿着他填好的表来找他，说专业不能填偏微分方程。周毓麟问：我的专业可不就是偏微分方程，不让填这个，那该怎么填？邓稼先说：填爆炸力学。周毓麟奇怪了：爆炸力学我一点也不懂啊。邓稼先说：就填爆炸力学。周毓麟心想：好好好，爆炸力学就爆炸力学，无非就是让我计算爆炸里面的流体力学问题，填什么专业无关紧要，你要什么，我给你算出来就得。

他不由得想起奥列伊尼克为他免去的流体力学课程，终归还是没能免修啊。更想起俄专毕业前选专业时，别人质问他，想学计算数学，那你懂电子计算机吗？这句质问让他选择了微分方程。没想到，到底还是搞计算数学来了，而且不懂电子计算机的他，因为任务需要，还得将专业拓宽至计算机领域。

随着科研工作的深入开展，他对实际问题的认识逐渐深刻。他慢慢地醒悟过来：在莫斯科大学，彼得罗夫斯基、索伯列夫、奥列伊尼克等人搞平衡方程研究，可不就是在做与原子弹理论设计有关的计算？奥列伊尼克讨论班上总讨论流体力学问题，还有那位听了他的论文报告后高兴地说"放心了，我们就这样往下算"的力学院士，以及当他解决了非线性第二边界问题后，奥列伊尼克几次要他做差分方法。许多以前不甚明白的细节联系起来，他明确了一件事情：为了彻底掌握原子弹理论，他必须要深入流体力学计算，成为爆轰力学专家。

郭永怀是理论部公认的力学方面的顶级科学家，有一次人们向他汇报工作，用差分法计算，在某种情况下，产生了负压，他打断报告不解地问道：流体力学怎么会有负压呢？从经典的理论流体力学来看是不可能的，流体应不能承受拉应力。大家一时都愣住了。郭永怀的不解，周毓麟倒很明白，他很从容地解释道：我们采用的是凝聚介质高温高压状态方程，爆炸冲击波后有很强的稀疏波系，强烈的稀疏作用导致物质密度急剧降低，密度低于某一阈值，压力可以视为负数，这也是相关物性和现象的等效处理。郭永怀这才理解。

第九章 献身核武器研究

后来有一次郭永怀感慨，理论部的工作方法和五院的可太不一样了，理论部就是搞计算，五院呢，要设计一件东西，做出二十个拿来实验，二十个中有十八个行，那就是通过了。就是说其他军工研究单位可以做大量的实验来做判断，而搞核武器设计可不行，因此，核武器的理论研究工作的难度极大，分量也极重。

1964年10月，原子弹爆炸成功；1966年12月，氢弹原理试验成功。在原子弹突破、氢弹原理突破之后，核武器理论研制工作又面临更为艰巨繁难的武器化、小型化任务，也因为其保密性质，其攻关之艰难曲折更加不为世人所知。

这段时间，数学方面的主要工作是二维的计算方法和软件。在20世纪六七十年代，计算机条件很差，真正要用二维的方法和软件去计算，不能满足时间步长的要求，所以很难算出什么像样的结果来。周毓麟在这个方面做了很多调研，包括质点网格法。但是这些方法真的要去实现的话，需要大型计算机，需要编出好的二维软件，九所恰在那一段时间遭遇相当困难的处境，计算条件不够。尽管如此，周毓麟还是保持宽广的视野，他这一时期的很多调研极具前瞻性，为今后具备条件再开展大规模高置信度武器物理数值模拟以很重要的启示，为之打下了很好的基础。

他的一位长期合作者，曾任九所科技委主任和副所长的沈隆钧研究员就评价道：

> 数学这方面工作，从偏微分方程到计算方法，包括计算流体力学方程，非线性辐射方程、输运方程等很多方面，他有很丰富、很有价值的思考和做法，他在各种场合都讲过课，我们的工作都受到了周先生很大的影响。他对中子输运一维二维这些东西都很熟悉，很有造诣，而且写了有关的讲义，包括对有些问题的讨论，他后来也做过报告。所以我觉得，对我们研究所来说，论对数学工作全面的影响，从时间的尺度来看，周先生的影响是最大的。[1]

---

[1] 沈隆钧访谈，2014年10月10日，北京。资料存于采集工程数据库。

理论部时期，在周毓麟主管的研究室，科研人员私底下有句玩笑话：跟着老周走，没错的！九所有两位被称为"老周"的领导，一位是周光召，一位是周毓麟，一位领导物理工作，一位领导数学工作，人们对这两位老周都充满信任。

和众多科学家一起工作

原子弹、氢弹原理的突破是我国自然科学领域中的重大成就，也是我国科技自主创新的典范。在长期的共同工作中，周毓麟与众多科学家结下了深厚的友谊。

1982 年国家科委在评选国家自然科学奖时，将九所申报的项目"原子弹氢弹设计原理中的物理力学数学理论问题"评为国家自然科学一等奖，这是九所建所以来获得的唯一一项国家自然科学奖一等奖。由于对获奖项目

图 9-2　和邓稼先在一起

署名作者的人数限制，该项成果的署名作者只有九位。彭桓武先生是第一作者，九所人认为彭先生作为第一作者是当之无愧，众望所归。[①] 其余八位是理论部的业务主任和副主任，邓稼先、周光召、于敏、黄祖洽、周毓麟、秦元勋、江泽培及何桂莲。这八个人也被称为理论部八大主任。

八大主任中，邓稼先、周光召、于敏、黄祖洽是物理学家。

---

① 后来当九所把金质奖章送给彭桓武先生时，彭先生以该项成果是集体功劳为由，坚持将奖章交予九所保存，并提笔写下"集体集体集集体，日新日新日日新"勉励九所同志。

邓稼先最早被领导选中，于 1958 年 8 月从中科院近代物理研究所调入九所一室任主任，后任九院院长，他在工作岗位上积劳成疾，鞠躬尽瘁，于 1986 年病逝。他对核武器事业作出巨大贡献，是核武器研制事业的光荣代表。

周光召在年轻时便显露出卓越才华，他于 1957 年被国家选派赴莫斯科杜布纳联合原子核研究所工作，1961 年 2 月奉召回国，于当年 5 月调入九所任第一副主任。他在九所工作 19 年，曾感慨：在自己人生中最好的年华，有幸和中国最优秀的一批青年在一起工作。①

于敏调入九所时间是八大主任中最晚的。但他在二机部安排下，早在 1960 年就在原子能研究所（401 所）与黄祖洽等人开始了对氢弹理论的预研，原子弹突破后，为加快氢弹研制步伐，1965 年 1 月，于敏领导的 401 所"轻核理论"小组主要成员 31 人合并到九所理论部，于敏任理论部副主任。在 1965 年下半年，于敏和他的研究团队突破了氢弹原理。②

图 9-3 与于敏讨论工作（左起：李德元，于敏，周毓麟）

黄祖洽原在中国原子能研究所（401 所）工作，

---

① 周光召（1929-）湖南长沙人，世界公认的赝矢量流部分守恒定理的奠基人之一、两弹一星功勋奖章获得者。1954 年北京大学理论物理研究生毕业，任北京大学物理系讲师。1957 年被国家选派赴苏联莫斯科杜布纳联合原子核研究所从事高能物理、粒子物理等方面的基础研究工作，任中级研究员。尚未步入"而立"之年，周光召已成果累累，两次获得联合原子核研究所的科研奖金。1961 年 2 月，他奉召回到祖国，5 月调入第二机械工业部第九研究院任理论部第一副主任，进行有关核应用的理论研究。至 1979 年，他先后任九院理论研究所的副所长、所长、第二机械工业部九局总工程师。参加领导了爆炸物理、辐射流力学、高温高压物理、计算力学等研究工作。在中国第一颗原子弹和氢弹的理论设计中作出贡献。1980 年当选为中国科学院学部委员。1984 年 4 月 8 日升任中国科学院副院长。1992 年 4 月当选为中科院学部主席团执行主席。1996 年 6 月在第八次院士大会上当选为中科院学部主席团执行主席。2001 年 6 月当选为第六届中国科协主席。

② 2015 年，于敏先生荣获国家最高科技奖。

1960年底按照二机部安排在九所一室兼职，当时规定，黄祖洽可以把401所的工作带到九所讨论，但是九所的工作不能向401所透露，黄祖洽严格遵守这一保密规定，被戏称为"半导体"。①

黄祖洽和周毓麟无论在工作上的配合还是私交都甚好。两家是门对门的邻居。黄祖洽离开九所后，双方家庭依然保持友谊。

2013年，为庆祝周毓麟九十华诞，研究所召开学术座谈会，因为天气预报在会议当天有寒潮来袭，周毓麟特意打电话，嘱咐老友不必赴会。但是黄祖洽夫妇依然如约到场。那一天，两位老友最后一次合影。2014年9月7日，黄祖洽先生驾鹤西去。

图 9-4　与于敏交谈

图 9-5　2013年黄祖洽参加周毓麟九十华诞学术座谈会

八大主任中有四位数学家，周毓麟、秦元勋、江泽培、何桂莲。

何桂莲调入九所时间较早，他是燕京大学毕业生，1956年从天津市长秘书岗位调入中科院数学所，1958年底调入九所一室任副主任兼任党支部书记。他负责了较长一段时期的党务工作，曾经与周毓麟在计算机方面有过合作。

江泽培是周毓麟在莫斯科大学时的研究生同学，比周毓麟晚一年入学，也晚一年回国，他于1962从北京大学调入一室。江泽培主管蒙卡方

---

① 摘自北京应用物理与计算数学研究所所庆纪念读本《山高水长》。

第九章　献身核武器研究　　**151**

图 9-6　1999 年周毓麟夫妇与黄祖洽夫妇同游植物园
（左起：张蕴珍，徐明月，周毓麟，黄祖洽）

图 9-7　2003 年 10 月 1 日周毓麟夫妇在江泽培家与江泽培、汪菊芳夫妇合影

法，他和周毓麟是多年的好朋友。

秦元勋早年有神童之誉，浙江大学毕业生，1947 年获美国哈佛大学哲学博士，1960 年从中科院数学所调入一室任副主任。他和周毓麟共同领导了数值计算工作。

秦元勋也是核武器理论研制中早期数学工作的开拓者之一，1961 年初，他的任务分工就是抓数学、计算和计算机方面的工作。他和周毓麟同岁。周毓麟曾诙谐地说：

> 世上就有这样的巧合，我和秦元勋是同年同月同日生。有人说，人的八字决定命运，我和秦元勋的八字有六个字是相同的，所以，我们俩都搞数学，而且都搞拓扑和微分方程，他搞点集拓扑，我搞组合拓扑，他研究常微分方程，我研究偏微分方程。[①]

---

① 周毓麟访谈，2014 年 12 月 23 日，北京。资料存于采集工程数据库。

在理论部，秦元勋以思维活跃著称。周毓麟经常和后辈谈起理论部三个学数学的主任。他说：论思想活跃我不如秦元勋，论数学的严谨我不如江泽培。当然这是种谦虚的说法，但也在一定程度上反映出三人不同的学术风格。周毓麟特别欣赏秦元勋的数学直觉，对江泽培严谨的数学思维也很钦佩。他总是很谦逊，实际上，他在这两方面也表现出很高素养。

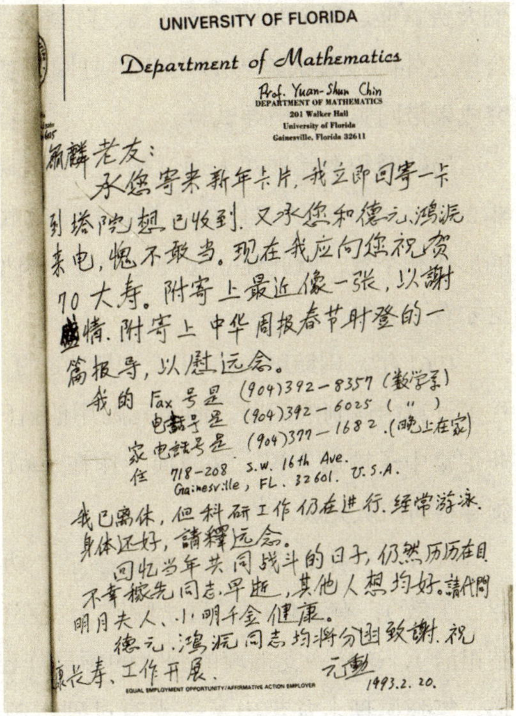
UNIVERSITY OF FLORIDA

Department of Mathematics

Prof. Yuan-Shun Chin
DEPARTMENT OF MATHEMATICS
201 Walker Hall
University of Florida
Gainesville, Florida 32611

毓麟老友：

承您寄来新年卡片，我立即回寄一卡到塔院，想已收到。又承您和德元、鸿泥来电，愧不敢当。现在我应向您祝贺70大寿。附寄上最近像一张，以谢盛情。附寄上中华周报春节时登的一篇报导，以慰远念。

我的Fax号是 (904)392-8357（数学系）
电话号是 (904)392-6025（ " ）
家电話号是 (904)377-1682.（晚上在家）
住 718-208 S.W. 16th Ave.
Gainesville, FL. 32601. U.S.A.

我已离休，但科研工作仍在进行，经常游泳，身体还好，請釋远念。

回忆当年共同战斗的日子，仍然历历在目。不幸稼先同志早逝，其他人想均好。請代問明月夫人、小明千金健康。

德元、鸿泥同志均將分函致謝。祝康长寿、工作开展。

元勋
1993.2.20.

EQUAL EMPLOYMENT OPPORTUNITY/AFFIRMATIVE ACTION EMPLOYER

图 9–8　秦元勋所寄贺年卡（1993 年初周毓麟给远在美国的秦元勋寄去贺年片，3 月收到回信，两位老友互祝七十华诞）

八大主任均是从全国各地调来的物理和数学界精英。他们在具体项目研究中表现得敏锐，智慧，点子多，善于把握事物本质，抓主要因素，善于运用量纲和量级分析技巧，对复杂的物理问题作近似处理，建立各种粗估方法。如彭桓武的多种粗估公式，邓稼先和秦元勋的威力粗估公式，黄祖洽为核燃料生产厂提供的“铀水系统安全质量的建议估算法”等。在主任们的带领下，粗估的方法逐步被科研人员掌握，粗估和精确计算相结合，成为理论部研究的主要方法。

在两弹突破的许多关键时刻，主任们表现出解决问题的超强能力。如周光召以“最大功”原理结束了对一个关键数据的争论，扫清了原子弹研制过程中的重要障碍。再如于敏在领导氢弹理论突破中的关键作用。

周毓麟和秦元勋在原子弹起爆元件设计中发挥了数学家的重要作用。

当时，按美国“罗森堡夫妇间谍案”中所透露的，原子弹球形结构的外层是由 36 块起爆元件拼凑而成。但这 36 块元件如何拼接成原子弹，人们大费脑筋。那个时期，王淦昌、陈能宽两位实验部负责人每周都从一百公里之外的爆轰试验场17号工地赶回来参与工作讨论，然后再把理论研究成果带回实验场指导试验。

周毓麟和秦元勋两人通过拓扑方法论证，很快得出结论：设计块数绝非36块。他们两人又以雄厚的拓扑学功底确定了第一颗原子弹起爆组件的形状和个数，就此建立起理论指导的模型，实验部关于起爆元件的工作这才有了头绪。

1961年，周毓麟负责用冯·诺依曼的"人为粘性法"解决流体力学方程组计算中遇到的问题。而秦元勋用他自己提出的"人为次临界法"求解非定常中子输运方程。这两项工作在1961年8—10月间由他们两人分别领导科研团队完成。①

八大主任中，有三位"两弹一星"功勋奖章获得者（邓稼先、周光召、于敏），有五位中国科学院院士（邓稼先、周光召、于敏、周毓麟、黄祖洽），这是一支璀璨的强大的领导阵容，他们率领科技人员突破原子弹、氢弹原理，并带出了一支有过硬本领的科研队伍。受益于他们的栽培，后来成为院士的科研骨干多达10人，还有一大批研究员和副研究员等高级科技人才。

在九所数十年工作期间，周毓麟还同大批学者进行了合作研究，这些学者中有李德元、孙和生、符鸿源、郭柏灵、沈隆钧、徐国荣、袁国兴、袁光伟、苗长兴等。

八大主任以及李德元、孙和生等一大批前辈科学家，其高尚的人品风范也为后人敬仰，他们在业务上各有所长，虽个性各异，但齐心协力、协同攻关。在理论部主任会议上，在工作讨论中，难免有分歧和争执，但当时没有什么名利之争，不夹带私心，争论也是出于对国家任务的高度责任感，所以事后都能心平气和地友好相处。在他们的带动下，理论部始终是一个团结战斗的集体，既能圆满完成国家的核武器理论设计和核试验任

---

① "人为次临界法"是原子弹计算中的一个基本方法。据《当代中国的核工业》记载：1961年11月，数学家秦元勋、李德元等人，运用"人为次临界法"完成了核材料被压缩到高超临界后能量释放过程的总体计算。

务，又造就了上下融洽、人际关系和谐的文化氛围。

这一时期的工作突出体现了集体主义精神，你中有我、我中有你的紧张工作中，学风浸润，人格映照。辉煌的两弹业绩背后是熠耀后世、弥足珍贵的"两弹"精神——爱国奉献、艰苦奋斗、协同攻关、求实创新、永攀高峰。

所以李德元先生就感叹道：

> 这些人真是那个时代的英雄。我也很感慨，有时候历史是很神奇的，它会用种种办法，把这么一批人，聚集在一起，就创造了被认为是奇迹的事情。①

图 9-9　1993 年与彭桓武在一起

图 9-10　1996 年与朱光亚在一起

图 9-11　国庆 50 周年与陈能宽在天安门观礼台

图 9-12　国庆 50 周年在天安门观礼台（左起：胡思得，彭桓武，周毓麟，胡仁宇）

---

① 李德元访谈，2014 年 10 月 10 日，北京。资料存于采集工程数据库。

第十章
倾力大型科学计算

同钱学森先生探讨数值模拟问题

科学计算，是当代科学和工程研究的三种手段之一，特别是大规模的科学计算更有其重要地位。核武器理论研究的必不可少的重要手段就是大规模科学计算。回顾科学计算发展史，可以看到，核武器的理论设计开启了采用数值模拟的方法进行科学研究和工程设计的先河。

核武器研究与设计需求解非常复杂的数学模型，包括非线性非定常偏微分方程组、常微分方程组、代数方程组，这些方程组在理论上无法给出有没有解以及解是什么，只能够用计算机计算或者是做试验，通过测量得出其解。美国的核试验次数达到了1149次，其中很重要的原因就是研究初期没有计算机，后来虽有了计算机但不能满足要求，还是只能依靠试验。

本章参考了袁国兴研究员撰写的内部资料，《核武器研发中使用的计算机》《回忆九所数值计算》等文。

但是光靠试验也有很多不理想的地方，试验次数越多，时间会拉得越长，而且花费的代价也高。更重要的是，仅靠试验，无法获得动作过程中的内部关键细节。所以计算机模拟成为核武器研究的重要手段。

1946年2月，世界上诞生的第一台电子多用途计算机ENIAC，就是数学家冯·诺依曼为了解决核武器设计中的大规模科学计算而发明和制造的。

核爆炸试验能够直接获取综合效应数据，通过科学计算可以分析各种因素与机制是如何相互影响相互作用的，进而可以了解武器整个过程的动力学特征和核反应过程，从而提高产品设计的规律性认识。在计算机上选择一套参数，计算一个模型，在某种意义上可以看作进行了一次核试验，这种数值模拟实验做得越多，方案设计就会越好，从而可以减少真实的核试验次数，节省投资，缩短研制周期。正因为如此，世界各国尤其是美国在核武器的研制中都十分重视大型科学计算方法。

周毓麟主持了我国核武器的数值模拟及流体力学方面的研究工作，他还在长期从事大规模科学计算的基础上，对电子计算机设计提出一系列要求，并做了理论上的分析，对我国电子计算机的研制产生了重要影响。

周毓麟有个特点，面对复杂的应用计算问题，他喜欢将其简化为一个简单的模型来探讨。

求出来的解，是否可靠？稳定性如何？他一直认为，这是数学工作者应该着力解决的关键问题。

从20世纪70年代开始，他在这方面做了大量工作。他娴熟运用拓扑学、微分方程方面的知识，充分体现了他多学科交叉融合的特点，得到了计算数学界的广泛关注，也得到了钱学森先生的关注。

在从事火箭、导弹和航天事业的过程中，钱学森先生当然也深切地认识到数值模拟工作的重要性。1984年3月23日，钱学森先生给周毓麟写信，探讨了算出来的"解"的可靠性问题。他评价周毓麟的工作令人"十分感奋""是迎接新技术革命的一项'对策'"。

这封信被收入《钱学森书信》第一卷，全文如下：

周毓麟同志：

三年前我就读到您和符鸿源同志在《数学物理学报》1981年2期上的文章，不久前又收到您的著作《若干非线性发展方程组的问题与方法》。后一篇论文中的《引言》我深有同感，觉得您的见解非常深刻，应该得到我国科技界的重视，所以写这封信。

我以前是搞应用力学的，我们那时没有电子计算机，是用手摇计算器来干活的，总是绞尽脑汁想办法，让很难计算的问题能用手摇计算器算出来。当时我们学的数学不多，在今天数学家看来，可谓十分肤浅，功力都花在技巧上去了。这是那时的实际情况，而现在不一样了，正如您说，算出方程的一个解不难，难在这个算出来的"解"是不是靠得住？它会怎么发展？这就不是我们那时所掌握的一点数学工具能答复的了，是微分方程理论的问题，是微分拓扑、微分流型的问题。所以在今年初的中国科学院学部委员全体会议，我找了我当时见到的这方面行家谷超豪同志，讲了这个意见。现在知道您也有这个意见，十分感奋！

我过去曾和故友郭永怀同志研究过理想气体的亚声速运动，当时只是"感到"在来流速度还是亚声速，但足够大时，绕过物体（特别是钝形体）的平滑连续解就不存在了。但我们没有"证明"（从数学上证明）这个"猜想"。据我所知，这个问题直到现在也没解决。这不是一个您所提倡的理论能解决的问题吗？

总之，我认为您的见解非常重要，希望有更多的同志这样看问题，并投入这方面做工作。这也是迎接新技术革命的一项"对策"呀！

此致

　　敬礼！

钱学森
1984.3.23[①]

[①] 涂元季主编：《钱学森书信》第一卷。北京，国防科技工业出版社。

对复杂问题数值解的可靠性，周毓麟能有相当深刻的认识，缘于他在理论上进行过多方面的探索以及从事大规模科学计算实践的结果。他研究过物理解和非物理解、唯一解和多个解、以及解所属的何种函数类等。他还在多种场合阐述：对复杂的应用问题，不能只采用完全传统的数学方法，而应该采用一些实际科学中多采用的非标准的数学推理方法，如类比、外推、内插、综合、试验等。周毓麟的这些真知灼见，得到钱学森的高度赞赏，可以说是英雄所见略同。

当然，由于核武器动作过程十分复杂，无法完全用数值模拟替代核试验。必须要指出的是，禁核试后无法再开展核试验，核武器研究失去了最直接、全面和有效的检验手段，武器的有效性主要通过数值模拟途径，集成已有信息进行认证。因此，更高置信度、更高时空分辨率的大规模数值模拟能力的发展尤为迫切。

分区迭代收敛问题

20 世纪 80 年代，并行计算机问世后，周毓麟非常关注核武器数值模拟的并行计算问题。

对具有快物理过程的扩散问题，研究人员一般采用隐式格式，因此，如何在多个几何区域实施高效并行计算，成为突出的难点。周毓麟研究并给出了多类所谓具有并行本性的差分格式。他通过巧妙构思，在不同空间点采用不同类型的格式，使并行性成为方法的自然属性，并给出了系统的理论分析，发表了多篇文章，这些方法也很好地运用于实际。

在核武器早期研究中，将二维模型的全部网格同时参与迭代，叫作整体迭代计算。

在早期研究中，模型尺寸比较大，计算精度要求不是特别高，但是发展到后来，武器越来越精密化，越来越小型化，计算误差大了就不行了。原来这种分网格的方法，对计算精度影响非常大，因而就不适应了。

那怎么办呢？大概在 80 年代初，科研人员想到把整个模型分成很多的子区，一个子区一个子区来分网格，把每个子区计算的结果耦合起来完成整体计算，所以就形成了分区计算方法。后来我国的科研人员调研了国外的资料，发现国外也是用这种分区的办法来处理同一问题的。

但是一分区就产生了一个问题，整区的迭代，理论上已经证明是收敛了，分区迭代收敛不收敛呢？

那个时候，这个问题的解决突然变得急迫起来。因为国际上禁核试的呼声越来越高，美国和苏联要求中国在核禁试条约上签字。邓稼先、于敏等科学家敏锐地指出，美国和苏联的武器研究基本接近理论极限，禁止核试验对其影响不大，而正在爬坡的中国核武器研制事业可能会因为国际政治角力而功亏一篑，于是，一方面我们要加快相关核试验进程，拿到应该拿的数据，另一方面，要大力发展数值模拟手段。

科研人员在来不及得到理论证明的情况下，将程序进行实际运算，计算结果表明分区算法的确是收敛了，能用。但是这个问号始终还是存在，理论上还没有证明到底收敛不收敛。而且自 20 世纪 80 年代后期开始，计算精度要求越来越高，计算量越来越大，单 CPU 计算机变成多 CPU 的并行机，再要整区计算更是不行，必须分区计算，每一个分区放到一个 CPU 或者 CPU 核进行迭代，耦合迭代收敛后再合到一块儿去，所以到并行机时代分区计算更是一个必不可少的手段。

分区迭代收敛不收敛？周毓麟在比较早的时候就开始研究这个问题。在 1996 年前后，他和袁光伟研究员合作证明了，分区迭代是收敛的，他们的研究结果发表在相关的计算数学杂志上。

对此袁国兴研究员评论道：

> 周先生和袁光伟关于分区迭代的收敛性研究，为分区计算尤其是并行机时代的相关计算打下了一个很好的基础。所以我觉得从应用方面，周先生对我们整个数值模拟方面的研究有两个很大的贡献：一个是人为粘性法，一个就是分区迭代收敛的问题。

研究计算机字长与速度、内存匹配关系

大型科学计算的数学模型是极其复杂的，大规模运算由计算机自动而快速完成，因此，计算结果是否是实际问题的近似解，计算结果是否正确无误，有多少位有效数字等问题，是每个计算工作者极其关心和需要研究解决的，它们不仅与数学模型建立的正确与否、对数学模型进行有限差分近似的方法、算法等问题有关，还与计算机的字长及其末位舍入方式等设计有关。

九所早期使用的计算机，有 1967 年始用中科院计算所研制的 50 万次每秒的 109 丙计算机，1976 年始用的 200 万次每秒的 013 计算机、1984 年始用的 280（标）-1000 万次（向）每秒的 757 计算机。这几台计算机都是国内自己设计、研制的。

周毓麟在长期从事大规模科学计算的基础上，对计算机设计提出了一系列要求。

图 10-1　工作笔记显示，周毓麟早在 1969 年就开始研究计算机速度与内存的关系

他研究了计算机字长与舍入误差的关系，建立了相应的概率模型。

计算机字长通常使用二进制，有位数的限制。从 8 位、16 位、32 位，后来发展到 48 位、64 位，随着计算精度要求增加，位数也相应增加。为了保证尾数有效性，对最后一位数的处理，有两种方法，一种是四舍五入,还有一种是最后一位永远舍掉,或是永远进位。这就存在一个舍入误差的问题:为了保证计算结果正确,需要多少位的字长?最后的尾数采取什么方法舍入,才能保证计算精度?

周毓麟很早就关注到这个问题。通过理论论证与计算实践检验,他给出了计算机字长与速度、内存匹配关系的计算公式,而且还用实际应用程序、实际数据在计算机上进行计算试验。根据他的研究成果,计算机用户可以对计算机研制单位提出相应的计算机字长的要求。

他使用概率的方法,研究计算机加、减、乘、除四则运算对误差的影响,他着眼于每一种运算在整个计算量中占据百分比是多少,以及每一种运算对舍入误差的影响有多大。

他的研究分别给出了"加减乘除"四种情况下字长与速度,以及字长与有效数字的关系。他的研究得出:对舍入误差影响最大的是减法。

20世纪70年代,他在所里做了该项研究的报告,并撰写成讲义供科研人员学习。1980年9月,该报告在《数值计算与计算机应用》学报上以《关于科学计算与数字电子计算机字长、速度与内存的匹配关系》的题目发表。

1989年10月,他在《数学进展》杂志上又发表了《科学计算用数字电子计算机的若干问题》的论文。这篇论文指出:假如每秒十万次、几十万次的计算速度,内存3.2万的容量左右。那么计算机的字长必须达到48位。原来设计的32位、16位就不够用,假如是每秒千万亿次计算机的速度,48位也不够了,必须达到64位。

他是国内首位对计算机的字长、计算速度和内存三者之间的匹配关系做出理论研究的学者。人们也许并不关心他是怎么用概率的方法来推导出这个公式的,但是据此公式做出的结论极有影响。

随着事业发展,九所不断提出研制高性能大型计算机的需求。但是,研制单位和使用单位往往存在认识上的差异。九所对大型计算机提出的高精度要求,要让研制单位轻易认可并不容易,因为字长加长,一是研制难度加大、研制周期增长,二是研制费用也大幅增加,这就需要有人从应用上升到理论角度,来论证九所数值模拟工作需求的合理性。

为此,周毓麟和所里负责计算机工作的科研人员,与外单位研制人员多次召开专题研讨会。

21世纪初,新一代高性能计算机的研制提上日程。已经80高龄的周毓麟亲自为研制单位的领导和科研人员作"关于科学计算用数字电子计算机字长问题"的报告,详细介绍和论述了当前需要研制的计算机的字长与速度、内存的匹配关系,强调了计算机字长和尾数的舍入方式对计算结果正确性的重要意义。

他的研究表明,如果采用研制方认为足够使用的64位字长,某些应用问题计算结果的有效位就只有一位了,这显然不能满足应用研究精度的要求。

当时可以用来研制这种性能计算机的CPU都是双精度64位字长,也都有四精度128位计算的功能,研制单位很自然地会想到利用四精度来计算这些问题。为此周毓麟和合作者袁国兴用10个测试单机性能的串行应用基准程序进行了四精度128位字长的计算,与64位字长双精度计算相比,有的程序慢了3-5倍,有的程序慢了数十倍,10个程序平均慢10倍以上,也就是说用四精度计算,用户所能得到的性能也无法满足需求。

这个报告体现了他多年的研究成果,自然对研制单位产生了极大的震撼,从而也转变了他们的认识,让他们理解和接受使用方的意见。

在双方通力合作下,交机验收的新机器实现了计算精度的突破,运算性能也达到应用要求。

后来,与周毓麟在计算机应用研究方面长期合作的袁国兴研究员将报告整理和精简后,投寄《计算机工程和科学》杂志,2005年,在该杂志的第27卷第10期刊出。并于2007年录入《现代学术研究杂志》第七期,被评为优秀论文。

网络平均短程与网络乘积问题

随着计算机性能越来越先进,CPU核数越来越多,计算机架构也日趋复杂。计算机的速度要高,实际性能要更先进,这不仅跟CPU、内存有关系，而且跟网络有更重要的关系，因此网络也变得非常复杂。

对当今计算机设计中的复杂网络结构，周毓麟也进行了充分的研究，给出了若干定理，即关于网络乘积和网络平均短程的计算公式。这项工作具有重要的理论和实际意义。

对此，袁国兴研究员解释说：

> 计算机的网络结构及其连接方式是多种多样的。所谓连接方式，就是从一个 CPU 到另一个 CPU，显然，走的路程越短越好。就像咱们到一个地方去，肯定要走最近的路，走最近的路效率高啊。计算机也是一样的。所以周先生研究，当网络定了以后，最短的路程是多少？那么研制计算机的尽量想办法把网络连接起来逼近最短的路程、最少的步数。周先生在他的文章里还提出，怎么把一个复杂网络分解成简单的网络，在简单的网络里面来计算一个点到另一个点的部署，然后把这个简单的网络存起来，就是整个复杂的网络的部署。
>
> 这样的结论，是我见到的关于网络短程的唯一文章。这给计算机研制的人员一个很好的启示，他们在研究设计计算机网络时，应尽量达到这个要求。应该说，这项工作是周先生对复杂计算机的网络研究、网络优化的一个很好的贡献。[①]

这篇论文发表在 2006 年的《计算物理》杂志上，也被收入 2006 年、2007 年的中国科协英文论文。

袁国兴研究员因此感慨：

> 周先生研究的面确实很宽啊，不仅有拓扑理论、微分方程，而且对计算机、对网络都发表了很好的指导性文章。[②]

---

① 袁国兴访谈，2015 年 2 月 5 日，北京。资料存于采集工程数据库。
② 同上。

第十一章
蹉跎岁月　心有一烛

风雨如晦

虽然安坐书斋,但周毓麟在核武器研究所的科研生活并非风平浪静,当政治运动的风暴毫无顾忌地席卷全国,他和九所职工一起经受了种种猝不及防的磨难。

1966年下半年,"文化大革命"的风暴开始席卷全国,从1966年到1976年,十年时间,中国大陆陷入一场浩劫。中国的核武器研究队伍也无例外地卷入这场灾难深重的政治运动中。但是,科研人员和技术骨干正是在新中国成立以来最严酷的政治环境里,克服精神和物质上的双重困难,坚持工作,取得了氢弹、中子弹和小型化等一系列里程碑式的突破。

作为技术负责人之一,周毓麟难以幸免政治风波的波及,他和众多科研人员一样,以坚忍的意志,默默承受折辱,保持知识分子的风骨。

值得庆幸的是,领导中国核武器研制的是一批有坚定信念、有较高政治素养的干部,从张爱萍、李觉、刘杰等人,到彭非等九所早期的党委书记，他们以高明的政治智慧来引导群众运动，尽一切可能来保护科研技术骨干的积极性。在他们的领导下，九所各项工作都坚持围绕科研为中心。

在反右倾运动中，为保证第一颗原子弹研制不受影响，九所党委就提出："响了就是最大的政治！"

党委书记彭非更是表态："主任喜我亦喜，主任忧我亦忧。"主任就是指理论部主任邓稼先。

1966年到1967年，是氢弹突破最紧张的时期。人们从一些渠道听说法国人也在做氢弹原理试验，大家立志要抢在法国人前面爆炸氢弹。而这时，"文化大革命"的冲击波已经波及九所，九所也产生了派系斗争，但是，因为毛主席说过"原子弹要有，氢弹也要快"，无论哪个派别，在科研工作中还是相互配合、协同攻关。那时候，食堂里经常举行自由论坛，大鸣大放，讨论的还是如何加快氢弹研制。

当年理论部的造反派分为"东方红"和"井冈山"两个派别。虽然有国务院、中央军委的特别指示，理论部的造反派不能夺权，但为了避免政治活动和派别斗争对科研工作的影响，早日完成氢弹试验，1967年2月6日下午，理论部在餐厅召开全体职工参加的"抓革命促生产"誓师大会。时任九院副院长的朱光亚、理论部主任邓稼先等出席会议。会上，邓稼先就加快研制步伐做了讲话，"东方红"和"井冈山"两派代表也纷纷发言。这次誓师大会达成了共识：抢在法国人前头，引爆我国的第一颗氢弹！

1967年6月17日，我国第一颗氢弹成功爆炸，而法国人直到1968年8月24日才爆炸了他们的氢弹。

从原子弹到氢弹，中国人只花了两年八个月，是核大国中研制时间最短的，充分证明了中国科技工作者的创造性和聪明才智，理论部功不可没。

不过，随着运动越来越深入，理论部八大主任相继受到批判。黄祖洽、秦元勋等人甚至被迫每天一早站在科研楼前向群众"请罪"，身上还挂着一块写着罪名的大牌子，但是，当上班时间一到，他们就摘下身上的牌子，立刻全神贯注投入到工作中。

彭桓武先生也未能幸免。

九所有个传统，不称呼领导的职务。邓稼先被称为"老邓"，于敏被称为"老于",周光召和周毓麟都被称为"老周",他们之间也互称"老周"。唯独德高望重的彭桓武例外,人人都尊称一声"彭公"。"文化大革命"中,彭公被迫向革命群众交代问题,还时常遭到造反派拍桌子厉声呵斥。

70年代初期,九所开始刮起抄家风。那时,九所职工的集中住宿区在塔院小区,下班前,经常会突然宣布不许下班,职工待在办公室里,交出家门钥匙。这就是要抄家了。造反派拿着钥匙挨家挨户查抄反革命书籍物品。等抄家结束,人们回到家,面对一片狼藉只有唉声叹气,重新收拾翻乱的柜子、箱子,不敢发出愤恨不平的声音。

彭桓武先生深深觉得这种抄家是对人格的最大侮辱,在经历过几次抄家后,再加之其他原因,他离开九所到中科院任职。

从20世纪70年代开始,九所还面临一项搬家即搬迁三线的问题。因为搬家搬不动,身为业务所长的周光召经常被二机部派来的干部含沙射影地指责。九所人心知肚明,"搬家书记"在全所大会上批评的"老九""臭老九",就是特指搬家态度消极的周光召。

周毓麟虽然没有被要求请罪,但也被"靠边站"了。因为担心抄家,他忍痛将一大批书籍、信件、照片销毁,其中就包括在莫斯科大学时期积累的整整一箱子学习笔记和效率手册。

亲手将自己一笔笔、一页页积累的资料、笔记付之一炬,对于爱书成痴的周毓麟来说,有如摘心割肉般的痛楚。家里是"干净"了,但是,心里好像也空了。

故交含冤

在这期间,发生在故交好友身上的悲剧,让周毓麟悲愤莫名。

一天,他突然接到传达室通知,让他到大门口来。去了一看,有几个颐指气使的人等在那里。指名道姓让周毓麟出来,说是要调查问题。调查谁的问题呢？周毓麟一问，没想到是调查吕铸洪。

吕铸洪是曾经与周毓麟在南京临时大学补习班短暂共事过的音乐教员。因为有在国民党陆军大学里执教的"历史问题"，吕铸洪境遇悲惨，他所在工作单位上海戏剧学校革命委员会的结论是汉奸和特务，这次派人前来北京就是要从周毓麟口中得到吕铸洪当年从事反革命活动的罪证。

来人气势汹汹，一张口就要周毓麟老实交代。可是他们估计错了，虽然是知识分子动辄挨批的年代，但周毓麟那宁折不弯的脾气，并没有被嚣张气焰所吓倒。周毓麟直言：没什么可交代的。但是上海的造反派不放过他。

周毓麟想起在南京时，吕铸洪自奉甚俭，虽然拿着副教授的工资，却连手表都舍不得买，到陆军大学代课也是为了补贴家用。一次，有一批美军剩余物资拍卖，是些快到保质期的罐头食品之类，周毓麟和徐亦庄去瞧稀奇，两人都觉得无甚可买，吕铸洪倒是买了许多，准备带回上海家中。而且，平时吕铸洪课余时间也多与他们聊音乐唱歌，并无任何涉及政治的言论。对这样一个养家糊口的教书先生，周毓麟并没发现有什么反动之处，于是他坚持只陈述自己了解的情况，绝不按照对方的"启发"交代什么"有价值"的材料。对方居然不肯罢休，厉声呵斥，气愤之下，周毓麟拂袖而去。对方还守在大门口纠缠，久久不肯离开。好在九所是保密单位，大门轻易不让外人进，这批人最终无计可施，只得怏怏而去。

这是自1946年南京临时大学解散后，周毓麟首次获知吕铸洪的消息。周毓麟托上海亲人悄悄地辗转打听，吕铸洪最终还是倒在厄运的锤击下，含冤而逝。

在清华大学的徐亦庄也遭遇了残酷的批斗。新中国成立前，徐家家境优裕，徐亦庄父亲和国民党高层人员有一些往来。徐亦庄又有留美背景。所以，历次政治运动，徐亦庄都难免受到冲击。

1951年他刚回国就赶上了反资产阶级学术权威的运动，许多像徐亦庄那样有留美背景的学者为避免非难就噤口不言了。"文化大革命"一开始，徐亦庄立即被打倒。清华大学在"文化大革命"期间的武斗、批斗之惨烈是骇人听闻的。一次，在批斗中，徐亦庄被打得头破血流、皮开肉绽，昏倒在地,红卫兵扬长而去,不知过了多长时间,徐亦庄从昏迷中醒来,怎么挣扎都无力起身,最后只得爬着回到家。周毓麟听后流泪长叹:这是死里逃生啊。他庆幸徐亦庄年轻时身体素质尚可,才得以扛过了殴打。

但是徐亦庄终究因为多次批斗,健康严重受损。

周毓麟一直为徐亦庄在"文化大革命"时候受到的迫害抱屈不已。1946年,周毓麟进入中央研究院数学所跟随陈省身先生学习拓扑学,徐亦庄考上清华大学王竹溪先生的研究生,1948年他获得硕士学位后又赴美留学,只用了两年半就完成了博士论文,1951年获得博士学位。他与邓稼先、汤定元等在美留学的好朋友相约回国报效祖国。邓稼先在获得博士学位的第九天就启程回国,而徐亦庄未等博士毕业论文发表,也毅然回国。

虽然在"文化大革命"中经历惨痛遭遇,但是"文化大革命"后徐亦庄依然积极投身教育事业,在清华大学恢复物理系建制后,他担任物理系主任兼原子分子物理教研室主任,1984年后又担任近代物理研究所副所长。1993年5月28日病逝。

在台湾的郑振华已于21世纪初去世,"刘关张"三人,只有周毓麟一人还在书写传奇。

潜心科研　自甘平淡

1965年,周毓麟被安排去参加"四清",他来到河南省信阳县潢新县,和社员同吃同住同劳动。

他做事很认真。公社干部看他戴着眼镜文质彬彬的样子,安排他做一点会计的工作,但是他响应中央"三同"号召,不肯享受特殊照顾,和青壮年一起去参加修水库、种树等劳动。农村生活很艰苦,体力消耗又大,到信阳时间不长,他的胃病就又犯了,而且病情来势汹汹,等"四清"结束,回到北京,不得不住院治疗。

出院后回到单位,他发现自己实际上被"靠边站",但是他也没有太多的抱怨和委屈。

这时候,李德元也"靠边站"了。李德元从室主任的位置上"落"下来,每天打扫完厕所卫生后,就坐在楼梯口的一张空着的办公桌前写交代材料,交代材料写完了,他就继续完善第一颗氢弹数学模型的差分格式的研究。

他和周毓麟还时不时开展一些工作上的讨论。两个数学工作者,谈起工作,言语之间一派的冷静和从容。

数学研究是周毓麟的终身挚爱,"文革"期间,他当然也没有耽误自己的学习和研究。一旦沉浸数学研究,他心无旁骛,倾心追求。虽然因为工作单位的保密性质和政治气氛,无法发表学术文章,但是谁也剥夺不了他研究数学问题的乐趣,他依然坚持搞调研、听报告,自己记读书笔记。

他到中科院数学所借阅了大量文献资料。数学所图书馆有一位熟人,吴文俊夫人陈丕和。吴文俊夫妇定居北京后,吴夫人一口上海话,与人交流不畅,颇感寂寞。有热心人介绍徐明月和她认识,果然,两位夫人坐在一起聊起上海的事物风情,沪语婉转,分外亲切。因为这层关系,每次周毓麟去借书总是受到热情接待。

他的阅读量极大,每次都借出高高一摞图书和资料,夹在自行车后座上带回家,过了一周或两周,就能看完,然后骑车去还书,再借阅另一批。

这一时期,他又积累了一大批读书卡片和学习笔记。每一张读书卡片对应一份文献,周毓麟用工整的字体将主要内容进行摘录。而自己的思考和研究的问题,则记在笔记本上。

女儿周凤明还记得,那时家中只有两间房间,父母的卧室是稍大的一间,既是卧室又是客厅。两张写字台并在一起,吃饭时是餐桌,吃完饭马上收拾干净做书桌。晚上,两张写字台,女儿占据一张做作业,母亲坐在对面,批改学生作业和备课,父亲则坐在两张写字台的横头,看书、记笔记、做读书卡片。三个人安静地各忙各的。女儿时不时偷偷瞄一眼父亲,那一笔工工整整的钢笔字、精确漂亮的几何图形,就像印刷品一样规整。

60年代和70年代,他持之以恒的案头工作获得了大量的研究成果。虽然这些成果未能发表,但依然受到学术界的高度重视。"周先生的笔记本"在学界颇有影响,有学者做学术报告,引用的结果来自他的笔记本,也得到了大家的肯定与认可。

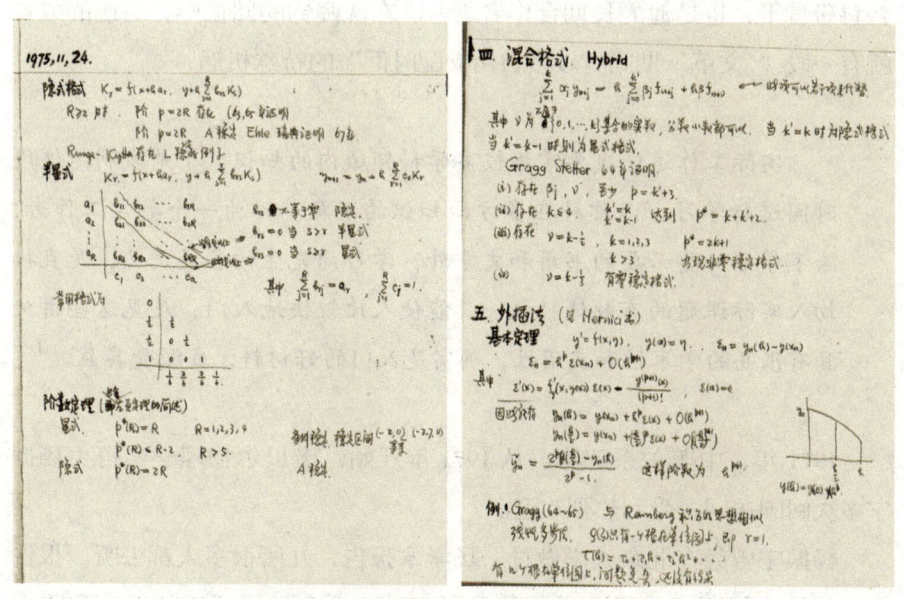

图 11-1　周毓麟在 20 世纪 70 年代的研究笔记

图 11-2　像这样的读书卡片有上千张

他孜孜以求的治学精神影响了所里一大批年轻的数学工作者,他将自己的学习和研究成果编写成一本本讲义,油印后发给所里的科研人员学习。这些讲义涉及拟线性双曲方程及数值方法的分析、辐射流体力学差分格式的设计与论证、爆轰计算方法以及输运问题计算方法等,均紧密结合

第十一章　蹉跎岁月　心有一烛 | *171*

工作实际,在这些讲义中,都有详细的推导,能够证明的就给出严格的论证,不能证明的也尽可能给出启示性分析。

在他的影响下,尽管社会上政治运动闹得轰轰烈烈,但是所里的学习气氛依旧很浓厚。1965年入所工作的沈隆钧,是在他指导下成长起来的年轻科研骨干,也是他的长期合作者之一。在沈隆钧的回忆中,自己的成长就有一段"'文革'期间有较多自由支配时间"的特殊机遇:

> 实际工作迫使我要掌握较多学科领域内的知识,于是我利用这段时间进行学习,以弥补在多方面知识的不足。作为一个数学工作者,除了学习一些必要的书籍和文章外,学习周先生的各类讲义,是直接切入实际课题的有效捷径之一,能使人比较快地入门,足见这些讲义具有很高的学术性和实用性,确实是入门的好材料,我深受其益。[1]

1971年,中美关系解冻。从1971年开始,诺贝尔物理学奖得主杨振宁多次回国访问,受到热烈欢迎。

杨振宁曾经在北京大学做过一场学术报告,九所很多人都去听。报告中,杨振宁提到了自己在做规范场研究时,领会到了纤维丛理论和陈省身—韦伊定理的美妙,因为察觉到陈氏几何观念和物理中的一些量子数关联起来的可能性,杨振宁还曾经写了一首诗《赞陈氏级》:"天衣岂无缝,匠心剪接成。浑然归一体,广邃妙绝伦。造化爱几何,四力纤维能。千古寸心事,欧高黎嘉陈。"[2]

听完报告回来后,周光召笑着对周毓麟说:微分几何很有用啊,老周,你指导我们学拓扑学吧!而且,周光召和彭桓武先生果真捧着拓扑学的书读起来。后来有一次,彭桓武发现周毓麟在办公室研读拓扑学,不禁一喜,说:咱们一起学吧!彭公说到做到,还把自己做的习题拿给周毓麟

---

[1] 沈隆钧:回忆周先生对我的影响。见:北京应用物理与计算数学研究所编,《周毓麟院士八十华诞庆贺文集》,2003年。

[2] 这首诗是1975年杨振宁写给陈省身的,在国际数学界广为传颂。最后一句"欧高黎嘉陈",杨振宁把陈省身和数学史上的欧几里得、高斯、黎曼和嘉当并列,称为数学史上的第五人。

批改。

再次研读拓扑学之前，发生了一件让周毓麟痛悔不已的事情。那时，周家不得不将原来的套房腾出一间安置其他无房户，全家挤在一间房里，满地堆放着书籍。一家人不能在书堆上起居啊，只好忍痛卖书。

一般的书，卖了也就卖了，数学书他可真是舍不得。但是再舍不得也找不到地方安置，他摸了又摸这些陪伴了多年的专业书，狠心下了个决定：古典数学和拓扑学的书，都叫人来拉走。那一次，收旧书的拉着三轮车到周家来了三趟，拉走了近千斤书籍文献！

悲剧往往不怀好意地蹲守在阴暗处，于不经意间给人以重重一击。刚把拓扑学的书处理掉，杨振宁的报告就激发起大家学拓扑的热情。周毓麟后悔不迭，赶紧跑到中国书店又买回了不少拓扑学著作，但是，许多珍贵的论文集、影印本再也回不来了。从此，他下了个决心，再不卖书扔书。

那时候，杨振宁和李政道和国内学术界开展广泛的学术交流，和周光召也有了些接触，杨、李二人和周光召见面后惺惺相惜，不知是杨振宁还是李政道就提出，要到周光召家里来拜访。周光召当时是九所领导，身份敏感，能否接待外籍人士，还经过了上级部门的层层批准。

这次拜访被视为一项极其重要的政治任务。为了做好招待，全所总动员——盖因当时科研人员居住条件极差，一套房子一般要住两到三家人家，谓之"团结户"。周光召家也是与人合住的"团结户"，上级部门大为不满。于是，合住的人家把房间腾了出来。房间有了，发现周家的家具也不全，于是，又从办公室搬来沙发和书柜布置。书柜有了，也不能空着，又从所里的图书馆拉来一批书装上。

然后，又组织职工打扫门前屋后和楼道卫生。那时所里还有军管干部，军管干部居然把彭桓武先生也叫去扫地。周毓麟见了，跟军管干部说：杨振宁和李政道见了彭公是要恭恭敬敬喊一声老师的，要是让他们看见老师在打扫卫生，他们会怎样想？军管干部这才放过了彭公。

折腾了半天，突然又来了一个通知：会面不安排在老周家里了，改在其他地方。帮忙的同志觉得自己的功夫全白费，周毓麟却对周光召说：不来的好，要是他们来了，看见你家的书的书脊上全贴着图书馆的标签，不会纳闷吗？

面对老友的调侃，周光召只能报以苦笑。

仓促搬迁三线

周光召都落到靠单位支援来掩饰窘迫的境地，不能完全怪国家给予核武器科研人员的待遇太低。实际上，国家对这支队伍还是很关心的。九所人在20世纪70年代开始的艰难境地，很重要的一个原因是长期面临"搬家"的问题。

在建院初期，中央部委就设想，核武器的理论设计工作与实验、生产等安排在同一地点（即青海的221厂）进行。20世纪50年代末和60年代初在北京开展工作，是因为221厂未能完全建成的一种过渡办法。1963年，221厂初步具备实验和生产条件后，除一室之外的从事实验和生产的科室人员便迁往青海，而负责理论设计工作的一室仍留在北京。1964年3月，一室改称理论部。后来，九所变更名称为九院，理论部改称九所，此后的九所是在九院领导下的一个研究所。

李德元在回忆文章《我所知道的北京户口问题》中写道：

>   1965年，有几件事情都显示了领导有意将理论部迁往三线开展工作。一是当时与英国接触，有意进口一台当时较为先进的电子计算机（后来这笔交易没有做成）。现在回想起来，我揣摩着领导考虑要在221厂安装一台较为先进的电子计算机，就可以把理论部集中到三线基地。二是1965年我曾听说打算在花园路三号院内灰楼与14号楼之间再建一栋科研楼，但不久就终止了这项计划，因为理论部要离开北京。三是1969年九院购置了一台国产计算机安装在221厂。当时九所计算机室曾派人去221厂进行安装调试。

九所大搬家最终发生在1969年。这一年在中国现代史上是不寻常、不平静的一年，在九所历史上也是令人难忘的一年。

1969这一年，国内"文化大革命"愈演愈烈，国际形势对中国也很不利。在中苏边境，苏联陈兵百万，1969年3月和8月，中苏边境的东段和西段先后发生武装冲突，珍宝岛事件震惊全世界，似乎一场大战甚至核战一触即发。[1]

8月下旬，中共中央接连发出两个文件[2]，号召全国各族人民深挖洞、广积粮，备战备荒，并命令中国人民解放军进入一级战备，以防苏联突然入侵。

10月17日，林彪亲自向总参谋长黄永胜口授了《关于加强战备，防止敌人突然袭击的紧急指示》。10月18日，总参谋部以《林副主席一号号令》名义下达全军，引起极大震动，好像中苏之间的大战马上就要来临。于是，全国军民立即进入高度备战状态，同时掀起疏散和搬迁三线的浪潮。

10月19日，国防科委按总参要求，立即向包括九院在内的所属部队和科研单位做了传达。

九所于10月22日召开全体职工大会，进行备战和搬迁动员。会后，大家立即行动起来，一是在九所北边元大都城墙北侧挖防空战壕，二是抓紧清理保密文件，登记装箱，准备运往三线。11月18日，各室正式宣布去三线、上干校和批准外调人员名单，宣布一个星期后就要离开北京。

会后，大家赶紧收拾自己的行李和日常生活用品。所里准备了一批松

---

[1] 珍宝岛事件爆发后，苏联军方以国防部长安德烈·格列奇科为首的"强硬派"，主张对华使用核武器，达到"一劳永逸地消除中国威胁"的目的。8月20日，苏联驻美大使多勃雷宁奉命在华盛顿紧急约见美国总统国家安全事务助理基辛格，向他通报了苏联准备对中国实施核打击的意图，并征求美方意见。苏联的意图是：在中美关系也很紧张的情况下，如果苏联动手，希望美国至少保持中立。美国政府授意媒体将此事公之于世，8月28日，《华盛顿明星报》刊登消息《苏联欲对中国做外科手术式核打击》，引起舆论哗然。9月23日和29日，中国先后进行了当量为2至2.5万吨当量的地下核试验和轰炸机空投的当量约300万吨的氢弹热核爆炸。美联社播发的一篇评论颇具代表性："中国最近进行的两次核试验，不是为了获取某项成果，而是临战前的一种检测手段。"正是在美国的强烈反对以及中国的积极备战下，苏联不得不收回核武攻击的意图。10月20日，中苏边界谈判在北京举行，由珍宝岛事件引发的紧张对峙局面有所缓和。

[2] 中发（1969）55号和中发（1969）56号文。

木木板，职工自己动手，每家打造一个木头箱子，把个人的东西装箱待命。

周毓麟妻子徐明月当时因为学校搞"开门办学"，已经派去唐山出差，家里只剩父女二人。"一号令"不可违背，周毓麟紧急决定，女儿随自己搬迁，随即动手收拾东西，只留下一个星期的随身衣物，父女俩大部分衣服、书籍、用品，包括周凤明的玩具和连环画书全都打包装进箱子。

11月24日上午，九所集体和个人的行李运到西直门火车站，晚间所里派人看守。第二天上午全部装上火车。

就在即将出发的前夜，周毓麟突然接到通知：暂缓离京，等待新的安排。

九所其他职工于11月25日中午登上火车离开。据时任党委组织部部长的杨绪河在回忆文章中记叙：

> 11月25日中午，九所搬迁三线的职工及妻儿老小在杨云汉政委的带领下登上一列军事专列，九院院长王荣亲自到西直门火车站送行。该列车只挂一节硬座车厢，由老人和带小孩的同志乘坐，其余人员一律乘闷罐车，男女分开，大家一路上只能躺在铺着稻草和席子的车厢地板上睡觉。大约下午三四点钟，列车徐徐启动。一路上，火车开开停停，停停开开，第二天早上到达河南安阳，在兵站用完早餐，继续前进。途径郑州、洛阳、三门峡、西安、宝鸡、略阳、广元等地，每到一地都由当地兵站接待。经过四天三夜的颠簸，11月28日到达四川绵阳。大家在兵站吃完午饭，来不及休息，立即卸火车，装汽车，而后又乘汽车经过两个多小时的崎岖山路到达位于四川梓潼县县城西北约两公里、潼江西岸的曹家沟——九所新家。①

一抵达三线，所里按国防科委要求，立即把职工和家属的户口全部迁至四川省梓潼县。从此，九所的建制所在地变成四川梓潼，职工及家属也就成了四川梓潼县人。

---

① 杨绪河：从搬迁三线到迁回北京。见：北京应用物理与计算数学研究所编，《峥嵘岁月》，2014年。

一个月后，12 月 26 日，黄祖洽、秦元勋、江泽培等人也是从西直门火车站乘坐军事专列闷罐车，去了位于河南省上蔡县九院"五七干校"。

周毓麟成为少数几个留在北京的人员。为什么留下来？当时他并不清楚。后来才慢慢得知其中的曲折：所里有人认为他也应该去干校接受教育，临时把他从搬迁三线的名单中撤下来。随后又发生了新情况：九所正在使用的大型计算机 109 丙机也要搬到曹家沟。那么谁来负责搬机器？就让周毓麟负责好了。

"出差"北京二十年

曹家沟是个山清水秀的所在，但是作为九所新家，既没有家属宿舍，也没有单身职工宿舍。无奈之下，单身职工住进两栋科研办公楼，带孩子的职工住进行政办公楼，甚至有两个家庭的母亲各自带着孩子住进一间房里。

当年四川梓潼副食供应十分紧张，幼儿没有牛奶供应，双职工也无法单独起火做饭，男女老少都吃食堂，职工轮流帮厨，每天只能吃到点青菜、萝卜，偶尔见到几片腊肉，生活十分清苦。

物质条件艰苦倒是其次。最让大家头疼的是曹家沟不具备起码的科研条件，无法开展科研工作。安放计算机的机房是盖好了，但是，本应该做好防水措施的机房居然是漏水的！

而在北京负责搬计算机的周毓麟，经过仔细考察后发现，这机器根本没法搬！

109 丙机是我国自行设计制造的，专为"两弹一星"服务的第二代大型晶体管计算机，是当时国内最大最先进的大型计算机。九所作为接收方和中科院计算机所共同研制，于 1967 年研制成功，这台机器为九所的科学计算起到了很重要的作用。据九所所史记载，这台机器投入使用后就直接承担了核武器研制任务。

109 丙机自从造好后就放在中科院计算所，因为其巨大的体积，计算所特意为之建造了一个 200 平方米的机房，九所的科研人员算题就要到计算机所去上机。为什么九所的机器不能放到九所？那是因为九所和计算机所都知道，这台机器没法搬动，一动就会出毛病。

不但不能搬动，而且在使用和维护过程中还必须特别小心，因为机器特别爱出毛病，一出毛病就停机，一停机整个计算机所的人都很紧张，大家都得把手头的活放下了，首要任务是抢修机器，九所的工作不能停，大家都很清楚。

机器的状况是这个样子，曹家沟也不具备安置条件，怎么搬？所以搬 109 丙机的工作只得停下来。

而此时在曹家沟，因为不具备科研条件，绝大多数科研人员处于无所事事的状态。

刚到曹家沟时还好，大家苦中求乐，有人学打桥牌，有人做煤油炉子，有人用废竹片做衣架、扁担，还有人自己做小板凳，似乎过得挺逍遥自在。一周、两周感觉还行，可是时间一长，眼看着科研任务停顿下来，而紧张的国际形势又要求必须加快武器化进程，争取尽快装备部队。于是，渐渐的，人人心急如焚。

1970 年元旦一过，九所领导和职工一致认为不能再这样下去，必须赶快回到北京出差——因为单位已经搬到四川，回北京工作只能算出差。大家认为还是得利用北京原有条件和计算机抓紧工作。

先是单身职工和无牵挂的双职工回到北京。有子女的职工，大多由母亲留在曹家沟照顾孩子，父亲先回北京。不少同志为了科研工作，把自己年幼的子女送到父母家中，请老人帮助抚养。留在三线的同志克服种种困难，尽量为出差北京的同志排忧解难。就连于敏先生也是只身到北京"出差"，和大家一起吃集体食堂，他的夫人则带着两个孩子留在曹家沟，一待就是两年多。

人是回到北京了，可是户口和个人用品全留在四川。衣物等个人用品可以慢慢添置，只是户口可不是那么容易回来的。

九所户口迁回北京已经是 1989 年的事了。谁也没有想到，九所几百名职工会就此在北京"出差"长达二十年之久，这是个心酸的记录。

在长达二十年的时间里，我国唯一一支核武器理论研制队伍就在漫长的"出差"中完成了一代武器定型并装备部队、小型化和二代武器突破等重大任务。

对于正上小学的周凤明这样的小朋友来说，除了突然间少了几个好朋友，以及自己喜爱的玩具和图画书被运走，并未察觉搬迁四川对自己生活有太大的实际影响。而大人们则在科研工作之余，还要费力解决"出差"所带来的种种困难。

对工作和生活影响最大的是原来的住房和部分办公设施都被其他单位占用了。杨绪河回忆：

> 1969年底九所和院京机关、科办七室、八室搬迁到四川三线后，花园路3号（1975年改为现在的花园路6号）院内的科研办公楼、科研后勤设施以及塔院职工宿舍很快被国防科委后勤部占用一部分。1970年1月开始，九所广大科技人员陆续到北京出差，期间科研生产和职工生活都遇到重重困难。科研办公室十分紧张，一间大办公室，往往坐一二十人，就像小学生上课一样，一个挨着一个。没有了图书馆、阅览室，科技人员无处查阅资料和阅览图书。[①]

由于九所建制不在北京，不能在京建造新的住宅楼，所以九所职工居住条件长期得不到改善，职工住房特别紧张，大多数人家不得不合住。还有不少职工住筒子楼，家家户户在楼道里烧饭，每年年底，海淀区总要给九所下消防整改通知书。但是九所无计可施。[②]

[①] 杨绪河：从搬迁三线到迁回北京。见：北京应用物理与计算数学研究所编，《峥嵘岁月》，2014年。

[②] 杨绪河：当年住在塔院宿舍区的双职工基本上两三户共住一个单元，十多口人，共用一个厨房，一个卫生间，时间一长，邻里之间难免产生矛盾。还有部分同志住在花园路3号院内筒子楼，原则上一户一间住房，做饭都在走廊里，过道两侧都是火炉，走路都困难，而且存在严重火灾隐患。一二十户共用一个卫生间。有的职工连一间筒子楼都住不上，就在楼梯口、楼门口自己动手隔出一块空地居住，既不隔音，还到处透风。不少家庭，子女都上高中了还和父母住在一间房内。摘自《从搬迁三线到迁回北京》。见：北京应用物理与计算数学研究所编，《峥嵘岁月》，2014年。

1984年10月，原子弹爆炸成功二十周年之际，九所举办了一个展览，中共中央政治局常委胡启立也应邀前来参观，时任所长的李德元灵机一动，把他带到筒子楼"视察"，胡启立在狭窄的挤满了锅台炉灶的走道里走了一圈，惊叹："居住条件这么困难，太危险了。"并呼吁"无论如何，再不能这样继续下去了"，于是在多方努力下，1989年，终于在塔院宿舍区的北侧挤出一小块地皮，盖起了两栋新塔楼。

除了住房，日常生活中无数鸡毛蒜皮也让大家束手无策。在20世纪70年代和80年代前期，国家还实行计划经济。吃、穿、用等都是凭证凭票供应。没有户口也就意味着很难生存下去。

没有北京户口，在京人员吃饭都成问题。

几百户职工，上千口人，每月都得由专人从四川梓潼粮食部门领出全国粮票带到北京分发给每户职工。一旦中间哪个环节出了问题或者慢了一点，就有可能造成职工饿肚子。

经过那个年代的人都知道，粮食和食用油都得拿着粮本到粮店购买，食用油的油票由粮店工作人员对照着粮本按月配发，可是，拿着全国通用粮票到粮店买粮食是不给配发油票的。经过九所与北京市粮食部门长期交涉，他们才同意九所在京出差职工、家属按外地人来京后报临时户口的办法，按每人每月定量用全国粮票兑换成北京市粮票，每人每月才给半斤油票。

除了粮油，因为没有北京市居民购货证（俗称副食本），平时大家蒸馒头用的碱面、洗衣用的肥皂、洗衣粉也买不到。过春节北京市民凭证供应半斤花生、三两瓜子，九所职工也无处购买。

1978年，在中央领导的关怀下，经邓小平亲笔批示，同意给九所职工及家属子女在京期间的生活供应与北京正式户口人员享受同样待遇后，才发给每户一个北京市副食本，而且一年只给三个月，其他月份全给划掉。

子女的入托、升学、就业更是令职工揪心的一件大事。特别是升中学、考大学，没有户口就不能参加考试。尽管1978年邓小平同志批示同意九所职工子女入学和北京正式户口人员享受同样待遇，但落实起来却不那么简单。北京户口的考生可以直接报名参加考试，而九所子弟则不行。因此，每年春天，所里早早把本年度参加中考、高考的学生名单上报给市高招办、区高招办、中招办，经他们审核同意后才能报名参加考试。未被录取者不能在京就业，必须回四川去找工作。其他像职工食堂、科研用车等等方面遇到很多困难，难以一一备述。①

因此，杨绪河感慨：

> 世人难以想象，中国唯一一支核武器理论研究队伍，出差北京工作、生活。他们想象不到在计划经济年代，九所职工家属上千口人因为没有北京户口所遇到的种种困难。他们更不了解，在如此艰苦的工作、生活环境条件下，九所前后几届领导班子带领广大职工，团结一心，同甘共苦，任劳任怨，忘我工作，先后完成了我国第一代核武器多个型号的理论设计定型方案；突破了中子弹理论设计技术；第二代核武器理论研究设计取得多个阶段性突破；高新技术研究有了一个良好开局。
>
> 只有亲身经历过这段历史的九所同志才知道其中的酸、辣、苦、甜、咸。这当中既有艰辛、困惑，也有幸福、欢乐。回忆往事，大家不但无怨无悔，而且感到十分欣慰和自豪。②

搬迁曲折　心生疲惫

因为搬机器是落实九所搬家的关键问题，所以，在一波又一波动员九所搬家的运动中，周毓麟承担着非常大的压力。他也很郁闷，一次又一次如实地耐心地向上级反映情况。

现有的计算机搬不了，为了开展科研工作，那么重新制造一台机器好

---

① 20 世纪 70 年代，在北京就医挂号也要户口本。有一次，于敏先生的儿子生病，于敏先生按照别人的指引，急急忙忙借了户口本去医院挂号，挂号窗口的护士拿着户口本问"你儿子叫什么名字？"于敏先生支支吾吾答不上来，被训斥了一顿。

② 杨绪河：从搬迁三线到迁回北京。见：北京应用物理与计算数学研究所编，《峥嵘岁月》，2014 年。

第十一章　蹉跎岁月　心有一烛　　181

了。很快，上级部门就指示由上海无线电十三厂为九所制造新机器。1975年的夏天，周毓麟和何桂莲接到通知，去上海接收这台新机器。

"文化大革命"期间，无线电十三厂已经无法保证正常的科研生产，在极左风潮影响下，造反派把持的技术部门居然乱改机器的逻辑设计，结果计算机是造出来了，可是稳定性极差，且复算不等，根本就不符合九所要求。

周毓麟和何桂莲两人都拒绝接收。

造反派恼羞成怒，上纲上线地叫嚣"拒绝接受就是反对'文化大革命'，就是反对王洪文！"并威胁他俩："让你们走不出上海滩！"

周毓麟和何桂莲顶住压力，坚持意见，最终没有签收机器。

图 11-3 1980 年周毓麟（右）与何桂莲（左）交谈

周毓麟忙中偷闲去弟弟周彭年家探望，万般无奈，又不敢直言，只能与亲人感慨世相杂乱。

在出现种种闹剧的同时，二机部为了解决九所搬家问题，还不断向九所派出工作组。

1975 年元旦一过，部、院领导就把九所所领导及组长以上科研骨干集中到北京香山饭店举办九所重返三线学习班（又叫香山学习班），以统一九所领导和科研骨干在九所重返三线问题上的思想认识。

学习班一开始，先学习毛主席关于三线建设的一系列指示和李先念副总理的一个批示，然后让大家讨论，谈认识，表态度。李觉副部长和赵敬璞局长坐镇。九院代院长郭英会以及部分院机关领导也参加了学习班。在学习讨论中，部院领导的观点是：建设三线是香山学习班的主题。

课题组长也被叫去参加会议，学习班开了一个星期又一个星期，不准请假，周末才允许回家。尽管在那个物资匮乏的年代，去香山饭店参会意味着能改善改善伙食，但是要把一个星期又一个星期的宝贵时间花在讨论搬家问题上，大家都觉得不值。有许多同志平时一心扑在具体科研工作上，让他们参加学习班，他们觉得莫名其妙，徐国荣就想请病假，但不被允许。

参加学习班的所领导，承受的压力可想而知。作为分管计算机的两位所领导，在搬机器这个问题上，上级领导要求周毓麟和何桂莲必须表态。

周毓麟回忆道：

> 当然了，搬家首先得要解决思想问题，不解决思想问题，就不能当领导了。当时，我跟老何（何桂莲）两个人心里明白，上面的意思就是：你们两个人如果不同意搬家，那么好，以后就别当领导了。我们去参加会议，心里很清楚，机器搬了也就等于不要了。但（在会上）怎么说这个话？所以我们也没吭声。走出门，何桂莲说：这下明白了，我不当领导好了。①

周毓麟也做如是考虑。总之，这个学习班，不但没有解决他的思想问题，反而让他心生疲惫，萌生退意。

李德元回忆说：

> 学习班纪律很严明，谁也不准请假，偏不凑巧学习班开班前夕，我感冒发烧，只能呈上医院开的病假条，总算得到领导批准推迟一周报到。等我到达香山饭店安顿下来后，发现大家私下里议论纷纷。周毓麟见到我很高兴地小声对我说："这下好了，赵书记（赵敬璞）前天在会上说了，根据办学习班的经验，领导同志表态一个就结合（进新领导班子）一个。"上级领导根本就不了解九所这些专家本来就是一批不想当官的料。既然表态一个就结合一个，那么不表态不就不结合了吗？于是谁也不按领导要求表态。②

---

① 周毓麟访谈，2014年12月30日，北京。资料存于采集工程数据库。
② 李德元访谈，2014年10月10日，北京。资料存于采集工程数据库。

不但不愿意表态，九所人反而以自己特有的执拗，制定出了一个我国核武器赶超世界先进水平的规划，并拿到会上讨论。于是，一方提搬迁是最大的政治，一方就说赶超是最大的政治。双方相持不下。

就在这样僵持的时候，国务院宣布了二机部部长的任命，刘西尧任部长。

1963年，刘西尧曾任二机部副部长，他对九所工作十分支持，那时正值氢弹理论突破时期，他经常到九所调研视察，详细了解研究工作进展。当时，二机部有三位姓刘的领导，九所人为了区分，更是出于亲切，称呼刘西尧为"西尧部长"。"文化大革命"一开始，西尧部长就以总理联络员的身份被派往中国科学院去了。如今，对九所情况比较了解的西尧部长回来了，九所的同志们在学习班上奔走相告，因为一把手是至关重要的人物，可能会带来戏剧性的反转。

果然，香山学习班的主题一夜间就变了，刘西尧显然对我国核武器如何赶超世界先进水平更为关切。同时，主持会议的部院领导考虑到香山饭店租金太高，于是就把学习班从香山饭店搬到城里南礼士路二机部招待所继续办下去。九所的同志们悄悄打趣说：总算是搬了一次。

到四月底，学习班以毛泽东思想学习班的名义宣告胜利结束，九所的同志又回到花园路继续工作。

学习班结束了，获得的一个胜利成果就是成立新的领导班子。二机部从下属的其他单位调来赵超、王立欣、韩潮等人充实进九所领导班子，赵超、韩潮任正副书记，王立欣任行政所长，周光召任业务所长——"文化大革命"时期的混乱可见一斑，九所同时有两位所长。

上级领导只是同意九所"暂不返回三线"，搬家的命令却没有取消或更改。因此，心知肚明的九所职工私下里戏称赵超、王立欣、韩潮等人是"搬家所长""搬家书记"。

新的领导班子要成立，部领导找周毓麟和何桂莲两位"老"同志谈话，客客气气说了很多话，两位老同志都明白，一致表态：为了配合新领导班子工作，两人都想卸任职务，安安静静地做自己喜爱的数学工作。

那时，恰因杨振宁回国的影响，对外交流渐渐提上九所工作日程，周毓麟和何桂莲表示：退下来，他们可以做一些基础研究，做一些学术交流，扩大九所影响。

不过，部院领导显然认为他们还不宜马上退下，于是，他们俩还是继续担任副所长。但从那时起，周毓麟就把工作重心逐渐向基础研究方向转移了。

应当承认，二机部为九所物色的干部，的确具备相当高的觉悟和水平。赵超、王立欣、韩潮等人积极配合业务领导周光召，抓紧进行核武器研制，并尽最大努力解决职工工作和生活中的困难。尤其是赵超书记，为做好九所工作，一直住办公室，用餐也只到职工食堂，因此受到职工的拥护。在深入了解到九所具体情况之后，赵超书记也承认：九所的确不适合搬三线。

从1975年到1978年，九所经历了短暂的平和时期。这期间，科研工作进展十分顺利。

但是到了1978年春，出于种种考虑，二机部和九院领导再次酝酿将九所在京出差人员送回三线。他们认为1975年组建的领导班子在重返三线问题上态度不积极，领导不得力，又对九所党政领导班子进行了彻底改组。

这次改组免去了赵超、王立欣、韩潮、周光召等人的职务，从九院在川单位调入三名干部任党委正副书记和副所长[1]，不愿意当"官"的于敏被任命为九院副院长兼九所所长。

此外，部院领导还预备从九院在川单位调入一批中层干部到九所各科、室任主要负责人。这个消息一经传出，立即引起了九所职工的不满。大家群情激昂，要求与院领导对话。

在未能与院领导对话后，九所职工采取了更为大胆的"上访"行动。据杨绪河回忆：

---

[1] 被免职的同志受到了一定的"处分"，如赵超、王立欣被调离二机部到地方任职，适逢国家冻结职工工资近二十年后初次调资，但赵超、王立欣的工资维持原级别，不予调升。九所职工一直很感念赵超这位实事求是的"搬家书记"，总是很亲切地邀请他回所看看。另外一件有意思的事情是，新的"搬家书记"到任后不久也收回了一定要搬家的口风。

第十一章 蹉跎岁月 心有一烛 185

九所所有基层党支部和分工会自发写出大字报到三里河二机部办公大楼前张贴，表明九所广大党员和职工对此决定的态度和意见，要求与李觉副部长对话。此举惊动了国防科委和中央有关同志。①

　　"过激"的群体性事件发生后，周光召首当其冲受到影响，他离开九所，到二机部任职，旋即又离开二机部，到国外做访问学者。回国后，他接任彭桓武的中科院理论物理所所长职务。

　　声声"搬家"催促终究还是动摇了九所人心。包括周光召、黄祖洽、秦元勋、江泽培四名专家在内的一大批科技人员纷纷调离九所，最后，理论部八大主任，坚守九所的只剩下于敏、周毓麟、何桂莲三人。②

　　这期间也是九所人才流失最为严重的时期。据杨绪河统计，约有一半的科研人员调出。人才的流失不可避免地削弱了九所的科研实力。周毓麟就多次痛心地说：从九所调离的数学专业的人数之多，完全可以组建一个计算数学研究所。

　　直到改革开放之风吹遍神州，实事求是、一切从实际出发的思想路线得到高度认可，人们的思想全面解放，搬家之风才告暂停。经过几任院所领导的共同努力，1988年，九所的建制终于回到北京，1989年，职工和家属的户口也迁回北京。③

---

　　① 杨绪河：从搬迁三线到迁回北京——亲历九所搬迁二十年。见：北京应用物理与计算数学研究所编印，《第一颗原子弹爆炸成功五十周年纪念文集》。
　　② 邓稼先已于1972年任九院副院长，1979年任院长。
　　③ 1987年5月15日、1988年3月17日，核工业部两次致函国防科工委，说明九所的历史和现状，提出将九所职工和家属的户口迁回北京。1988年3月18日，国防科工委明确九所机构所在地是北京，同年8月17日，获国务院正式批复国家人事部"国务院同意九所建制设在北京，对该所现户口在四川的人员，可以一次将他们的户口迁入北京市，家属的户口按有关规定相应解决……具体事宜，请你部与有关部门协商办理。"此后又经过九所与国家人事部、北京市公安局的多次联系沟通，明确了办事程序和具体要求后，九所自己做了大量具体工作，1989年5月17日，九所职工家属子女的户口迁回北京市，1989年6月3日下午，北京市居民户口本发到职工手中。自此，经过二十年的漫长出差，九所回到了她的出生地北京市海淀区花园路6号院（原3号院）。参见李德元《我所知道的九所户口问题》、杨绪河《从搬迁三线到迁回北京——亲历九所搬迁二十年》。见：北京应用物理与计算数学研究所编印：《第一颗原子弹爆炸成功五十周年纪念文集》。

第十二章
开辟基础研究新领域

九所的"四人帮"

20世纪70年代末,科学的春天来到了,九所这样一个保密单位的对外交流稍稍解冻。周毓麟也将自己的视线更多地投向基础研究领域。

九所所史如下记载:

> 九所的应用数学理论研究始于1978年。当时是在改革开放的精神鼓舞下,结合核武器理论研究工作的实际情况,抽出部分工作时间和业余时间开展与专业相关的应用数学研究。

九所的应用数学研究从一开始就带有鲜明的特点,即与物理问题、实际问题紧密联系。当时的研究涉及两个方面,一方面是非线性偏微分方程,其中包括色散波方程、孤立子方程如 Kdv 方程、非线性 Schrodinger 方程、BBM 方程、Zakharov 方程、BENJAMIN-ONO 方程、铁磁链方程、Sine-Gordon

方程、中等深度水波方程等以及与此相应的耦合方程组等，对于这些定解问题整体解的存在性、唯一性、稳定性、渐近性等建立了一套完整的数学理论和研究方法；另一方面，开展了偏微分方程的数值理论的研究，主要是差分方法的收敛性和稳定性，这方面是与九所工作紧密结合的，例如，流体力学、中子输运方程的计算方法，也包括上述的非线性色散方程的数值方法等。

周毓麟和孙和生、符鸿源、郭柏灵等人开始广泛参加各种学术交流。1980年由陈省身先生倡导，在北京召开的第一届双D学术会议，1982年长春举行的第二届双D会议，1985年在南开召开的第三届双D会议以及其他国际会议，他们都积极参加并去做学术报告。

因为九所的保密性质，不可能大规模地选派科研人员参加对外交流，所以总是由他们四人代表九所参会，于是被戏称为"四人帮"。

图12-1　1982年与符鸿源（右）合影

图12-2　1982年在桂林参加第二届偏微分方程会议（左起：叶其孝，孙和生，周毓麟，董光昌，张恭庆）

这一阶段他们的工作特点是，抓住了热点问题，创立了自己的方法，建立了比较完整的理论体系，特别是在铁磁链方程、Kdv方程等研究中做出了出色的工作，在国内形成了一支具有特色和影响的研究队伍，共发表论文约400篇，其中在《中国科学》杂志上发表约20篇。

从1982年开始，周毓麟和李德元、符鸿源、郭柏灵、沈隆钧等人也对偏微分方程的数值解进行理论研究。周毓麟建立了离散空间的Sobolev插值定理，李德元、符鸿源主要从事拟线性双曲方程差分格式的研究，郭柏灵则对非线性Schrodinger方程，Zakharov方程以及其他色散方程的差分方法、谱方法开展研究，沈隆钧主要研究非线性偏微分方程显式差分格式以及并行计算方法。

六十岁再创辉煌*

1980年前后，在人生迈入60岁之际，周毓麟开始了对非线性发展方程及其差分方法的研究，创造性地开辟了多条行之有效的途径。这一时期他的一项重大成就是建立了离散泛函分析的方法和理论，并成功地运用于非线性发展方程差分方法，形成了独树一帜的系统理论。他在这期间的合作者有沈隆钧、袁光伟、李德元、符鸿源等。

图12-3 与沈隆钧讨论工作

图12-4 1993年2月周毓麟夫妇与学生姜礼尚合影

图12-5 2012年与苗长兴（右）、许孝精（左）合影

图12-6 2012年与袁光伟合影

* 此节内容表述参见袁光伟《周先生教我离散泛函分析理论》。见：北京应用物理与计算数学研究所编，《周毓麟八十华诞庆贺文集》，2003年。

第十二章 开辟基础研究新领域

由于计算机的发明和发展，有限差分方法已经成为求解实际问题最有效和最常用的计算方法之一，对于武器研究中的科学问题，它所呈现的是一组非定常的非线性偏微分方程组，这组方程是没有办法求出解析解的。因此，在给定了定解条件后，只有对这组偏微分方程作有限差分近似，求助于用数值方法求解，即进行大规模科学计算。

在周毓麟创立离散泛函分析方法并应用于有限差分方法研究之前，非线性偏微分方程问题的差分格式理论不能说是系统的完整的。在研究方法上，比较多的重视离散化后得到的代数方程组的"代数"性质，常常是采用启示性的方法。

周毓麟提出了一个新的、非启示性的、严谨的方法，他花费多年的时间研究了这种非线性偏微分方程（组）有限差分格式的基本性质和对非线性偏微分方程（组）的渐近问题，获得了一系列完整而深刻的结果，形成了一个新的体系。并于 1990 年出版了英文版专著 *Applications of discrete functional analysis To the finite difference method*（《离散泛函分析在有限差分方法中的应用》）。

他不是直接开始对非线性发展方程差分方法进行研究，而是首先建立基本的研究手段和工具，即离散的 Sobolev 空间理论。正所谓"工欲善其事必先利其器"，经过大约两年的深入研究后，他终于系统地建立了各种离散范数下离散函数的内插不等式，所得结果十分简洁、完整，与连续情形的内插不等式相比是交相辉映、毫不逊色。

假若了解到连续的 Sobolev 空间理论在非线性偏微分方程理论研究中发挥的巨大作用，就不难发现离散的 Sobolev 不等式在差分方法研究中所起的重要作用。

后来，他又对非一致网格同样建立了离散 Sobolev 空间理论。

他在一部专著的自序中这样总结回顾自己的工作：

> 有限差分法是求解偏微分方程数值解具有较大普适性的方法。由于有限差分近似方程解的先验估计的复杂性，一般都采取启示性的方法来研究差分解的基本性质。从 20 世纪 80 年代初，我开始研究离散

函数空间的离散泛函分析理论与方法，建立起具有基础性质的离散函数范数间的内插公式，利用这套理论与方法来研究非线性偏微分发展型方程的有限差分方法，研究有限差分解的一系列基本性质，把差分法理论研究建立在数学严格性的基础上。①

在 20 世纪 80 年代初，周毓麟将这些新的理论、新的方法、新的处理在所里做了系列报告，这些报告包括有：离散函数范数间的内插公式，差分解的存在性、唯一性、收敛性与稳定性，不等步长的差分格式，多维方程组的差分理论，具有并行本性的差分格式以及非线性差分方程迭代求解的收敛性与迭代差分格式的收敛性等。这一系列报告，分析深刻严谨，阐述清晰流畅，体现了他做学问一丝不苟的精神。

他对听报告的同志也提出了很严格的要求。每次报告前他会看一看年轻科研人员记的笔记，检查上次报告会后布置作业的完成情况，以便了解报告的效果和大家掌握的情况。他的这一系列报告，是对所里的数学工作者在有限差分格式理论和方法上的一次新的学习和训练，并应用于流体力学数值方法研究和计算，指导大家对有限差分格式的性质进行推导、证明、分析和试验。

袁光伟研究员高度评价了他的这一创造性成果，称之为"他最深刻、最有分量的成就之一"：

> 他的这些工作引起了这个领域中一系列创造性的后续研究，成为偏微分方程数值解研究的强有力的方法。正是由于这些方法，现在大型计算机才有可能发挥其高性能，成为日益成功的数值计算工具。离散泛函分析方法成功的原因是把处理离散问题和连续问题的方法融合在一起，发现了推广到高维问题、非一致网格问题和并行本性差分方法问题等方面的正确途径，并认识到在很多问题上不可避免地出现复杂性。把离散分析与连续分析的思想交织在一起，结合出深刻而瞩目

---

① 《微分方程数值解》，自序，河北教育出版社，2003 年 4 月出版。

的新结果，其主要工具是先验估计、不动点定理、插值公式等，这些和偏微分方程理论方法有密切关系。离散问题研究中存在与连续问题相类似的理论，是任何一位训练有素的分析学家不会感到惊讶的，但建立关于离散的数学基础，存在连续问题中不出现的内在的困难，周先生解决了这些问题。严密的巧妙的论证常常位于问题的中心，但这不是整个理论的全部。周先生长期从事大型科学与工程计算的实践，这成为离散泛函分析与差分方法理论创造的源泉，使研究工作强烈地反应着实际背景和具有指导计算实践的应用前景。[①]

研究成果喷涌而出

改革开放后，由于研究工作进一步深入的需要，学术交流开始多起来。周毓麟开展了在非线性偏微分方程与计算数学方面的很专注的定向研究。由于整整 20 年没有发表一篇文章，他觉得要对自己的知识结构做一些"技术改造"。

如何改造呢？还是加强学习和调研。他调查了大量的数学和相关文献。周毓麟自陈：这一时期，每周做摘要笔记百余页约 8 万字左右，"坚持了一段不短的时间，也就接上了现代的研究，做了一些具有物理与力学背景的非线性发展方程问题的研究工作。"

这一时期，他的研究成果喷涌而出。从 1980 年到 2003 年，他与合作者发表论文共 130 余篇，丰硕的研究成果展现了他雄厚的理论基础与丰沛的研究激情。

这期间，周毓麟还出版了两本重要的著作，撰写了一批讲义。《一维非定常流体力学》由中国科学出版社正式出版，《拓扑方法及其在分析中的应用》由河南人民出版社出版。撰写的讲义有《非线性双曲型方程及差分

[①] 袁光伟：周先生教我离散泛函分析理论。见：北京应用物理与计算数学研究所编，《周毓麟八十华诞庆贺文集》，2003 年。

格式的人为粘性》《非线性发展方程问题与方法》《离散泛函分析在差分方法中的应用（英文）》《中子输运方程问题》等。

伴随这些丰硕成果的，是他以坚强的意志与病魔进行的不屈不挠抗争。

年轻时不时发作的胃病，因为长期得不到有效治疗，终于积攒下来，闹了一出大爆发。1987年5月，周毓麟陪同奥列伊尼克老师访问考察，刚把老师送走，他就因为胃部严重不适而病倒了。家人把他送到协和医院，医生诊断结果很不好，怀疑是贲门癌，建议立即手术切除。

这对于周毓麟全家而言是个沉重打击，也面临一个紧急而艰难的选择。在那个时候，医疗手段所限，贲门切除后会对日常生活造成严重的影响，但是不做手术，医生提醒很可能病情会恶化。在经过多方面考虑后，徐明月最终在手术同意书上签字。

手术进行得很顺利。但是贲门切除了，胃部就像是少了一道大门，而且是连接食道和胃部的大门，所以，手术后，他不能平躺着睡觉，从此，他就只能坐着或上身斜靠在高高的被褥上休息，以免胃酸倒灌刺激食道。

手术后有好长时间周毓麟睡不好也吃不下，但他却坚强地忍受着身体的不适和疼痛，还在坚持工作。一旦有同事去探望他，他立即很愉快地讨论工作，谈话一如既往的爽朗，表情中看不出一丝病痛的痕迹。

1995年，周毓麟又接受了第二次手术，在他住院后，沈隆钧和袁光伟相约去探望他，当时他正在病床上等待第二天的手术，那时他的关注点在对并行本性的差分格式的构造及其基本性质的分析上，见到两位同事到来，他立即兴致勃勃地讨论起研究工作的进展，完全没有对次日的手术有一丝一毫的担忧。1996年，在周毓麟又一次生病住院期间，又是在病床上，他与探病的同事兴致勃勃地讨论起隐式格式的迭代收敛性与迭代差分格式的收敛性。

疾病不能阻挡周毓麟对数学的执着追求。在他动大手术后，大家劝他要多保重身体，不要像以前那样拼命了。可是他就是闲不下来。每当他被邀请在会议上作报告，一旦郑重答应，他就会花上几个月的时间，就有关内容做深入研究。他拿到会上去作报告的，必定是研究的最新成果。他的一丝不苟不允许自己偷奸耍滑，博取虚名，所以他对待每个大会报告，都秉持严谨客观的治学态度加以准备。由于在会前多有这种高强度的工作，因此，每每参加完会议，他往往会大病一场。要经过一段时间的作息调整才能逐步恢复过来。

周毓麟曾经多次对外甥孙全康说过：自己不愿意只是出席会议做一般性发言，更不会把已经发表过的论文做少量修改或补充后拿到不同的会议上去作报告。

周毓麟对数学的执着、那种忘我的严谨的研究精神最让同事们感动。

推动研究生教育和学科建设

20世纪80年代初，在全国研究生教育蓬勃发展的同时，九所的研究事业仍处于相对封闭的状态。"文化大革命"十年造成的人才断层，以及因九所搬家问题引发的一批人才流失，使得所内人才缺失的影响日渐明显，周毓麟等人在外交流的同时也开始思考，如何借助研究生教育这个平台，加强基础研究，扩大学术影响，为国防科技事业储备人才。

周毓麟的想法和李德元所长不谋而合。1984年，在李德元、周毓麟的共同倡导下，九所开始筹备研究生教育，他们俩共同努力，一批有识之士积极奔走，九所取得学位授予单位资格。同年9月1日，九所研究生部正式成立，当年招收研究生14名。

李德元回忆说：

> 他比较早有想法，不断地讲要搞研究生教育，讲这个事很重要。他当时推动办研究生部，推动跟外面的学术交流，因为他和北大也很有些关系，有些外边的人知道他。改革开放以前，（花园路）六号院是块禁地，任何外人进不来，咱们也出不去，对外是没法交流的。那么他开展这方面的工作，他主动跟北大这些单位联系，他出去做做报告，请北大的专家来讲讲课，促成对外交流，这方面他是有贡献的。

九所成立研究生部后，中国工程物理研究院（下文简称中物院）下属的好几个研究所也纷纷筹办研究生教育。1987年，经国务院学位委员会批准，中物院取得学位授予单位资格，并于1987年8月27日在北京成立"院研究生部"，将各所研究生教育统一管理。在1999年以前，院研究生部主任均由九所所长兼任，研究生部在北京的工作人员及其人事关系隶属于九所。这种管理模式对九所研究生教育事业的发展起到了积极促进作用，也为核武器事业培养和输送了一大批具有较高学术水准、具有开拓创新能力的高层次科研人才，有效改善了科研队伍人才结构。[1]

周毓麟培养了六名研究生，人数虽然不多，但是他对学生严格要求，严谨细致的学风对学生影响很深刻，他的学生均为研究生中的佼佼者，其中有两人的论文获得北京市青年数学优秀论文二等奖，一人获三等奖。1991年3月5日，他获得中物院研究生优秀导师光荣称号。

为了不断适应核武器研制任务发展的需要，持续提升九所的科研能力，从20世纪80年代初开始，周毓麟大力呼吁加强九所的学科建设、学术交流，他特别强调要加强基础研究。在他的主张和倡导之下，九所成立了非线性研究中心。而且从1980年以后，九所每年的工作计划，最后一条就是基础研究。像这样，由年度计划来明确基础研究工作的开展，在整个中物院，九所是领风气之先的。

"我们的好会长"

周毓麟还从事了很多社会工作。

他在偏微分方程方面系统、深入的研究，引起了同行们的广泛兴趣，产生了深远影响。20世纪70年代中后期，他开始担任各种相关学会的理事、顾问、多种数学丛书和刊物的主编，被邀请在许多学术会议上作报

---

[1] 吴明静、刘玮：追求无极限。见：中物院研究生部编，沃土育英才，学子载使命——中物院部分研究生事迹集成，2004年。

告，在国内十几所大学或研究所举办讲习班、讲座，介绍他的研究成果。当时条件十分艰苦，为了推动工作，他克服了很多困难，坚持到底。

有一次，内蒙古大学邀请他去讲课，不巧，他病了好几天，高烧不退。许多同事和朋友劝他取消这次行程，徐明月也让他先考虑身体，但他思及已经答应对方，还是坚持前往。为打消妻子的顾虑，他把高达39度的体温计用力甩了甩，把读数甩下去，谎报自己的体温已经降下来了，按原计划去了内蒙古大学。

图12-7 1980年全国计算数学年会合影（摄于昆明西山。前排左起：朱德祥，徐桂芳；中排左起：卫念祖，袁兆鼎，赵访熊，徐献瑜，胡祖炽；后排左起：周毓麟，石钟慈）

图12-8 1987年12月周毓麟在昆明参加"全国数值代数学术交流会"时的合影（左起：徐国荣，郭柏林，周毓麟）

1978年，周毓麟和冯康先生一起推动建立中国计算数学学会，并倡议召开了昌平会议。

中国计算数学学会是中国数学会下面的二级学会。昌平会议是中国计算数学学会的创始会议，会议选举赵访熊先生担任第一届理事长，周毓麟、冯康、袁兆鼎等人担任副理事长。

昌平会议是周毓麟的一段美好回忆。那时，"文化大革命"已经结束，人们又可以轻松愉悦地追求科学梦想了。他和好友冯康、袁兆鼎等人严肃认真地商量如何发展计算数学学科，既讨论学会工作，也交流十年动乱中自己的经历和感触。当时条件有限，他和袁兆鼎、吴文达、石钟慈四个人住一间房间，但是在轻松振奋情绪的感染下，大家连夜畅谈，毫无倦意。

冯康是周毓麟在清华大学的老相识，同住工字厅的邻居。冯康原是学电子学的，但他对拓扑很感兴趣，有一段时间，他身体不好，在宿舍休养。休养在家还捧着拓扑学的书苦读，有时还请教周毓麟。后来他转向应用数学，在有限元方法研究方面作出了杰出的贡献。

图 12-9　1993 年 2 月周毓麟七十寿辰 [冯康（中）说：50 年代初，我们在清华工字厅邻居三年，大家说，你们这对夫妻啥都好，就是缺个孩子]

冯康思想敏锐，赵访熊先生卸任理事长后，他连续担任了两届理事长。1987 年，周毓麟和他深深感到国家应该在科学计算方面予以更大的重视，两人倡导、策划、合作起草了我国计算数学学科赶超世界先进水平的发展规划，并向当时的国务院总理李鹏做了汇报，在李鹏总理的支持下，科学计算列入了 1991 年攀登计划第一批项目[①]。

大规模科学与工程计算的方法和理论研究，重点是计算方法及其理论，有别于特殊领域的科学、工程问题的计算的研究。这种计算方法的研究有比较明确的应用背景，并对特定学科的研究工作有重要的应用价值。因此这一研究属于基础和应用基础研究。冯康担任课题的首席科学家，周毓麟、石钟慈、曾庆存、应隆安、郭本瑜、蒋尔雄、周天孝、宁玉田等加

---

① "攀登计划"是为了加强基础性研究而制订的一项国家基础性研究重大项目计划。为了加强对基础性研究工作的领导，根据中国经济建设的需要和科学发展的趋势，对具有全局性和带动性的重要项目由国家组织，开展研究工作。攀登计划的内容包括以认识自然现象、揭示客观规律为主要目的的研究；围绕社会生产和学科发展提出的具有重大或广泛应用价值的、探索新原理、开辟新领域的定向性研究；对基本的科学数据进行系统的考察、采集、鉴定并进行分析、综合、探索基本规律的研究。

第十二章　开辟基础研究新领域　　*197*

入专家委员会。

1991年9月2日至9日，在第一次专家委员会会议上，拟定了该项目所选择的研究课题和内容，有：哈密尔顿（守恒）动力学的数值模拟与辛几何算法（有限维系统针对天体力学、等离子体约束、高能加速器等方面的长期预测、多刚体运动与控制、半经典渐近余射线追踪等，无限维系统针对不可压流、非线性波方程、量子力学与量子场论的酉几何算法等），非线性偏微分方程计算方法及其基础理论（包括差分方法、谱方法、粒子法、涡度法、分岔问题等，针对勘探技术的波动方程反演问题等），计算流体力学方法（针对高、低速流、涡流、射流等问题，研究高精度、高分辨率的差分格式、网格生成技术、区域分解算法、自适应算法、地球物理中计算方法、多重网格及其他快速算法），有限元方法与复杂结构，复合材料的计算方法和理论（包括非常规有限元、迭代校正、多重网格、区域分解及有限元的并行算法等若干前沿算法、有限元的标准化及有限元语言等），量子化学与结构化学问题的计算方法的探索研究（包括在现有框架下提高效率的研究和借鉴于流体力学计算方法引渡到量子化学计算的可行性探索工作），线性与非线性代数方程和优化的计算方法及其理论（包括大规模稀疏对称方程及非对称特征问题、代数特征值反问题、非线性代数方程组的同伦算法、复杂性理论、线性规划的多项式算法、非光滑优化、非线性优化的信赖算法、大规模优化计算方法，如结构工程优化）。

项目分为六个组：动力系统与计算方法、偏微分方程计算方法及其理论、计算流体力学、有限元与结构力学计算方法、量子化学计算方法、代数与优化计算方法。周毓麟担任偏微分方程计算方法及其理论组的负责人。

周毓麟和冯康都很关注并行算法的发展，在项目报告中特意提到：

> 并行算法是科学计算的发展趋向，但由于存在设备问题和项目安排的考虑，本项目提倡在各个子课题的领域内开展研究，而不单列子项。由于科学工程计算是学科交叉的领域，在研究中我们特别强调多种学科的研究人员合作，并着重开展学科交叉的人才培养，为各专业工作者培训掌握现代计算方法，也为计算工作者培训提高有关专业知

识，从而推动科学计算的发展和应用。

从1990年开始，直至1995年，周毓麟担任中国计算数学学会理事长，后任该学会名誉理事长。

他当理事长不只是挂个名而已，而是亲自过问具体事情，在他的倡导下，计算数学学会成立了下属四个工作委员会：学术委员会、咨询委员会、青年工作委员会、教育工作委员会，经过一段时间的运行，这几个委员会的工作收到了比较好的效果，推动了计算数学事业在全国的发扬光大。

1991年5月1—4日，他领导中国计算数学学会成功举办了天津会议，他主持会议，获得了极大的成功。天津会议是第四届全国计算数学年会、第五届全国高校计算数学年会和第二届偏微分方程数值方法讨论会共同召开的大会，是新中国成立以来计算数学界规模最大、出席人数最多的一次盛会，出席者达320余人，200多篇文章在会上交流。

这次会议举办前一天，同辈兄弟姐妹中与周毓麟最为亲密的三姐凤轩突然离世，他在天津接到猝然而至的噩耗，倍受打击。但是会议日程已全部定好，为了顾全大局，他强忍悲痛，依然按计划主持会议。开幕式结束后，他对同事、计算数学会秘书长张景琳说：心里面很难受，想安静地休息一下。这时，张景琳才知道他亲人离世的消息。

天津会议，盛况空前。最让人们激动的是，周毓麟的恩师陈省身也参加了会议。5月1日开幕式上，当周毓麟搀扶陈省身先生走上主席台时，全场爆发出热烈掌声。

与恩师再结缘

陈省身大师是周毓麟的人生路上最为关键的一位领路人。周毓麟始终对陈省身先生抱以最真诚的敬意。

每每回忆在陈省身先生指导下，在中研院数学所学习工作的经历，周毓麟总是感慨：学风正，学习氛围好！而学界也有普遍的认识：

> 接受过这份"拓扑"洗礼的青年，都感受到一股学术的正气，在任何岗位上都是兢兢业业，一丝不苟，正正派派做学问。人格的感受，也许是学子们最大的收获。①

1972 年 9 月，阔别故国二十三年的陈省身先生应邀回国访问，先后会晤聂荣臻元帅、国务院副总理方毅、国务院科教组组长周荣鑫，以及郭沫若、吴有训等中国科技的领导人。张奠宙、王善平所著的《陈省身传》记载：

> 在北京期间，陈省身专程到中国科学院数学研究所做了题为"纤维丛和示范性"的演讲，演讲中提到了刚刚出现不久的阿蒂亚—辛格指标定理。这位处于隔绝状态的中国数学界，带来了一股清新的气息。

陈省身大师的报告会，包括周光召在内的多位九所科研人员都去参加，周毓麟当然也去了。但是因为单位的保密性质，周毓麟没有主动和老师打招呼，只是静悄悄地坐在不显眼处听报告。

自上海一别，他和老师已经二十多年未见，心情自然感慨万千，无数话语哽咽在心头却无法倒出。报告会结束后，他随着单位同事步出会场，低调地准备离开，未料到听见吴文俊在广播里喊他的名字：陈先生要他参加下午的座谈会。周毓麟这才恍然，只怕他一进门，陈先生就认出了这位昔日弟子。

下午，周毓麟提前来到会议室，他想把自己这三十年来的情况跟老师谈一谈。陈省身先生说：你的情况我知道的，你到苏联去了，学了微分方程。

尽管隔了有三十年的光阴，他对自己学生的情况还是很了解。看着陈

---

① 张奠宙、王善平：《陈省身传》，天津：南开大学出版社，2011 年 10 月第 2 版，第 129 页。

先生那沉静安稳的面容，那充满智慧的微微含笑的眼神，感受到老师对自己的关爱与惦记，周毓麟感动莫名。

从 1976 年开始，陈省身频频回国。1979 年，陈省身在加州大学正式退休，虽然后来又担任美国国家数学研究所的首任所长，但从 20 世纪 80 年代开始，陈省身慢慢开始了一系列为提升中国数学水平的努力。

鉴于多年来中国数学与国际数学发展的潮流存在比较大的隔阂，特别是在微分方程和微分几何方面的差距更大，陈省身倡导在中国召开一次"微分方程和微分几何国家讨论会"（简称"双微"会议），他亲自出面邀请世界上一流的数学家到会演讲。1980 年 8 月 18 日至 9 月 20 日，首届双微会议在北京举行。以后每年举行一次，至 1986 年为止，共举行了 7 届。周毓麟积极响应恩师的号召，在他的带动和鼓励下，每届"双微"会议，九所都派员参加。

1984 年，陈先生在南开大学创办数学研究所，2000 年，陈先生回国定居，师生之间联系更为密切和融洽。2003 年，周毓麟八十华诞，研究所为他召开学术座谈会，陈先生还专程到会祝贺。

图 12-10　2003 年陈省身光临周毓麟八十华诞学术座谈会

图 12-11　1991 年与恩师陈省身在一起

第十二章　开辟基础研究新领域

图 12-12　2003 年 2 月和陈省身、吴文俊交谈

图 12-13　2003 年 2 月周毓麟八十华诞纪念会合影（后排左起：外孙女黄如川，周毓麟，徐明月，女儿周凤明，女婿黄正；前排左起：朱光亚，陈省身）

第十三章
甘苦自知　人淡如菊

数学打造生活

周毓麟一生挚爱数学，对数学可谓痴迷。

他没有什么业余爱好，同事和亲友都说不出他有什么其他的偏好，从青葱少年到耄耋老者，他始终在思考数学问题，也始终真诚鼓励与支持数学研究。书柜里堆得高高的满满的读书笔记和成打的资料卡片就是他几十年持续研究的丰富记录。

他一直有记效率笔记的习惯，年轻时，他的效率笔记严格记录了每天、每周用于数学工作的时间。八十岁以后在家颐养天年，他还是坚持记笔记，这时期记录的除了数学问题，也涉猎一些政治、军事和历史书籍的读后感。

人生步入九十岁，他的精力还是那么健旺，但遗憾的是由于青光眼的缘故，视力减退得极为迅速，很快就发展到无法阅读和写字。这对于一位始终沉浸在数学研究中的数学家来说，是格外的憋屈与痛苦。他有时也自嘲：是不是年轻时用眼过度了，所以提前把视力的份额给用完了。

视力下降了,他还舍不得停笔,要女儿给他买大本子,他摸索着在上面"涂涂画画"。

他爱与人聊天,但并不擅长拉家常。过去的老同事、老朋友来探望他,往往三句话一过,他就自然而然地讨论起数学问题,用手指在空中不断描写几何图形和公式,这时,他的脸上会闪现出奕奕神采。可以想见,他的脑海里还是充溢着数学,那是他永远的生命源泉。

但周毓麟也绝不是报告文学里的陈景润那样出了书斋就无所适从的书呆子。

女儿周凤明记得,自己小时候,因为母亲在中专学校任教,离家远,工作忙,经常照顾不了家,父亲既要忙工作,又要教育女儿,但他很少表现得手忙脚乱,更从无抱怨或者烦躁。

因为长年从事严谨细致的数学工作,周毓麟做什么事情都有条有理。所以,尽管享受过很长时间不理柴米油盐的洒脱生活,但他一旦做起家务,也能做得很好。他体贴妻子,妥善照顾女儿,家庭生活温暖和谐,富有独特的情趣。

图 13-1　女儿幼时全家福

图 13-2　1973 年在颐和园

周毓麟向来对女儿极有耐心,从不嫌烦。

女儿小时候,爱读书的他希望培养女儿的阅读习惯。但那时是"文化大革命"时期,买不到适合孩子的童书。有一次,周毓麟发现报纸上把一些英雄人物的事迹画成连环画,他灵机一动,把连环画剪下了,粘贴成一本连环画书。这本自制的小书,女儿非常喜欢,他就一边读报一边剪贴,几年中居然制作了好多本"小人书",他和女儿一起阅读,父女俩都觉得很有意思。

刚上小学时，女儿不太适应，学习有点吃力，父亲就很积极地想办法，他说：我工作的时候总做一些读书笔记，那也给你做一套汉语拼音卡片吧。

现在的孩子很容易就能买到种类繁多的拼音卡片，但是在20世纪60年代可没有卖的。周毓麟找来一些硬挺的卡片纸，把全部拼音做成小卡片，一个声母制一张，韵母按另一种格式一张张地做，四声也有四个卡片，他就拿这些卡片来辅导女儿，教她如何拼音。这些卡片做的很精致，他用刮胡子的双面刀片来裁剪，大小完全一致，摞起来也很整齐，而且他还用硬纸板折叠出一个非常合适的收藏卡片的小盒子。这盒独家制作的卡片不但激发了女儿的学习兴趣，而且也让同龄小朋友大为艳羡。

周毓麟带孩子有一个"独门绝技"，总能把生活中的事化作数学问题，在哄女儿时就使用这招，用数学问题来引导女儿动脑筋。

女儿要吃冰棍，父亲就会问冰棍三分钱一根，咱们一家三口三根冰棍要多少钱？出去买菜也带着女儿，会问：鱼三角八分钱一斤，这条小鱼一斤半要多少钱？他洗衣服时女儿过来撒娇，他会一边搓洗衣物一边笑眯眯地问：是打开水龙头一直漂洗来得干净还是漂洗一次拧干一次再漂洗来得干净，为什么？他一问，就成功地把女儿打发到一边自己思考去了。

妻子徐明月空闲时候要织毛衣，女儿偏缠着妈妈要出去玩，周毓麟从不会说"大人做事别捣乱"之类的话，而是告诉她：妈妈现在织一圈共多少针，每织一圈就加一针，加到一定的针数就可以放下来休息了，那你自己计算一下，妈妈还要织多长时间才能陪你玩。于是女儿就安静下来，先观察妈妈织毛衣织一圈所花费的时间，再计算出自己等候的时间。家里的气氛总是很安详，生活很有秩序。

女儿上小学后，母亲出差比较多，每当周末想吃顿好的，女儿向伏案工作的父亲提要求，父亲也向女儿提要求：你想吃鱼就去买鱼，你想吃肉就去买肉，收拾好了我来做。周凤明就先去把食材买好洗好，然后父亲来下厨，两人分工合作。所以，尽管周凤明从小备受娇宠，却也不娇惯，很小就会做家务。

在他的启发下，女儿很早就建立了数字的概念，心算比较快。看到女儿在百位数的运算中进位迅速、准确，周毓麟很是惊喜。后来史丰收的速算法

第十三章　甘苦自知　人淡如菊

风靡全国，周毓麟发现女儿的心算方法和史丰收的速算法竟然惊人地类似，故此，他也很遗憾，因为忙于工作，没有及时为女儿把这一套方法总结出来。

当然，做家务时一心二用也容易出差错。他一旦工作是很投入的，就不会想到别的事情，即便不坐在书桌前，在屋子里走来走去的，往往也是在想问题，周家煮饭煮糊的频率很高，烧水的壶也经常坏，他把锅放到火上，就开始思考工作了，往往闻着糊味、壶烧干了甚至烧漏了才想起来。

不过，周毓麟对自己的厨艺很满意，有一次回忆往事时，他很得意地说，自己随便做一顿面条，"小明（女儿周凤明）也爱吃，嘟嘟（外孙女）也爱吃。"

他是数学迷，但也是会安排生活的人。

亦 师 亦 友

周毓麟的性格直爽开朗。在长期的研究工作和教学生涯中，培养和辅导了一大批卓有成就的数学人才，他严于律己、是非分明、热情待人、坦率真诚，被许多数学工作者称赞"亦师亦友"。

他的治学态度十分严谨，提倡在学术研究上要精益求精，不要不懂装懂，要多争论，不要碍于情面，在许多学术讨论会上，他往往是提问最多的人，而且对问题是一追到底。

郭柏灵院士记得这样一件事：

记得我们曾讨论的偏微分方程的一个周期初值问题，涉及 Sobolev 不等式的常数 s 问题，一般而言，只要 s 是一个正常数就行了，然而老周却对这个常数是否与问题的边界周期有关进行了更深一步的思考。在得出具体的结论之前，他要求我先不要写文章投稿，而是更广泛地查阅资料，亲自仔细推导每一步的过程，最后经过努力得到了明确的结论，这时才同意我投稿，这件事情使我明白，即使再细小的学术知识点，也要亲自检验和学习，不能轻易引用别人未经证实的结果，这让我对老周严谨的学术作风肃然起敬，钦佩之情油然而生。

他对做科学论文有一个著名的要求，"假设要弱，估计要精，结果要强"。因此，郭柏灵院士评价他：作风严谨、一丝不苟，并有强烈的创新精神。

他的严谨，不仅体现在对知识的追根究底，还体现在学术论文的写作方面，从论文结构的布局到重要章节的安排，从专业语句的使用到标准数学物理符号的拼写，他都要求自己和学生严格按照标准来完成。对论文的参考文献，标点符号的使用，他也亲自修改，自己查阅，确认文献引用的准确与否。

每次听学术报告，他都认真记笔记，他的笔记非常工整，字迹清晰。许多熟悉他的人都说："老周的草稿比我们誊抄好的文章还要整洁。"

正是有这种对己对人的严格要求，他带动和培育了良好的科研风气，促进了学科建设和人才培养，使得研究所的数学科研水平不断提高。即使不做对外宣传，外界也极为认可研究所的科研实力。

虽然他指导的研究生不算多，但许多后辈得到过他的悉心教诲，拜在门下，自认为其"弟子"。他也喜欢和年轻科研工作者在一起交流，向他们讲述自己的研究经历，以及自己体会到的科研工作的基本规律。他曾经对苗长兴说过：兴趣、雄心、基本功、吃苦耐劳、顽强的毅力是从事科学研究的基本素质；求实、认真、不耻下问、讲究科学的研究方法、敢于碰硬、有强烈的事业心是成功之道。

苗长兴研究员回忆说：

> 每当与周先生谈到数学研究和学科建设时，他总是提出很多建议。他主张年轻人要有科研主攻方向，目标要定得远大一些，不要限于作小文章，要有创新的意识，要敢于碰硬，只有这样，科研水平才能上档次。
>
> 他还要求从事偏微分方程研究的同志，也应当了解数学物理、力学与计算数学。他后来建立的离散泛函分析方法，用于研究不同类型

的偏微分方程的差分方法和定解问题,将差分方法用于偏微分方程的理论研究,就是这一思想的重要体现。他的许多数学思想影响着我所许多年轻的数学工作者。①

他热情地帮助年轻人成长,他的研究笔记总是大方地提供给一代代数学工作者参考。沈隆钧研究员感激周先生的讲义与笔记助力成长,而苗长兴也得益于周先生的研究笔记,使得自己顺利完成第一本著作《调和分析及其在偏微分方程中的应用》。

他对学生总是充满关爱。叶其孝是他1959年在北京大学招收的研究生,虽然因为调到九所而未能对叶其孝多加指导,但是师生感情一直非常融洽,叶其孝也十分感念周先生在人生几个关键时刻的帮助和指点,尤其是在他工作不顺利、心情也不愉快的时候,周先生总是肯定他的成绩,鼓励他不要灰心、不要放弃。20世纪90年代初,叶其孝致力于大学生数学建模竞赛的工作,部分合作者和学生对他有意见,认为是"不务正业",当他自己也举步踟蹰时,周毓麟及时鼓励他,说这是一个正确的方向,值得去做,还亲自为叶其孝编写的书撰写书评。他不顾体弱和年事已高,多次参加大学生数学建模竞赛,为竞赛题词。他还于2001年7月29日参加了第十届国际数学建模教学应用会议,给予自己的弟子真诚实在的支持。

有一次,叶其孝对周毓麟谈及自己的座右铭"四乐",为"知足常乐、助人为乐、苦中作乐、自得其乐",周毓麟深有同感,并立即拿笔记下来。叶其孝很高兴,也很得意,但是回到家一想,老师这一生可不就是这么过来的吗?周先生获得那么多成果,而得到的物质回报那么少,但他从不计较,他总是尽最大能力帮助别人,可以把学习笔记和藏书无偿借给同事和学生,他的行为可不就是知足常乐、助人为乐?正因为他的知足常乐与助人为乐,才使得他始终保持豁达、乐观和永远进取的精神,他丰硕的研究成果、丰沛的研究激情可不来自于苦中作乐、自得其乐的精神?叶其孝因此感悟到,老师真正做到了大美不言、大音希声。

---

① 苗长兴:周先生对我的影响与教诲。见:北京应用物理与计算数学研究所编,《周毓麟八十华诞庆贺文集》,2003年。

"原来是搞原子弹的！"

家人的理解是周毓麟沉浸研究工作的最大支持。周毓麟的妻子徐明月秀外慧中，善解人意，丈夫为国家默默奉献，妻子也为家庭默默奉献。因为从事的是国家高度机密的研究工作，丈夫从来不对妻子谈论工作，妻子也就不多问。1984年10月的一天，夫妻俩受邀参加纪念我国原子弹爆炸成功二十周年文艺晚会，妻子这才知道原来丈夫是做核武器研究的。

回家后，徐明月对周毓麟说："原来你是搞原子弹的！"

周毓麟反问："那你以为我是在做什么？"

图 13-3　1959 年 5 月 1 日于颐和园

图 13-4　1982 年在北大未名湖畔

图 13-5　1997 年金婚纪念

图 13-6　2012 年结婚 65 周年纪念

第十三章　甘苦自知　人淡如菊

徐明月说:"我以为你是做导弹的。"

这成为家庭中的笑谈。

他们的女儿周凤明,有很长时期对父亲的行踪与工作也所知甚少。对周凤明这些九所子女而言,保密教育也是一种家庭教育。尽管于敏、黄祖洽等大科学家都是楼上楼下的邻居,但是小伙伴们在一起时也默契地避免谈及父母的工作。有好多次,当父母因为开会、加班、出差等故照顾不了女儿时,周凤明会去找江泽培要求吃"江伯伯做的肉丸子汤",但是她始终单纯地认为:父亲和江伯伯等都是大学里面的数学老师。直到上中学后,有一位北医三院的子弟对她说:你父亲是搞原子弹的,她还特别惊讶。而那时,离罗布泊上空升腾起第一朵蘑菇云,已经过去了好几年了。

周毓麟夫人徐明月对家庭付出极多。周毓麟生病手术,在决定是否手术时,她承担了巨大的压力。手术恢复期,因为贲门被切除,胃酸容易倒灌,周毓麟无法躺倒休息,疲惫不堪,徐明月一度让丈夫趴着自己背上休息。

她对丈夫悉心照顾,无微不至。在周毓麟九十岁之后,视力、听力均不佳,徐明月就成了丈夫的眼睛和耳朵。在2016年春天,她因为摔倒导致骨折住院,在病床上,她还惦记着家中的周毓麟,急切地嘱咐女儿回家照顾爸爸,一遍一遍地叮嘱女儿何时给爸爸点眼药水、如何配好三餐饮食。

徐明月出院那一天,视力微弱、已经很少出门的周毓麟早早守在家门口,妻子从电梯里一出来,他虽然看不见,但立刻伸出手去,两位老人的手紧紧握住,相互搀扶着走进家门,两个人都不住口地喃喃道:可算是回来了。相濡以沫的夫妻深情,让身边的朋友同事包括女儿周凤明都感动万分。

大家风范　如沐春风

在荣誉和机会面前,最能体现一个人的风范。

在群星闪耀的核武器研制队伍中,周毓麟的个性风格独具一格。他单纯而真挚的个性,使得他真正做到了淡泊名利、俯仰自得,在数学天地间自在驰骋。

进入 20 世纪 90 年代，荣誉纷纷涌向这位默默奉献的数学家。1991 年，周毓麟当选中国科学院院士；1996 年 10 月，荣获何梁何利科技进步奖；1997 年 4 月，荣获第三届华罗庚数学奖；2006 年 8 月，获得苏步青应用数学奖特别奖。

图 13-7　1996 年获第三届华罗庚数学奖时与丁石孙合影

面对这些至高荣誉，他抱有一种特别的冷静，对之轻描淡写甚至是不以为然。当他被推荐为苏步青奖候选人时，他几次对帮助他准备获奖材料的沈隆钧研究员说"算了"。2014 年底，他以自己向来的那种特有的直爽，对采集工程小组成员诙谐地解释说：

> 为什么说"算了"？因为我觉得没意思。为什么没意思？一般人都觉得，原子弹、氢弹，不都是物理学家操心的事情吗？要我去解释我有什么贡献，我不愿意费心思费口水。

但是他始终持续关注我国的核武器数值模拟，持续关注计算数学学科发展，《禁核试后数值模拟的思考》《数值模拟的若干研究课题》研究、香山会议报告《高性能计算的应用及其战略地位》，体现了一位有责任心与使命感的科学

图 13-8　1994 年 8 月 22 日与胡思得（左一）、杨振宁（左二）、符鸿源（左三）合影

图13-9 2003年4月18日与袁国兴（左）在长沙岳麓书院

家的深思熟虑。

但他从不以专业领域的大师自居，更没有门派之见。他很尊重弟子们的专业选择，从不强迫门生弟子必须跟随他的研究方向。他的研究领域十分广泛，涉及拓扑学、偏微分方程、计算数学、流体力学及计算机应用等方面。他总是鼓励年轻人成长，从不同知识领域给予指导，令学生们眼界大开，从而培养了很多复合型交叉学科的研究人才。

在平时工作中，他十分注意推荐和扶持年轻科学家。20世纪90年代中期，在他和一些学者的指导和筹划下，孙和生、姜礼尚、李大潜、叶其孝、陈国旺等人创办了偏微分方程杂志。无论从学识还是资历上来看，周毓麟担任杂志主编是众望所归，但他却力主推荐姜礼尚担任主编。他的原则是让在一线干活的年轻同志走到前面去。正是在他的影响下，偏微分方程杂志办得非常成功，是在国外拥有最多订户的杂志之一，同时也是最有影响的学术刊物之一，多次在全国学术刊物的评选中获奖。

他对家族子侄很关爱，关注他们的成长进步，为他们所取得的每一点成绩而高兴。

三姐的儿子孙全康于1954年考入清华大学，后留校任教。到北京后，舅舅周毓麟家就像他自己家一样，经常在舅舅家度周末和节假日。周毓麟徐明月夫妻在经济和精神上给予他很大帮助，像慈父慈母一样关心和照顾他。孙全康与其夫人黄冯玲订婚后，小两口去拜见舅舅舅妈，听说他们没有房子，周毓麟当即决定把自己小两居中的一间卧室腾出来做新房，让外甥和外甥媳妇安心结婚。孙家的大儿子出生时，黄冯玲也是在舅舅舅妈家坐的月子。后来，黄冯玲下乡参加四清，索性就把大儿子寄养在舅舅家了。1969年，孙全康夫妇先后去了各自单位的农场劳动，当时他们的两个孩子在幼儿园上全托,周毓麟心疼孩子,尽管自己周末经常加班,但他和徐明月还是每周换乘三次公交车接回两个孩子度周末。因此孙全康一家对周毓麟、徐明月夫妇十分亲近。每年农历十二月二十七日周毓麟生日,孙全康、黄冯玲必定会带着孩子、拎着大蛋糕上门为舅舅祝寿,这也是周毓麟、徐明月夫妇最为高兴的日子。

孙家昶是周毓麟三姐夫孙贤会兄弟的孩子,是孙全康的堂弟。因为喜爱数学专业,1959年孙家昶在考大学之前,特意向周毓麟咨询报考哪个大学。虽然自己就在北大任教,但周毓麟为了不负所托,还是仔细调研了几所知名大学的数学系,最后推荐报考中国科技大学。为此,孙家昶十分感激,因为在政治运动相对平缓的中国科技大学,他度过了安心学习的五年,学习的课程也比北京大学数力系的同学要多一些。孙家昶毕业后在中科院计算数学所工作,和周毓麟来往较多,他也对周毓麟执甥礼,随孙全康称周毓麟为"舅舅"。

周毓麟夫妇和弟弟周彭年夫妇都是数学工作者,因此,他很得意自己有个数学之家。对下一代,他也很是关心,当家族中出现了第二代数学人,他高兴地为他们的成长加油鼓劲。弟弟周彭年的儿子周青考入北京大学数学系,经常在周末来家里"加餐",周毓麟总是很高兴地和他讨论数学问题。那时,周家所住的宿舍一楼单元门口有一块黑板,伯侄二人讨论得兴起,还会跑到楼下在黑板上写写画画,顾不上吃饭,往往要女儿周凤明一趟又一趟下楼催促。

他疼爱子侄,但也严格要求他们,要他们堂堂正正做人,靠自己的努力趟出人生道路。即使是自己心爱的独生女儿,他也不肯利用职权,为其走捷径、谋利益。女儿周凤明考大学失利,他的门生故旧遍布各大学,只要说一句话,别人肯定会买这个面子。但他宁可让女儿复读一年再考,也不去打招呼走关系。

结 语

丘成桐曾批评中国数学家太注重应用，不在乎数学严格的推导，更不在乎数学的完美化：

> 因此至明清时，中国数学家实在无法跟文艺复兴的数学家相比。直到如今，除了少数两三个大师外，中国数学家走的研究道路基本上还是萧规曹随。在创新的路上提不起勇气，不敢走前人没有走过的路。

丘成桐还认为：文学家为了欣赏现象或纾解情怀而夸大，而完美化，但数学家却为了了解现象而构建完美的背景。有些时候，数学家花了几千页纸的理论将一些模糊不清的具体现象用极度抽象的方法去统一、描述、解释。因此他说：

> 这是值得惊喜的事：从变化多姿的人生和大自然中得到灵感来将科学和数学完美化，而不是禁锢自己的脚步和眼光。①

---

① 丘成桐：数学与文学的共鸣.《光明日报》，2016 年 1 月 14 日。

而周毓麟恰恰做到了既注重应用又注重数学的美与严格。

作为一位在计算数学方面作出重要贡献的数学家，他更喜欢尽可能抽象地考虑问题。他的数学分析总是蕴含着简洁而有力量的美。

沈隆钧研究员评价道：

> 他对理论更为看重，这是他学术思想的重要特点之一，他研究问题往往喜欢考虑一般的情况，而不是从某个具体的角度，他喜欢充实理论研究，对研究的问题，条件要尽量少，结果要尽量完美，他很注意追求这个完美。他这样做，站得就比较高，问题能够做的比较深刻。

这样一位独特的成就卓越的数学家，考察他的学术特点和研究经历，最鲜明的是他对数学的逐步深化的认识。

数学来源于实际而回归指导实际

周毓麟从事数学研究的指导思想具备鲜明的特色，那就是：数学来源于实际，数学研究应基于实际，并提升为数学方法和理论，回归指导实际。

他在拓扑学研究中感受到理论对现实世界的映照与关联，因为能把抽象的数学的美联系到自然万物的和谐，他兴奋不已。他研究的偏微分方程，大都有实际背景，但又在更高的视野上将问题拓广和提升，最典型的事例是：他将铁磁链方程创造性地做了几何推广，成为

图结-1 1986年在办公室工作

铁磁链方程组，使得 Schrodinger 方程成为特殊情况，并给出一系列有趣的几何性质，对实际问题的认识深化了。

另一个典型例子是：对于实际应用中的大型科学计算，他发现人们总

是着眼于问题离散后的代数属性,不大重视离散后相关联的微分方程属性,这是在基础与应用结合上要解决的广泛存在的问题,于是他花大力气,开创了离散泛函分析的方法和理论,并将它应用于偏微分方程差分方法,在更高的视野上指导了实际,其中包括并行本性差分格式的设计。

关于计算机字长以及计算网络问题的研究,也体现了他的数学研究的基本理念。

学界有一种观点,认为计算数学不算严谨的数学。对此,周毓麟是很不以为然的,但他也不愿费心思去辩驳,只是淡淡地说:

> 计算数学怎么不是数学?计算数学当然也是严谨的数学,让搞纯理论那一套的来解决问题,本事还不一定够呢。

因此,袁光伟研究员盛赞他:

> 周先生依靠数十年理论研究与大型科学计算实践所获得的丰富经验,对哪些问题是有价值的、重要的,而且是可供研究的,有着十分明确的观点。他杰出的洞察力使他善于确定关键的科学问题,对不相干的次要的结果置之不理,他提出了比那些严格性较差的老方法更有发展前景的方法,他们既比较简单、比较容易理解,同时又是严格的,具有数学的严格性。[①]

周毓麟数学理念的影响和塑造,陈省身大师功不可没。周毓麟自己曾多次谈起,当杨振宁盛赞陈氏级理论时,陈省身说:这就是实际上的现象。陈先生还说了另一句话:好些数学定理都是过几天就被人忘了,让人记得的,中国勾股弦定理算一个。陈先生对数学的深刻理解,令周毓麟十分感叹:陈先生了不起!周毓麟曾谈及陈省身先生对他的影响:

---

① 袁光伟:周先生教我离散泛函分析理论。见:北京应用物理与计算数学研究所编,《周毓麟八十华诞庆贺文集》,2003年。

他的思想影响了我们一大批人。数学的根就在实际，数学研究方向应该面对实际问题，所以应该多做有数学实际、生活实际的那些问题，得有这个理念。

1981 年，陈省身回国定居后，大力促进国内微分几何的研究，因为他认为数学的中心就是微分几何，周毓麟积极响应，陈先生主导的双 D 会议，周毓麟每次都率领一批数学工作者参加。

三次转折，三次提升

正因为有"数学来源于实际而回归指导实际"的指导思想，在七十多年的研究生涯中，周毓麟三次转变研究方向，每一次都取得了重大成就。

1954 年，为学习对国家更有用的微分方程，他放弃了已小有成就的拓扑学研究；1960 年，当国家征调他去参加核武器理论研究时，他又毫不犹豫地离开了自己一手开创的国内首屈一指的偏微分方程研究与教学的中心；当国家改革开放后，他又回到基础研究领域，着力以理论研究提升应用研究。

丰富曲折的研究经历，使周毓麟能驰骋在相当广阔的研究领域：拓扑学、偏微分方程、计算数学、计算流体力学以及计算机应用等。他的研究工作充分体现了基础研究与应用研究紧密结合以及多个学科交叉融合的特点。

当别人称赞他为国家三次牺牲专业时，他却认为自己经历了三次提升。在七十华诞学术座谈会上，以及 2014 年采集工程的访谈中，他两度论及此观点，他的这一见解通达而透彻。通过他自己的叙述，能够进一步理解他的学术思想：

图结 -2　1990 年在家中

为国家建设去念偏微分方程，然后为国防搞差分，后来又为国家建设再回去搞偏微分方程。国家需要我，是我的荣幸。实际上，我也总是想从更广阔的视野上，不断提高我自己的认识。这一点，是推动我敢于去改变、去做研究的动力。

我喜欢数学。当时陈先生教我学拓扑学首先让我认识了数学，陈先生指导我，做这个问题、做那个问题，一步一步推着我往更深层走。后来不搞拓扑去搞别的了，有人说不好、不对，其实我根本不这么认为，我是发现了有一些问题需要深入研究，而且应该重点研究。

我年轻时对中国的古算学也很感兴趣，尽管看不懂，但是知道它每一个题目不是瞎说，都是有道理的，研究实际问题，是我们的一种传统。在清华的时候，我已经在想今后不要光搞纯的，得做些具体的工作。尤其是那个 orientable, non-orientable 问题，不仅是美、抽象、高，它简直和生命都有联系的，所以我更觉出拓扑学的有道理有意思。

后来跟着奥列伊尼克搞微分方程，她的学生有很多做偏微分方程的，实际上她真正搞的是流体力学差分方法，要计算流体力学方程，是要解决拟线性方程一阶双曲型方程及非线性方程组的问题，因为做这些研究，所以变成搞偏微分方程。我刚去，她觉得我基础太差，就只让我做一些偏微分方程的问题。到后来看见我好像还能做一点工作，说了几次让我做差分，用差分方法来解决抛物型方程收敛性稳定性的问题，可是我当时不理解，结果等到我参加了九所工作以后，我才觉得我必须要解决这些问题。

在九所工作到后来，我也越来越觉得（核武器）这项工作里面的问题很难，搞实际的问题，逼得我更正确的认识数学，也更深刻地体会到，难总是可以逐步解决的……

所以我总觉得，是陈先生影响了我，他带着我学数学，使我变聪明了，也知道了数学的重要性，明白了数学应该做什么，应该怎么做。明白了这一点，再看数学的难度和意义，比我们猜想的都要深刻得很多。

当然，我的经历也不是那么顺当，我的糊涂思想多的很。但是我总是觉得数学是有用、能用。说我有三次转变，我根本想都没想到过那算是什么牺牲，对我来说，三次转方向就是三次提升。

严谨扎实的学风来自于诚恳的人生态度

周毓麟谦虚而诙谐，他经常做自我检讨，说自己有很多缺点，比如急躁、说话不会照顾别人情绪等。但他也很中肯地总结自己的优点，那就是：在业务上肯钻研，工作细致且能坚持。

但凡做出成就的大家，没有不严谨不认真的。可以说，严谨和认真是科学家的基本素质，但是周毓麟有一点与众不同。他能在长达七十多年的时间里坚持数学研究，首先归功于有一个诚恳的人生态度，由此锤炼了他坚定的意志品格以及一丝不苟的学风。

因为对几何的挚爱，使得他很快由一名不知道怎样做数学研究的几何爱好者成长为拓扑学新秀。因为拓扑学的基础足够扎实，所以他才能熟练运用不动点定理，很快进入偏微分方程研究的前沿领域，做出重要的研究成果。涉及原子弹、氢弹的数学理论问题，如流体力学问题、非线性扩散问题和输运问题，三大问题都表现为偏微分方程。因为他在偏微分方程方面的深厚学养，所以他很快如邓稼先所愿成为流体力学、爆炸力学方面的专家。因为对武器研究中诸方面的数学问题了解得足够深入，所以当他重回基础研究后短短几年就做出了对应用研究有深刻指导意义的创新成果。

他从不为创新而创新，因为他站得足够高，探索得足够深入，研究态度足够诚恳，才能处处获得创新成果。

比如说：勒雷－绍德尔在20世纪30年代就提出了将拓扑学理论用于偏微分方程研究，但是直到1957年周毓麟用不动点原理研究整体解的存在性，在非线性偏微分方程领域才出现了第一次、第一人。他开玩笑说，拓扑学救了他三次，但他能做出创新性成果，不仅是因为有坚实的拓扑学基础，更因为他不惧困难，深入到偏微分方程研究的前沿，真正理解了勒雷—绍德尔的思想，真正打通了两个领域，才得以有所发现，对研究工作才有所推动。

图结-3　八十岁时在家中查资料

还有个有意味的小故事，很能说明他对学风的追求：在原子弹理论突破时期，一次，中科院一位数学家召开一个座谈会，提出要帮助九所解决原子弹工作中的数学问题，说九所同志可以把数学问题拿到外边来做嘛。周毓麟当即发言表示拒绝，并且直爽地说：我们的问题你们解决不了，你们做了我们也没法用！他后来进一步指出：不能深入到具体工作中去，而只是想着这里面可能有点有价值的"货"，好像捞出来也能做一做，其实这样是浮皮潦草，成不了事的。

回顾我国的核武器研制历史，无论是理论研究还是工程设计，50 多年来走过的成功道路，都充分证明了他这一观点的正确与客观。

周毓麟虽然是新中国成立前毕业的大学生，但纵观他的成长经历，可以清晰地看到在新中国培养下，他的思想和研究工作逐步迈向成熟，每一步都走得非常踏实诚恳。

出生于上海滩小康之家的少年，不谙世事，战争期间用数学爱好来排解世情繁乱，社会再动荡都可以躲回自家的石库门别墅，直到新中国成立后到清华工作，他才慢慢感受到新生国家与自己生命的脉动。所以，他很认真地参加政治学习、自觉接受爱国主义教育甚至是思想改造。他真诚地思考自己的研究工作如何为国家所用，并且也身体力行地回答这个问题。这个思想上的转变是他三次转变研究方向、三次获得提升的重要思想基础。

在某些精明人看来天真笨拙的选择，确是他内心真诚的映照。

从 2014 年本课题启动开始，慢慢地走进周毓麟的人生。掩卷长思，现在，我们试图回答周先生的那个关于家族没有数学土壤的疑惑：成长和家族有无数学土壤没有必然因果关系。诚恳的严谨的家风，是家族和父母最珍贵的最有价值的馈赠。因为有了这一家风,淬炼出对待人生的严正态度,小小石库门走出了两代数学人,一位学习成绩并不出色的少年成长为一位成就卓越的大师。

图结-4 九十岁仍伏案工作

格物、致知、修身、齐家、治国、平天下,这是中国士大夫传统的道德理想,为人生奋斗的每一个阶段都制定了明确的价值追求。个人无论能力如何、机遇如何、成就如何,只要努力,到达的任何一个层次都有其人生意义。即便不能成名成家,但凡付出努力,一定会折射到家人、家族、周遭环境,会在你所存活的时空留下属于个人的独特印记。所以,每个人的奋斗都有意义,生命才有意义。

天高地迥,觉宇宙之无穷,兴尽悲来,识盈虚之有数。人生没有定数,人生也不可计算,如果成功能用公式表达,那一定也会是非常简洁的。

那应该是一种不顾世俗名利的执着坚持,是一种力求完美的坚定不移。

诚恳地工作,诚实地生活。

这是从周毓麟先生学术经历中获得的另一重深刻体验。

附录一　周毓麟年表

1923 年
2 月 12 日，出生于上海市大沽路祥康里。父亲周渭桥（世铭），母亲王梅荣。有兄一人，姐四人。

1928 年
和四姐周宝珠同时入弄堂口的私塾启蒙。在一年内读了六册《新国文》课本。

1929 年
夏，考入弄堂口的私立青华中小学校小学部二年级。直到 1935 年小学毕业升入青华学校初中部。

1930 年
夏，因期末考试成绩不佳，留级一年依旧读二年级。

1935 年
夏，升入青华中小学校初中部。

喜欢课外练武术，曾在上海大舞台表演武术节目。

1936 年
习国画，喜欢国画。
爱买书读书，和弟弟周彭年一起购买数学小丛书和古算书。

1937 年
除课业学习外，还跟随一位翰林老先生学习古文。

1938 年
6 月，初中毕业，父亲欲安排去做学徒，经过苦求获得继续求学的机会，欲入学雷士德土木工程学校（中专）而不得。

9 月，进入上海私立大同大学附属中学高中部。当时由于日本军队占领公共租界，大同大学附属中学借用复兴中路律师公会大楼，在那里学习直至 1941 年毕业。

1939 年
开始喜欢数学课，数学成绩突出。喜欢数学老师梅慕勋、范会国、雷垣、高扬芝等，这几位老师也同时在大同大学任教。

1940 年
与好朋友朱葆德一起热衷发明几何新定理，发明成果誊写在小册子上。

1941 年
6 月，高中毕业。一心想继续学数学。

7 月，因文科成绩不理想，未能考入上海交通大学，最终进入大同大学数学系，为数学系该年度唯一招收的新生。直至 1945 年毕业。

9 月，收到朱葆德寄来的西南联大招生考试数学题，大感新奇，解题后寄去回信。这是两人唯一的一次书信联系。

9月，在新闸路大同大学新校区上课。

1942年

因日本军队占领上海郊区。物理系转来原交通大学学生徐亦庄，数学系转来新同学郑振华。因数学、物理两系同届学生只有三人，合并两系课程，三人同时进修物理和数学的所有科目。三人同进同出，人称"刘关张"。

1944年

数学和物理学科成绩优秀，其余平平，文科尤为一般。

暑假，勤工俭学，参加杨肇燫先生组织的乙酉学社专家教授译书讲学活动，担任数学家朱公瑾先生的助教。

1945年

6月，大学毕业，获颁发大学毕业证明一份。国民政府光复后凭此证明换取政府正式颁发的毕业证书，后因手续烦琐，未去更换。

9月，抗战胜利，失业。"刘关张"中唯有郑振华获得去台湾阿里山水电站工作的机会。

12月，经大学老师叶蕴理教授推荐，和徐亦庄一起获得在南京临时大学任教的职位。在南京临时大学补习班数学系任助教，为一二年级学生开设微积分与微分方程课程，月薪120元。南京临时大学补习班数学系一二年级设在金陵女子大学校园内（今南京师范大学随园校区）。

1946年

5月，南京临时大学解散，放弃赴山东大学任助教的机会，返回上海。

6月—10月，失业。

10月，在上海齐祁路（今岳阳路）中央研究院上海分院内，经物理所的杨肇燫先生推荐和介绍，得以旁听陈省身先生讲课。向陈先生表示想进入数学研究所学习。

11月，接替出国留学的吴文俊，担任中研院数学所图书管理员一职。阅读大量数学图书期刊，也跟随陈省身先生学习组合拓扑学。陈省身侧重于"训练新人"，有时一周讲12小时的课，研究所的年轻人还有马良、孙以丰、贺锡璋、林甡、陈杰等人。

1947 年

1月5日，与徐明月女士在上海结婚。

4月，在陈先生指导下，研究判断多维空间的双曲面可定向问题。

1948 年

1月，中央研究院在上海的三个所数学所、物理所、生物所搬迁至南京，随迁至南京。任助理员，月薪100元。徐明月亦到南京。数学所选址九华山麓，近鸡鸣寺。

1月，在清华大学的学报上发表了与陈省身合作的第一篇数学论文《关于可微流形的可定向性（英文）》，刊于清华大学《科学报告》第五卷。

10月10日，在南京数学年会上宣读论文《实二次超曲面同调性质之研究（中英文对照）》。

下半年，战争局势紧张，中央研究院决定搬迁台湾，数学所先期将图书杂志搬迁至台湾。徐明月回上海。

12月底，回上海休假。因考虑家庭父母，谢绝陈省身的安排，不愿意去台湾、赴美国。陈省身帮助联系大同附中数学教员一职，也予以谢绝，一心想继续数学研究。

1949 年

5月，上海解放，等待安置。

在陈省身的推荐下，到清华大学任职。9月30日，携夫人徐明月到清华大学数学系报到。住工字厅。当时数学系主任是段学复。

在清华大学继续从事拓扑学研究。

1950 年

10 月，在清华大学开始紧张工作，在航空系上数学课，还要帮助批改另一个系的学生作业。

10 月，发现清华大学图书馆藏书丰富，经常在图书馆查阅图书。

11 月 7 日，人民日报刊登文章"清华大学等校院教职员工分别发表宣言，坚决拥护各民主党派联合宣言，尽最大努力为抗美援朝保家卫国的神圣任务奋斗到底"，名字出现在教职员工之列。

年底，在数学系的讨论班上，报告了关于同伦论的工作，得到华罗庚和段学复两位先生的鼓励。

1951 年

2 月，在《数学学报》上发表文章《假流形同伦群与流形同伦群（英文）》，共 40 页，这是独立撰写的第一篇拓扑学同伦群的论文。

1952 年

暑假，徐明月以同等学力考入北京大学数学力学系。

9 月，院系调整，清华大学数学系转入北京大学数学力学系，被分配到北京大学数学力学系任讲师，开设化学系一二年级的高等数学课程。搬家至北京大学中关园公寓 603 号。

秋，意识到计算数学对于社会主义建设的重要，看到从事计算数学的人很少，萌发了侧重实际的志向。

1953 年

夏，徐明月响应国家的号召，从北京大学数学系本科转入二年制的数学专科。

参加留苏研究生的选拔考试，考入北京俄文专科学校（留苏预备部）。

10 月，参加民主同盟。

1954 年

7 月,毕业在即,决定放弃拓扑学专业,改学对国家建设更能直接发挥作用的计算数学。

8 月,俄专毕业。成为研究生班六十名学员中被选中的三十人之一,赴莫斯科大学学习。

8 月,徐明月在北大毕业,分配到北京电力学校当数学教员。

9 月,经过长达 12 天的火车旅行,抵达莫斯科。到莫斯科大学数学力学系报到。接受黄敦建议,学习偏微分方程,师从著名女数学家奥列伊尼克(O.A.Olienek)。

9—10 月,之前对偏微分方程从未接触,导师要求从彼得罗夫斯基三本教科书学起。克服了很大困难。顺利通过一次小测试后,导师的态度有所改观。

1955 年

年初,在学习的方式方法上进行了提炼与总结,促进自我提高,在专业上快速进步。为保证学习时间,自制效率手册。

暑假,参加为留学生安排的夏令营,沿伏尔加河旅行,到敖德萨参加当地大学组织的活动。

下半年,接受导师奥列伊尼克布置的研究任务,研究非线性抛物型方程的第二边界问题。

1956 年

2 月,与江泽涵、贺锡璋等人共同署名(第二作者)的论文《球上线素的流形的上同调环》在北京大学学报上发表,所得稿费用于徐明月暑假回沪探亲。

上半年,由于在拓扑学方面有雄厚的功底,很快就达到了非线性偏微分方程的前沿,在先验估算、拓扑方法等方面做出了世界一流的工作。

和奥列伊尼克教授共同完成渗流方程的论文,揭示了一个重要事实,即渗流方程的解的传播速度是有限的。渗流方程是抛物方程,而一般抛物方程的解的传播速度是无穷大。这一研究成果被公认是渗流理论研究中的开创性、奠基性的工作。

暑假参加留学生夏令营，到列宁格勒旅行，住列宁格勒大学。因大使馆对留学生疗养有规定，本次疗养休息了一个月。

下半年，由于研究工作出色，被莫斯科大学电视和报纸宣传报道。

1957 年

2月2日，加入中国共产党。介绍人是李德元、孙和生。

6月，在莫斯科大学数学力学系委员会会议上，论文被评为优秀学位论文，答辩获得顺利通过，获物理数学科学副博士学位。毕业论文《对于非线性抛物型方程的边界问题（俄文）》收入苏联科学院报告。

从本年度到1960年，在苏联与国内学术刊物上，陆续发表第一批有关非线性偏微分方程理论的文章，其中有《关于非线性抛物型与椭圆型方程的边界问题（俄文）》（苏联莫斯科大学副博士论文），与奥列伊尼克、克拉斯尼高夫合著（第三作者）《对于非定态渗流型方程的柯西问题与边界问题（俄文）》被收入苏联科学院通报。

7月，按期回国，到北京大学数学力学系报到。

8月，回上海探亲。

9月1日，在北大开设非线性偏微分方程课程。将年轻教师和研究生带到了国内非线性偏微分方程研究的新领域：切片法、闸函数，以及通过构造辅助函数，使极值原理得到很好的应用等。

一边讲课，一边构思更加完整、更加系统的非线性偏微分方程专门化课程。基本构想是利用 Leray-Schauder 不动点定理的框架，结合当时关于通过构造辅助函数进行微商估计的最新进展，研究非线性椭圆型和抛物型方程古典解的整体存在性和可微性。这是一个全新的构思，在当时世界上（包括苏联）没有专著可以借鉴。

1958 年

一边参加政治运动一边教授非线性偏微分方程。在运动间隙专心备课。

凭借在组合拓扑学方面的造诣，成功地用立体角积分的办法定义有限维欧氏空间的映射拓扑度，并利用完全连续算子存在有限 ε-网这个事实，把映射拓扑度推广到泛函空间，然后遵循 Lerau-Schauder 原作的精神，给出了 Lerau-Schauder 定理一个严格而又初等的证明。

上半年，思考解决一个问题：作为 Lerau-Schauder 定理的应用，需要按照所给出的框架对拟线性椭圆型方程证明古典解的存在性。因没有现成结果可以引用，将奥列伊尼克和彼得洛夫斯基在研究非线性抛物型方程的第一边界值问题古典解的整体存在性时，估计微商的辅助函数方法，用到了非线性椭圆型方程的情形，结合 Schauder 估计，给出了拟线性椭圆型方程古典解得存在性和正则性的最佳结果，并把它进一步推广到具二个自变数的拟线性退化椭圆型方程的情形，得到了与 ken 完全相当的存在性结果。这部分内容发表于（中国的）*Science Record*（1959）。

1959 年

在北大继续开设偏微分方程专门化班。通过专门化学习班培养姜礼尚、叶其孝、应隆安、韩厚德等一批非线性偏微分方程的年轻研究者，使他们走到了学科的前沿，帮助他们学习解决非线性问题最有效的手段：运用不动点定理的框架，掌握解的先验估计方法，特别是通过构造辅助函数进行微商估计的技巧等。北京大学开始出现一支富有特色的研究非线性偏微分方程的队伍。

4 月，论文《关于非线性椭圆型方程与非线性抛物型方程的一些问题》刊登于《北京大学学报》第四卷。

《非线性抛物型方程的边界问题（俄文）》被收入苏联《数学汇刊》。

上半年，继续探索教学创新之路。讲解最新研究成果，启发学生思考问题和做研究。组织讨论班，要求学生作报告。要求学生读懂文献，补上文献中缺少或省略的证明。期末考试采用开卷形式。

上半年，在讲稿的基础上，组织编写了讲义《非线性椭圆型方程与非线性抛物型方程理论选讲》，要求研究生姜礼尚根据研读 Miranda 的著作《椭圆型偏微分方程》以及 Kellog 的文章《调和函数商的边界性质》的读书心得，为讲义补充两个单元（章），"调和函数的边界性质"和"狄氏问题的解得先验估计"以及极值原理的一个附录。

夏，讲义完成，交付北大印刷厂铅印。

8月，论文《关于非线性椭圆型方程与非线性抛物型方程的一些问题》被收入《科学记录，新辑》第三卷。

1960 年

上半年，继续在北大教授非线性偏微分方程。

年初，微分方程组的学生被安排参加社会工作，理论联系实际。在没有计算机的条件下，分水坝组、薄壳组、不稳定流组、渗流组等（对应椭圆型、双曲型和抛物型偏微分方程），从事数值计算工作。指导不懂渗流方程的学生应隆安用差分方法在电动计算机上解渗流方程，得到数值结果并做理论分析。

5月4日，奉中组部调令，到第二机械工业部九局第九研究所一室从事国家秘密工作。5月11日，正式到九所报到。同期调入的还有孙和生、李德元、徐锡申、吴中明、徐国荣和吴中祥等人。

6月中旬，参加部领导来所召开的"交底会"，这才知道是参加核武器理论研究设计。被分配从事计算数学、计算力学、爆炸力学、数值模拟与计算机应用等方面的工作。

6月19日，女儿周凤明出生。

10月，任九所一室副主任。局、所机构进行了较大的调整，李觉担任九局局长兼九所所长，副局长有吴际霖（分管科研）、郭英会；九所副所长有朱光亚、王淦昌、程开甲、郭永怀、彭桓武、彭非。九所一室的领导成员和组织机构也进行相应调整：书记李学鲁、主任邓稼先，副主任还有何桂莲、秦元勋。

年底，经部党委研究决定，带领徐国荣、水鸿寿、杜明笙、龚静芳、黄启晋和朱子楠详细分析特征线方法和程序编制的特点，集中力量调研、学习和探索新的流体力学计算方法。这段时期加班较多，学习数学、计算、物理、力学、计算机等方面的知识。

年末，通过调研选出了冯·诺依曼（Von Neumann）方法和戈德洛夫方法，经彭桓武先生决定，最后选择了冯·诺依曼方法。

1961 年

任副研究员。继续参与组织领导第一颗原子弹理论设计中的数值模拟工作。

2月，与秦元勋一起参加第一届全国微分方程会议，会议由吴新谋教授主持。收到北京大学弟子们的论文集。

4月，向科研人员做科学研究方法和基础知识的报告。

5月，原子弹内爆动力学过程总体计算程序基本完成。

5月，继续任一室副主任，此时一室领导成员和机构进行了一次调整：书记王永，主任邓稼先，第一副主任周光召，副主任还有秦元勋、何桂莲。

秋，开始领导内爆动力学过程一维总体计算程序的编制工作。

10月起，与彭桓武、周光召、邓稼先、秦元勋等一起做系列报告，向一室科技人员讲授科学研究方法和基础知识，对提高科技人员的科学研究水平起到了很好的作用。

年底，内爆动力学过程一维总体计算程序编制完成，并正式提供使用。

9月，在数学学报上发表论文《非线性偏微分方程》《在曲线边界区域上非线性抛物型方程的边界问题》。

10月，在《中国科学》发表论文《在曲线边界区域上非线性抛物型方程的边界问题（俄文）》。

1962 年

先后开展针对多项问题的数值计算方法研究和编程工作。

构造了模拟断裂过程的有限差分格式。用其计算局部图像，获得了满意的结果。

1963 年

编写和介绍了人为点火函数起爆方法，被正式编进总体计算程序中，取代了原先的程序。

领导研究二维流体力学计算方法。

2月，带领数学组进行数值模拟计算。根据当时在计算机上用冯·诺依曼方法求解一维流体力学方程的大量数值，再次否定了苏联专家数据的可能性。至此关于此数据之争经过多方面的工作（理论的、两种不同方法的数值模拟）终于有了结论。

3月，九所提交了第一颗原子弹理论设计方案。

7月，为哈尔滨军事工程学院二系毕业班开设《流体力学与特征线算法》讲座。

12月，任理论部副主任。

1964 年

4月16日，被任命为二机部九局九院理论部副主任。此时已正式成立第九研究院，隶属第二机械工业部。九所（院）一室正式改称为理论部，邓稼先任理论部主任，周光召任第一副主任，任副主任的还有黄祖洽、秦元勋、江泽培、何桂莲。临时书记佘萍（1965年1月开始，书记彭非、副书记狄学三、佘萍）。

10月16日，我国第一颗原子弹爆炸成功。

1965 年

1月22日，继续任副主任。此时成立了理论部党委：书记彭非，副书记狄学三、佘萍。理论部正、副主任增至九位，副主任增加了于敏、卢国俊。

年初，被安排到河南参加"四清"运动，工作认真负责，条件艰苦，胃病严重。

5月底，结束"四清"，回京后即进入北医三院住院治疗。

1966 年

上半年，理论部争分夺秒攻克氢弹原理。领导二维数值方法的调研。

根据科研工作进展，对年轻科研人员加强针对性指导。

12 月 26 日，氢弹原理实验成功。

1967 年

1 月，理论部主任会议布置探索其他的氢弹原理。

2 月，领导了二维流体力学方程计算方法的研究。在当时机器内存容量小、速度低的条件下，领导徐国荣等人编制程序，取得一些定性的结果，后在大家共同努力下，设计编制的某些二维程序一直使用到 70、80 年代。

6 月 17 日，我国第一颗氢弹爆炸成功。

1968 年

上半年，继续领导二维流体力学方程计算方法的研究。

夏天，继续开展某课题的相关调研。

指导年轻科研人员。

1969 年

按照上级部门安排，积极参加相关调研工作。

11 月 18 日，九所接到搬迁三线的命令。被要求留下调试和搬迁机器，暂不离京。但户口和家庭物品如家具、衣物、书籍等都随大部队搬至四川山沟。

1970 年

核武器研制型号定型阶任务繁重艰巨，继续领导相关数学研究工作。

对计算机应用方面进行了广泛而深入的研究。

1971 年

译注专题论著《流体动力学》，于敏校对，提供给科研人员学习。

从事核武器型号相关工作，指导年轻人。

1972 年

7 月，杨振宁到北京大学访问，举办报告会，提到陈省身微分几何研究的重要意义。邓稼先、周光召等人参加，周光召提议所内也要开展相关研究。重新开始学习拓扑学。每周从中科院数学所图书馆借阅图书杂志开始研究。吴文俊夫人陈丕和在中科院数学所图书馆工作，予以很大方便。

年中，彭桓武表示对拓扑学很感兴趣，要求共同学习，并将做好的习题拿来检查。

9 月 16 日，陈省身先生自 1948 年赴美后首次回国。参加陈省身先生在中科院数学所的报告会，与恩师阔别 23 年后再见面。

1973 年

继续从事核武器型号相关工作。

4 月，调研和学习最优线性递推滤波（卡尔曼滤波）问题。

8 月，与何桂莲共同协调各方面的工作，对某计算机的关键部件全部拆卸进行大修，由肖继鑫组长负责，并提出大修的具体方案、步骤和方法，大修一次获得成功，只花费几千元的修理费，而重新生产需花费 100 万元。后来经过 11 年的运行，证明这次大修是成功的。

从春天开始，查阅了一些国外资料胶片，对地下核爆炸引起的地面效应、地球表面运动、地震、冲击波到达时间与流体力学场的测量等进行了广泛的调研。

1974 年

1 月 5 日，任九院第九研究所副所长。

继续从事核武器相关理论探索和型号任务工作。

10 月 12 日，到北京大学参加陈家鼎教授的"正交设计法"讲座。

1975 年

1—4月底，参加二机部和九院在香山饭店（4月份移至南礼士路二机部招待所）召开的九所重返三线学习班（又叫香山学习班），会上二机部领导要求对搬迁工作表态，考虑到计算机没法搬动，没有表态，做好卸任副所长的思想准备。

5月，任副所长。此时进行了一次机构调整，所领导班子为：书记赵超，副书记韩潮，所长王立欣。业务领导还有：周光召、于敏、黄祖洽、何桂莲。

5月，带领科研人员用常用程序对某计算机进行稳定性和正确性考核的工作。

二机部决定在三线建立大型计算中心，计划在计算中心安装的一台主要的计算机由上海无线电十三厂制造。

夏，与何桂莲率领一个小组在上海无线电十三厂对新机器进行考核，考核的结果是该机稳定性很差，而且复算不等。顶住巨大压力不予接收。

1976 年

集中精力做好武器研制中的数学问题的研究。

做调研。到中科院数学所图书馆借阅大量图书资料。

1977 年

和李德元审核认可方泉玉、陈松林、胡锦等编制的程序，该程序用到任务中，取得比较好的效果。

1978 年

开展偏微分方程理论研究，重新回到基础研究领域。同时期在数学界比较活跃的还有所里的孙和生、符鸿源、郭柏灵等人，因多次代表九所出席数学年会，被戏称为"四人帮"。

3月18日，作为主要完成人完成的《一维总体计算方法的研究和程序》《二维流体力学质点网格法的研究和程序编制》获得全国科学大会奖。

8月，编写油印讲义《拟线性椭园型方程与拟线性抛物型方程的非线性边界问题》。介绍线性椭圆型方程边界问题解的先验估计、拟线性椭圆型方程边界问题解的先验估计、解的存在性的一般充分条件、拟线性椭圆型方程的非线性边界问题、次线性椭圆型方程的边界问题等内容。

9月，任九所学术委员会副主任。

"文化大革命"结束后，计算数学学科开始活动，一些军工系统的研究人员推动，二机部、吉林大学，联合中科院要成立中国计算数学学会。秋，和冯康一起办"昌平会议"，成立中国计算数学学会。

11月，任中国数学学会第三届理事会理事。

11月，任中国数学会全国计算数学学会第一届理事会副理事长，后又连续担任第二届、第三届理事会副理事长。

12月，在昆明云南饭店参加全国数值代数学术交流会。

由本年度开始，任《计算数学》《数值计算与计算机应用》以及 Journal of Computational Mathematics 三种计算数学刊物的编委、常务编委、副主编、名誉编委等。

与孙和生共同撰写完成论文《索伯列夫空间嵌入定理的一些极限情况》。

1979 年

9月，九所领导班子再做调整，继续任副所长。孙志远任书记，于敏任九院副院长兼九所所长，新班子的工作重点之一是筹备再次搬迁至四川三线。其他所领导还有何桂莲、申国范、邢在恒。

12月，由副研究员晋升为研究员。

1980 年

1月，聘任为北京大学兼职教授。

1月，论文《关于拟线性椭圆型与抛物型方程的非线性边界问题》发表于吉林大学自然科学学报第一期。

1月，完成论文《关于科学计算用数字电子计算机的字长与速度、内存的匹配关系的讨论》的撰写。

2月，在武汉大学学报（自然科学版）第2期上发表文章《关于Coqopeb空间嵌入定理的一个极限情形》。

3月5日，任九院九所科学技术顾问，免去九所副所长一职。从事基础理论研究与学术活动，促进所内所外学术交流。

8月18日—9月20日，在北京参加"双微"国际会议。

年底，二机部批准为研究员。同期晋升研究员的还有于敏、周光召。

1981年

1月，在郑州大学开设"非线性发展方程理论"讲座。

从本年度开始，任《数学研究与评论》《数学年刊》《中国科学》《科学通报》《工程数学学报》《数学研究》等学报的编委、名誉编委。

1982年

对非线性发展型偏微分方程适定性理论进行研究，包括有关浅水方程、深水方程与铁磁链方程等。

从本年度开始到1984年，建立起离散泛函分析中离散函数空间范数间的内插关系公式，并用来研究非线性发展方程有限差分法的基本性质。

7月3—14日，出访日本。和林群、应隆安等人作为"第三国"代表参加东京"美日应用科学中的非线性偏微分方程"学术讨论会，报告了在非线性偏微分方程和数值方法方面的新的工作。这些工作结合我国的实践，又涉及一些新颖的非线性偏微分方程组，引起关注，多人向其请教。

9月，任《偏微分方程》编委。

10月，作为主要作者之一（排名第五）因《原子弹氢弹设计原理中的物理力学数学理论问题》获得国家自然科学一等奖。

12月，在中山大学作报告。

12月，专著《拓扑方法及其在分析中的应用》由河南省数学学会出版。

1983 年

4 月，在北京大学数学研究所开设讲座。

7 月，在北京偏微分方程讲习班开设讲座。

11 月，在西安交通大学数学系作报告。

12 月，在复旦大学数学研究所作报告。

1984 年

1 月，任中国数学会第四届理事会理事。

3 月 24 日，接到钱学森先生 3 月 23 日的来信，信中钱学森谈论了算出来的"解"的可靠性的问题。

5 月，在南开大学数学研究所作报告。

9 月，与李德元等共同筹办研究生教育，九所取得学位授予单位资格。9 月 1 日，九所研究生部正式成立，招生 14 名。

10 月 16 日，参加纪念第一颗原子弹爆炸成功二十周年的文艺晚会，妻子徐明月这才知道丈夫这 24 年是在做核武器研究，之前因为保密缘故，丈夫不说，妻子也不问。

12 月，聘任为河南大学数学系名誉教授。

1985 年

3 月，在《中国科学》A 辑发表《拟线性抛物型方程组第一边界问题的有限差分方法》。

6 月 4—7 日，参加清华大学召开的国际应用（偏）微分方程会议。

8 月，因《原子弹的突破和武器化》获得国家科学技术进步特等奖，排名第十七。

8 月，任中国工程物理研究院科技委委员。

1986 年

6 月，在南开大学数学研究所作报告。

与李德元、符鸿源、郭柏灵、胡家赣等人被收入《世界名人录》。

1987 年

1 月 4 日，参加非线性规划国际会议。

5 月，莫斯科大学代表团访问北京大学。16 日，陪同导师奥列伊尼克游览北海公园；17 日，陪同游览香山碧云寺和北京植物园；19 日在家中宴请导师奥列伊尼克，李德元、符鸿源、孙和生等陪同。

7 月，聘任为清华大学应用数学系兼职教授。

7 月，因贲门溃疡病开刀手术。在病床上继续研究工作。

10 月，作为主要研究者（排名第一），因《数学物理中若干偏微分方程的研究》获得国家自然科学三等奖。

12 月，在昆明参加"全国数值代数学术交流会"。

1988 年

贲门切除后影响休息和饮食，身体康复较慢。一边休养身体，一边做一些调研、研究工作。

继续从事离散泛函分析的系统理论研究以及并行格式、中子输运方程格式的研究，主要研究了拟线性抛物型方程及方程组中中子输运方程的数值方法，参加研究工作的还有沈隆钧、李德元、符鸿源等人。

1989 年

1 月 21—23 日，参加中科院计算中心召开的世界银行贷款项目预审会。

1 月 28 日，参加核工业总公司举办的迎春茶话会。

2 月 17 日，参加《计算数学》编辑部会议。

2 月，任九所非线性研究中心顾问。

3 月 10 日，《数学物理中偏微分方程的理论问题及其数值解法》申报国家自然科学基金资助项目，合作者有孙和生、李德元、符鸿源、郭柏灵、沈隆钧、谭绍滨。

3 月 18 日，为中山大学林龙威教授申请博士生导师撰写书面评议；为西南交通大学廖亮源老师"椭圆型 Monge-Ampere 方程解的正则性"课题省报部级奖励撰写评审意见。

4月，应聘为九所研究生部冯小四、张领海（硕士）毕业论文答辩委员会委员。

4月5日，参加中科院重大项目非线性椭圆型方程会议组织委员会。

4月7日，参加国家计委、国家自然科学基金委员会联合举办的中关村地区国家重点实验室计算机网络及系统问题专家座谈会。

5月14—19日，到南京参加第四届全国流体力学数值方法讨论会。

6月27日，完成中国数学会《世界数学家名录》名单搜集整理工作。

6月底，完成第四次国家自然科学奖申报项目的复审工作。

7月1日，被评为中物院优秀共产党员。

7月3日，为航天工业部二院博士研究生汤铭端评审博士毕业论文。

9月4日，担任航天工业部二院博士研究生汤铭端的毕业论文答辩委员会委员。

9月19—20日，完成论文《科学计算用数字电子计算机的若干问题》，投寄《数学进展》杂志。

10月24日，参加《计算数学》杂志执行编委会议，讨论1990年第二期稿件及两审通过稿件。

10月30日，在中科院计算所北楼405，参加中科院系统科学研究所建所十周年暨吴文俊、许志国教授七十寿辰庆祝会。

11月15—17日，参加国家科委"全国自然科学基础研究和应用基础研究重大项目的遴选"预审会议。

1990年

1月19日，完成《一维非定常流体力学》校样的审阅工作，交由科学出版社出版。此书取材于1960年底至1961年初在九所开设课程的讲稿。

1月29日，携夫人出席欧美同学会留苏分会在南河沿111号举办的春节联谊活动。

2月1日，参加《计算数学》编辑部执行编委会议。

4月，进入国家自然科学基金委员会同行评议人专家库。

5月，任全国计算数学学会理事长。

5月6—9日，在海军司令部第二招待所参加"数学的地位及其分类研讨会""《数学辞海》总体设计终审会"。

5月23日，为北京理工大学博士研究生王明新的博士论文撰写评审意见。

5月29日，为中国原子能科学研究院袁建生的博士毕业论文撰写评审意见。

6月8日，在中科院计算中心主持召开全国计算数学学会在京理事长、副理事长、正副秘书长会议，讨论召开第四届计算数学年会、所属几个工作委员会和"并行算法委员会"的有关问题。

7月15日，参加北京大学徐献瑜先生八十寿辰茶话会。

8月初，参加北京应用物理与计算数学研究所学术讲座活动，题目为《离散泛函分析与非线性抛物组差分格式》，主要讲述离散函数空间的内插公式、离散列紧性、拟线性抛物组绝对与相对收敛性、线性抛物组绝对与相对稳定性、完全非线性抛物组差分格式等内容。

8月，出席计算数学学会并行算法专业委员会成立会议。

9月初，为中科院应用数学研究所常谦顺副研究员提升为研究员撰写评审意见。

9月15日，出席中科院计算中心庆贺冯康先生七十寿辰学术报告会。

12月13日，在中科院计算中心参加国家七五科技攻关专题"科学工程计算机器软件"鉴定会。

12月19日，出席北京应用物理与计算数学研究所申请建立工程科学数值模拟实验室（国防科技国家重点实验室）同行专家初评会。

由国际学术出版社出版专著 *Applications of Discrete Functional Analysis to Finite Difference Method*《离散泛函分析在有限差分方法中的应用》。

1991年

2月5日，参加《计算数学》编辑部编委会，讨论本年度第三期发表稿件及两审通过稿件。

2月25日，向全国计算数学学会副理事长和学术委员会发出通知：第四届全国计算数学年会定于4月底、5月初在南开大学举办。会议筹备组由冯果忱、孙沏、李扬、李荫藩、沈祖和、张景琳、黄友谦、蒋尔雄、滕振寰等人组成。

3月4日，被评为中物院研究生先进导师。

4月1日，被《数学研究与评论》杂志社聘为第三届编辑委员会成员。

4月18日，被中科院计算中心聘为"大规模科学与工程计算的理论与方法"重大项目专家委员会成员。

5月1—4日，在天津南开大学主持召开"1991计算数学天津会议"，会议出席者达320余人，为我国计算数学界规模最大、出席人数最多的一次盛会。陈省身先生出席了会议的开幕式，亲自搀扶恩师走上主席台。

5月8日上午，参加《计算数学》编辑部编委会。

5月15日，在北京大学参加"申又枨先生九十诞辰学术讨论会"，作"离散函数空间的内插公式"的报告。

5月19—21日，在南开大学参加陈省身教授八十寿辰庆贺会及第二次21世纪中国数学展望学术会议。

5月27日，在北京大学体育活动中心会议室参加"拓扑学与相关学科国际学术讨论会"开幕式暨江泽涵先生九十寿辰和到北大从教六十周年庆贺会。

5月，被聘为北京应用物理与计算数学研究所硕士研究生苏凤秋的论文答辩委员会委员。

6月20日，为国家自然科学奖评选项目填写评审意见表。

6月25日，任中国工程物理研究院科技委科学顾问。

6月25日，享受政府特殊津贴。

被聘任为厦门大学兼职教授。

被评为中物院研究生院研究生先进导师。

8月，被聘任为云南大学名誉教授。

9月2—14日，在中科院数学所参加"非线性发展方程"Workshop活动。9月5日上午作报告《地球物理中的流体力学方程》。

经过努力争取，获得国家支持，大规模科学与工程计算的方法与理论列入第二期攀登计划。

9月7—9日，在中科院第一招待所参加中科院计算中心主办的"八五"国家科委重大项目"大规模科学与工程计算的方法和理论研究"专家委员会第一次会议。任务是：提出本项目总体计划，拟定项目任务书；通过评议提出项目课题的负责人和承担单位；提出年度研究计划（包括国际合作交流）及经费分配方案。

10月22—25日，在上海华东师范大学参加"中日偏微分方程、泛函分析及有关问题研讨会"。

11月，被选聘为中国科学院学部委员（1994年1月改称中国科学院院士）。

11月下旬，参加中国工程物理研究院科技委专家座谈会。

12月，计算物理国防科技重点实验室（后改称"计算物理国家级重点实验室"）成立，任顾问。

1992年

1月27日，在人民大会堂携夫人参加在京学部委员新春茶话会。

3月5日，参加中科院数理学部常委会议。

3月7日，整理出席第六次学部委员大会的学术报告"非线性偏微分方程的几个问题"。

4月18—26日，参加中国科学院第六次学部委员大会，被聘任为华东师范大学兼职教授。

4月23日晚，参加清华大学校友返校座谈。

5月，在南开数学研究所举办的计算数学年会上，开设了《非线性偏微分方程理论》或《有限差分方法理论》等方面的讲座或讲习会。

6月，科学出版社出版《周毓麟文集》，收集论文17篇。

7月22日，参加中科院数理学部会议。

1993年

1月11日，参加航天部二院"数字仿真公用软件系统"技术鉴定会。

1月20日，参加九所举办的李觉80寿庆。

2月8日，收到胡仁宇院长代表中国工程物理研究院寄来的电报，祝贺七十寿诞。

2月8日，收到丁夏畦祝寿手书。

2月10日，九所举办周毓麟院士70寿辰报告会。与参会嘉宾石钟慈、江泽培、李德元等合影。

2月21—23日，在清华大学干训楼参加国家基金委主办的数学天元基金扩大会议。

年初向移居美国的秦元勋寄去贺年卡片，2月20日收到秦元勋回函，两人互致70华诞生日祝福。

4月，与孙和生、郭柏灵合作的论文（第一作者）《一类铁磁链型方程组的Cauchy问题》在《中国科学》A辑发表。

5月5—26日，参加南开数学所计算数学年活动，为来自全国的学者、研究生讲授《离散泛函分析和有限差分方法》。以《离散泛函分析在有限差分方法中的应用》一书为主要讲义，重点讲授一般内插公式、离散列紧、离散收敛、抛物组、伪抛物组、伪双曲组、Schr.组、非线性波动方程组、FMC型方程组等。

5月19日，到杭州大学参加纪念陈建功先生诞辰100周年暨函数论国际学术讨论会，作学术报告。

6月1—2日，在北京应用物理与计算数学研究所参加常温核聚变讨论会。王淦昌、黄祖洽、杨立铭、王乃彦等参加。

6月11—13日，在南开大学参加攀登项目学术交流与工作汇报会。11日上午，作"非线性发展方程差分方法及其理论"的报告。

6月21—24日，在北京友谊宾馆参加ICNEPDE国际会议。22日下午做大会报告。

7月16日，参加北京应用物理与计算数学研究所计算物理实验室调整设备购置计划专家评审会。参加会议的还有庄逢甘、冯康、蔡康生、李德元等。评审意见认为计算物理国家重点实验室要提高计算能力或图形能力，体现先进性要求，建议从国外购买一批计算机。

7月23日，参加中科院计算中心"并行计算方法"项目鉴定会并担任学术委员会主任。

8月31日，参加冯康同志遗体告别仪式，并为好友撰写悼词。

9月25日—10月16日，携夫人参加中科院学部委员会组织的"毛泽东故乡行"考察疗养。

10月3日，被中共长沙市委、长沙市政府聘为长沙市高级科技顾问。

11月17日，参加中科院学部常委会议，完成增选学部委员等工作。

11月24日，在北京医院参加周培源遗体告别会。

11月26日，任全国计算数学学会名誉理事长。

12月3日，在清华大学二教会议室参加全国大学生数学模型竞赛颁奖仪式。

12月初，因胃溃疡出血住院三周。

12月，聘任为航天工业总公司第二研究院第204研究所兼职研究员。完成《关于非线性具有奇异积分算子的Bo型偏微分方程整体解与长时间行为的研究》论文一篇。

1994年

按照医生嘱咐，休养身体。

上半年，完成并发表有关具有并行本性有限差分法理论及其应用的首批论文，送出摘要文本。

7月1日，与北京应用物理与计算数学研究所优秀党员合影。

10月16日，参加庆祝原子弹爆炸成功三十周年座谈会。

1995年

11月，《离散泛函分析在有限差分方法中的应用》获部委级科技进步奖一等奖。

1996年

6月21—23日，在北京九华山庄参加天元数学基金会十年纪念。

7月，北京国际计算物理中心成立，挂靠北京应用物理与计算数学研究所，任学术顾问。

9月2—5日，参加非线性规划国际会议。

10月，获何梁何利基金科学技术进步奖数学奖。

1997年

4月，与夏培肃院士、金怡濂院士联合主持了香山第94次科学讨论会，讨论计算技术在科学技术发展中的作用，作"科学计算的应用及其战略功能"的报告。

研究了"可靠性的评估与计算""禁试后数值模拟的思考"等课题。开展了有关"非矩形网格有限差分方法理论""具有并行本性差分格式""计算方法延展忍耐性"等方面新的研究课题。

4月，获第三届华罗庚数学奖。

1998年

继续开展在数值模拟方面的研究工作。完成《禁核试后数值模拟的思考》与《数值模拟的若干研究课题》研究。

3月，香山会议报告《高性能计算的应用及其战略功能》一文经减缩后在中科院院刊上发表。

6月3日，参加中科院学部第9次大会。

6月23日，参加《核武器》编辑委员扩大会。

7月，参加青年计算数学国际学术会议

9月9日，参加中法CIMPA讲习班。

9月底，完成汇编的《院士书系》论文集一册，包含了关于非偏微分方程与有限差分法论文二十余篇，学术思想论文二篇约计四百页左右。

10月20日，参加北大数学文化节，做学术报告。

12月14日，周毓麟出席中国数学会计算数学学会第四届和第五届理事会联席会。

12月，参加"国家自然科学基金十年学术研讨会"。

1999 年

继续开展离散泛函分析具有并行本性差分格式课题的研究，整理与修改部分有关偏微分方程理论的辅助函数法工作，探索离散极值原理与离散线性与非线性辅助函数估计方法的途径及其使用。

继续深入开展差分算法的延迟忍耐性与随机异步化方法研究。

3月17日，参加两院院士遴选会。

上半年，阅读政治历史方面的文史资料。

10月1日，国庆五十周年，登上天安门观礼台。

10月22日，接受宁波电视台采访。

下半年，对院士书系做补充工作。

2000 年

在先验估计研究上有较强较满意的一些进展成果，如作出非线性抛物型方程组问题具有离散极值原理具有并行本性，绝对稳定差分格式差分解的先验估计。对以后的研究，新差分格式的很有启发与推动影响。

11月1日，参加"镇海院士故乡行"活动，走访祖籍所在地。

2001 年

年初，完成若干有关具有并行本性、绝对稳定、结构简单的有限差分格式的结果。开展数值求解偏微分方程的算法延迟输运数据忍耐性的研究。

2月10—17日，携夫人同游泰国。

完成《离散泛函分析与有限差分方法》综合报告文章，准备印刷成小册子。

10月，在"华罗庚数学讲座"作学术报告

11月，"数值并行计算方法与大型程序并行化研究"获军队科学技术一等奖。

2002 年

6月，招收蒙特卡洛粒子输运方向的博士研究生许海燕，为其制订学习计划与研究方向等。

8月6日，中国数学会计算物理学会聘为《科学工程与计算丛书》第三届编辑委员会名誉编委。

11月6日，参加高校社杯全国大学生数学建模竞赛颁奖仪式。

11月，《周毓麟论文集》二三卷由世界图书出版公司出版，包括组合拓扑、偏微分方程、计算机应用、差分方法理论研究的工作。

2003 年

2月，北京应用物理与计算数学研究所召开"周毓麟院士八十华诞纪念会"，陈省身、朱光亚、彭桓武、于敏等人到会祝贺。

3月1日，在绵阳科学城参观指导，同行的有朱建士院士。

3月26日，参加中国工程物理研究院战略研讨会。

4月，著作《微分方程数值解》由河北教育出版社出版。

2006 年

8月15日，荣获首届"苏步青应用数学奖特别奖"。

8月21日，参加于敏院士80华诞座谈会。与北京大学物理系赵凯华教授讨论俄罗斯数学家因解开庞加莱猜想获菲尔茨奖一事。

2011 年

1月17日，携夫人参加中科院新年团拜会。

5月9—15日，在南京的外甥陆仁晨一家来北京探亲并留影。

2012 年

11月16日，接受北京应用物理与计算数学研究所宣传部与工会采访，回顾科学生涯。

2013 年

3月23日，北京应用物理与计算数学研究所举办"周毓麟院士九十华诞座谈会",黄祖洽等人参加。

2014 年

6月,被中国科协选定为2014年度"老科学家学术成长采集工程"采集对象。

10—12月,接受采集工程小组十次访谈,回顾七十多年的数学人生。

附录二　周毓麟主要论著目录

[1] 陈省身，周毓麟. 关于可微流形的可定向性（英文）. 清华大学科学报告，1948（5）：1-5.

[2] 在 n 维投影空间中两次曲面的拓扑不变性. 1948 年全国数学会报告.

[3] 对于凯雷数的"代数基本定理"（英文）. 科学记录，1950（3）：29-33.

[4] 关于准流形与流形同伦群（英文）. 科学记录，1951（4）：1-10.

[5] 准流形与流形同伦群（英文）. 中国数学学报（新刊）1951（1）：164-206.

[6] 江泽涵，周毓麟，贺锡璋. 球上线素的流形的上同调环. 北京大学学报，1956：111-128.

[7] 对于非线性抛物型方程的边界问题（俄文）. 苏联科学院报告，1957（117）：195-198.

[8] 关于非线性抛物型与椭圆型方程的边界问题（俄文）. 苏联莫斯科大学副博士论文，1957.

[9] 奥列伊尼克，克拉斯尼柯夫，周毓麟. 对于非定态渗流型方程的柯西问题与边界问题（俄文），苏联科学院通报，1957（22）：667-704.

[10] 非线性抛物型方程的边界问题（俄文）. 数学汇刊，1959，47（89）：

431-484.

[11] 关于非线性椭圆型方程与非线性抛物型方程的一些问题. 科学记录, 1959 (3): 433-437.

[12] 关于非线性椭圆型方程与非线性抛物型方程的一些问题. 北京大学学报, 1959 (5): 283-326.

[13] 非线性偏微分方程. 数学学报, 1961 (11): 181-192.

[14] 在曲线边界区域上非线性抛物型方程的边界问题. 数学学报, 1961 (11): 201-221.

[15] 在曲线边界区域上非线性抛物型方程的边界问题 (俄文). 中国科学, 1961 (10): 906-929.

[16] 非线性椭圆型方程与非线性抛物型方程理论选讲 (初稿). 北京大学数学力学系微分方程专门化课程讲义, 1959.

[17] 周毓麟, 孙和生. 索伯列夫空间嵌入定理的一些极限情况. 1978.

[18] 周毓麟、龚静芳. 非线性常微分方程边值问题分歧解的例子. 1978

[19] 拓扑方法及其在分析中的应用. 河南省数学学会出版, 1982.

[20] 关于拟线性椭圆型与抛物型方程的非线性边界问题. 吉林大学自然科学学报, 1980 (1): 19-46.

[21] 拟线性抛物型方程组第一边界问题的有限差分方法. 中国科学, 1985, 3 (A): 206-220.

[22] Initial Value Problems for Nonliner Degenerate Systems of Filtration Type. Chinese Annals of Mathematics, 1984, 58 (4): 633-652.

[23] Interpolation Formulas of Intermediate Quotients for Discrete Functions With Several Indices. Journal of Computational Mathematics, 1984, 2(4): 376-381.

[24] Boundary System of Partial Differential Equations Lecture Notes in Num. Nonlinear PE in Applied Science, U. S. Japan Seminar, Tokyo, 1982.

[25] Finite Difference Method of Boundary Problems for the Systems of Generalized Schrodinger Type. Communication On Applied Mathematics and Computation, 1983, 1 (2): 170-181.

[26] 广义 Sina-Gordon 型的非线性高阶双曲型方程组. 数学学报, 1983, 26 (2): 234-249.

[27] 非线性高阶广义 Schrodinger 型方程组的周期边界问题. 数学物理学报, 1981, 1 (2): 156-164.

参考文献

［1］北京应用物理与计算数学研究所编．周毓麟院士八十华诞庆贺文集［M］． 2003．

［2］中国工程物理研究院编．毓数麟风——周毓麟院士九十华诞庆贺文集［M］． 北京：世界图书出版公司，2013．

［3］北京应用物理与计算数学研究所编．纪念我国第一颗原子弹爆炸成功 50 周年 丛书［M］．2014．

［4］20 世纪中国知名科学家学术成就概览［M］．北京：科学出版社，2014．

［5］中国科学技术专家传略［M］．北京：科学技术出版社，2012．

［6］郭金海．陈省身在中央研究院数学研究所［J］．自然科学研究史，第 25 卷第 4 期．

［7］柯琳娟．吴文俊传：让数学回归中国［M］．南京：江苏人民出版社、凤凰出 版传媒集团，2008．

［8］张奠宙，王善平．陈省身传［M］．天津：南开大学出版社，2011．

［9］黄延复，贾金悦．清华园风物志［M］．北京：清华大学出版社，1998．

［10］上海五四中学编．大同附中百年纪念画册百年学堂［M］．2012．

［11］袁向东．有话可说——丁石孙口述访谈录［M］．长沙：湖南教育出版社， 2012．

后 记

2014年6月，我随沈隆钧研究员、叶其孝教授去周毓麟院士家拜访，汇报"周毓麟学术成长资料采集工程"已立项的事情。年届九十有一的周先生精神矍铄，很高兴地和两位弟子谈话，我作为晚辈，在旁边静听。当周先生谈兴渐浓时，我愉快地把录音笔打开了，因为先生说起了做偏微分方程研究的往事，还有什么启动仪式比这样一个爽利的开头更令人满意的呢？

谈了大约十多分钟，门开了，吓了我一大跳——周先生的夫人，九十岁的徐明月阿姨拉着一个堆得满满的购物车进了屋，她刚刚从超市回来，而且是自己一个人去的。虽然超市离住处不远，但毕竟要过一个十字路口呢。

徐阿姨是位美了一辈子的淑女，在她身上，岁月以一种充满怜爱的方式细细描绘出温婉与优雅。她很热情地从购物车里拿出一大盒奶油冰砖，分给我们每人一只——周院士也有一只。冰砖是一个老牌子，不由得令人想象，七十年前，当年轻的周毓麟和徐明月漫步在旧上海法租界的林荫道时，肯定就已经熟识了这种老滋味。

于是，两个七十多岁的学生陪着九十多岁的老师亲亲热热地说话，高高兴兴地吃着九十岁的师母亲手买回来的冷饮。

真是种特别的幸福。

类似的场景肯定不止一次出现在周家的客厅，弟子与老师、师母之间那种温馨的互动令我这个晚辈动容。那时，我就在想：认真的为周先生写一本传吧！认真地记录先生的一生，认真地记录下他所经历的一切。

即便自己只有一支拙笔，也不愿意轻易放弃，因为这种幸福实在不应该被辜负。

当然，当课题真正展开后也面临着很多具体的困难。好在周毓麟、徐明月以及他们的女儿周凤明给予课题组很大的帮助。2015年3月起，周凤明直接参与到课题组中来，她承担了补充访谈、资料整理、材料考证和审读等多项工作，堪称本课题组功臣之一。

作为技术顾问，沈隆钧老师和叶其孝老师给予课题开展及时正确的指导，尤其是沈隆钧老师，在两年多的时间里，不厌其烦地为我们提供各种咨询和帮助，他和袁光伟研究员合著的周毓麟院士小传是课题开展中最重要的指导性文献。

课题组的其他同仁，单剑辉、徐敏、逄锦桥、余新川，我们曾多次合作，相互配合，相互鼓励，团队中总是洋溢着乐观欢快的情绪，我们多次收获"山重水复疑无路，柳暗花明又一村"的喜悦。

在南京探访中研院数学所旧址，意外得到众多热心人帮忙，先是中科院土壤所一名不知名的门卫，主动联系所办开放了所史展馆，我们得以瞻仰一张珍贵的数学所旧照片，这位热心门卫又打电话联系到一位院士的儿子，辗转寻找数学所老照片的电子版。难忘那一天，这位先生带我们去寻找退休摄影师崔荣浩先生，南京正下着瓢泼大雨，积水漫上人行道，行走在路上又冷又湿，可是这几位素昧平生的好心人，让我们觉得南京是那么美好那么温暖，也让我们产生了强大的信心：我们这个民族、我们这个国家不会丢掉自己的传统与过往，无论是民间还是官方，著史，永远是一桩关乎民族信仰、关乎民族精神、关乎共同理想信念的庄严事业，总能凝聚起一股巨大力量。人民有信仰，民族有希望，国家有力量。

还有，四川省科协的李梅老师、中物院科协的文国庆秘书长和舒涛老师，北京应用物理与计算数学研究所科技委主任应阳君研究员，这几位领导给予的支持和帮助是本课题最有力的支撑。李梅老师帮助我申请到旁听

2013年课题结题报告会的机会，使我们得以从田永秀老师的沈志云课题处获知俄文专科学校原址所在。

应阳君主任召集许海燕、刘建军、张文宏、许海波、林忠、王金才、张树道等研究员为课题组审稿。应阳君、袁光伟、许海燕三位研究员还为传记书稿提供了许多珍贵的修改意见。

还有，中物院在读博士研究生卢超，感谢他利用业余时间帮助整理拓扑学、偏微分方程的有关访谈内容，并补齐了公式。

因为开了这些"外挂"，所以我们课题组超额完成各项任务，达到了预期目的。

还要感谢本单位宣传部的全体同仁。一代代新闻宣传工作者的历年积累是我们之所以能够承担采集工程的重要基础，在课题开展过程中，我的同事们分担了部分日常工作，否则，本就人手紧张的课题将更加捉襟见肘，可以说，本课题的成果是集体的成绩，我们很荣幸能为"两弹文化"添砖加瓦。

最后，感谢采集工程。一个人只有一次机会趟过生命的河流，但是采集工程让我走进了一个又一个科学家的人生，走进我以前无法知晓的科学世界。所以，我要向容忍我这支拙笔的采集工程及其科学家们深深地道一声感谢：

谢谢你们，你们的信任与帮助丰富了我的生命。

吴明静

2016 年 6 月 26 日

老科学家学术成长资料采集工程丛书
已出版（100种）

《卷舒开合任天真：何泽慧传》　《此生情怀寄树草：张宏达传》
《从红壤到黄土：朱显谟传》　《梦里麦田是金黄：庄巧生传》
《山水人生：陈梦熊传》　《大音希声：应崇福传》
《做一辈子研究生：林为干传》　《寻找地层深处的光：田在艺传》
《剑指苍穹：陈士橹传》　《举重若重：徐光宪传》

《情系山河：张光斗传》　《魂牵心系原子梦：钱三强传》
《金霉素·牛棚·生物固氮：沈善炯传》　《往事皆烟：朱尊权传》
《胸怀大气：陶诗言传》　《智者乐水：林秉南传》
《本然化成：谢毓元传》　《远望情怀：许学彦传》
《一个共产党员的数学人生：谷超豪传》　《没有盲区的天空：王越传》

《含章可贞：秦含章传》　《行有则　知无涯：罗沛霖传》
《精业济群：彭司勋传》　《为了孩子的明天：张金哲传》
《肝胆相照：吴孟超传》　《梦想成真：张树政传》
《新青胜蓝惟所盼：陆婉珍传》　《情系梁菽：卢良恕传》
《核动力道路上的垦荒牛：彭士禄传》　《笺草释木六十年：王文采传》

《探赜索隐　止于至善：蔡启瑞传》　《妙手生花：张涤生传》
《碧空丹心：李敏华传》　《硅芯筑梦：王守武传》
《仁术宏愿：盛志勇传》　《云卷云舒：黄士松传》
《踏遍青山矿业新：裴荣富传》　《让核技术接地气：陈子元传》
《求索军事医学之路：程天民传》　《论文写在大地上：徐锦堂传》

《一心向学：陈清如传》　《钤记：张兴钤传》
《许身为国最难忘：陈能宽》　《寻找沃土：赵其国传》
《钢锁苍龙　霸贯九州：方秦汉传》　《虚怀若谷：黄维垣传》
《一丝一世界：郁铭芳传》　《乐在图书山水间：常印佛传》
《宏才大略：严东生传》　《碧水丹心：刘建康传》

《我的气象生涯：陈学溶百岁自述》　　《我的教育人生：申泮文百岁自述》
《赤子丹心 中华之光：王大珩传》　　《阡陌舞者：曾德超传》
《根深方叶茂：唐有祺传》　　　　　《妙手握奇珠：张丽珠传》
《大爱化作田间行：余松烈传》　　　《追求卓越：郭慕孙传》
《格致桃李伴公卿：沈克琦传》　　　《走向奥维耶多：谢学锦传》
《躬行出真知：王守觉传》　　　　　《绚丽多彩的光谱人生：黄本立传》
《草原之子：李博传》

《宏才大略 科学人生：严东生传》　《探究河口 巡研海岸：陈吉余传》
《航空报国 杏坛追梦：范绪箕传》　《胰岛素探秘者：张友尚传》
《聚变情怀终不改：李正武传》　　　《一个人与一个系科：于同隐传》
《真善合美：蒋锡夔传》　　　　　　《究脑穷源探细胞：陈宜张传》
《治水殆与禹同功：文伏波传》　　　《星剑光芒射斗牛：赵伊君传》
《用生命谱写蓝色梦想：张炳炎传》　《蓝天事业的垦荒人：屠基达传》
《远古生命的守望者：李星学传》

《善度事理的世纪师者：袁文伯传》　《化作春泥：吴浩青传》
《"齿"生无悔：王翰章传》　　　　　《低温王国拓荒人：洪朝生传》
《慢病毒疫苗的开拓者：沈荣显传》　《苍穹大业赤子心：梁思礼传》
《殚思求火种　深情寄木铎：黄祖洽传》《仁者医心：陈灏珠传》
《合成之美：戴立信传》　　　　　　《神乎其经：池志强传》
《誓言无声铸重器：黄旭华传》　　　《种质资源总是情：董玉琛传》
《水运人生：刘济舟传》　　　　　　《当油气遇见光明：翟光明传》
《在断了 A 弦的琴上奏出多复变　　《微纳世界中国芯：李志坚传》
　　最强音：陆启铿传》　　　　　　《至纯至强之光：高伯龙传》
《弄潮儿向涛头立：张乾二传》　　　《材料人生：涂铭旌传》
《一爆惊世建荣功：王方定传》　　　《寻梦衣被天下：梅自强传》
《轮轨丹心：沈志云传》　　　　　　《海潮逐浪镜水周回：童秉纲口述
《继承与创新：五二三任务与青蒿素研发》　　　人生》